PETER WENSIERSKI, geboren 1954, begann seine Arbeit als Journalist 1979 mit Berichten und Reportagen aus der DDR. Er war damals der jüngste westliche Reisekorrespondent. Als Dokumentarfilmer, Reporter und Buchautor berichtete er über die aufkommende Oppositionsbewegung. Von 1993 an arbeitete er beim SPIEGEL im Deutschlandressort. Mit dem Buch »Schläge im Namen des Herrn« eröffnete er 2005 die Debatte über Missbräuche in der Heimerziehung. Sein 2014 erschienenes Buch »Die verbotene Reise« über eine ungewöhnliche Flucht aus der DDR wurde ein Bestseller, seine 2017 erschienene Geschichte der Oppositionsbewegung in Leipzig 1988/89, »Die unheimliche Leichtigkeit der Revolution«, wurde verfilmt. Für sein Engagement bei der Aufklärung des Schicksals der Heimkinder wurde er mit dem Bundesverdienstkreuz ausgezeichnet.

»Die verbotene Reise« in der Presse:

»Eine unglaubliche Geschichte, die man ausgerechnet von zwei DDR-Bürgern wohl am wenigsten erwartet hätte.« *Jan Josef Liefers*

»Es gibt viele Fluchtgeschichten. Gerade jetzt werden sie wieder erzählt. Jens und Marie aber haben die mutmaßlich ungewöhnlichste von allen erlebt.« *Der Tagesspiegel*

Außerdem von Peter Wensierski lieferbar:

»Die unheimliche Leichtigkeit der Revolution. Wie eine Gruppe junger Leipziger die Rebellion in der DDR wagte«

»Schläge im Namen des Herrn. Die verdrängte Geschichte der Heimkinder in der Bundesrepublik«

www.penguin-verlag.de

Peter Wensierski

Die verbotene Reise

Die Geschichte einer
abenteuerlichen Flucht

PENGUIN VERLAG

Penguin Random House Verlagsgruppe FSC® N001967

2. Auflage
Copyright © 2014 der Originalausgabe by Deutsche Verlags-Anstalt
in der Penguin Random House Verlagsgruppe GmbH,
Neumarkter Straße 28, 81673 München,
produktsicherheit@penguinrandomhouse.de
(Vorstehende Angaben sind zugleich
Pflichtinformationen nach GPSR.)

und SPIEGEL-Verlag Rudolf Augstein GmbH & Co. KG, Hamburg,
Ericusspitze1, 20457 Hamburg
Karte: SPIEGEL
Typografie und Satz: DVA/Brigitte Müller
und GGP Media GmbH, Pößneck
Bildbearbeitung: Helio Repro, München
Umschlaggestaltung: Büro Jorge Schmidt, München
Umschlagabbildungen: © Jens Kießling/Marion Mentel
Druck und Bindung: GGP Media GmbH, Pößneck
Printed in Germany
ISBN 978-3-328-11253-2
www.penguin-verlag.de

Inhalt

Prolog 9

1 Die Dunkelkammer 11
2 Der Prenzlauer Berg 23
3 Die Verwarnung 42
4 Das Berliner Zimmer 52
5 Die Invalidenstraße 62
6 Der Plan 75
7 Die Exmatrikulation 94
8 Die Einladung 105
9 Der Aufbruch 127
10 Ankunft in Ulan Bator 140
11 Die Steppe 157
12 In der Jurte 173
13 Die Wüste 186
14 Die verbotene Reise 207

Epilog 241
Dank 253

Flucht auf Umwegen
Die Route von Jens und Marie in

Berlin

POLEN

Moskau

WEISS-
RUSSLAND

Nowos

1500 km

ommer 1987

RUSSLAND

k

Irkutsk
Baikal-
see

Ulan Bator

ONGOLEI

Wüste Gobi

Hohhot

Peking

NA

Prolog

Nach einer Reise von 10806 Kilometern stehen sie in Peking vor der westdeutschen Botschaft. Auf der anderen Straßenseite gibt es die Pässe zur Ausreise in den Westen.

Sie gehen nicht über die Straße, sie laufen weiter durch Peking, ohne Ziel. Die Stadt ist heiß und voller fremder Geräusche.

Sie gehen Hand in Hand, sie reden nicht viel.

Im Schatten der Bäume sehen sie Frauen beim Thai-Chi. Zwei alte Männer auf dem vertrockneten Rasen bewegen sich beim Schattenboxen langsam, wie in Zeitlupe.

Auf einem langen Spaziergang in einem der Parks im Zentrum treffen Marie und Jens ihre endgültige Entscheidung.

Kapitel 1 **Die Dunkelkammer**

Im roten Licht der Dunkelkammer erscheinen die Umrisse eines jungen Mannes immer deutlicher auf dem Fotopapier. Er steht auf einer steinigen Straße, mit nacktem Oberkörper, eine Wasserflasche in der Hand, auf seinem Rücken ein riesiger Rucksack, die Sonne scheint ihm ins Gesicht. Irgendwo in den Bergen, jedenfalls nicht in der DDR. Neben ihm zwei ältere Männer, Bauern mit ihren schwer bepackten Pferden. Der bärtige junge Mann lacht direkt in die Kamera. Trotz der Last auf dem Rücken ein unbeschwertes Lachen.

Jens beugte sich über die Schale, in der das Bild schwamm. Da hörte er, wie sich die Tür der Dunkelkammerschleuse öffnete und schloss, danach das Rascheln des Vorhangs.

Im Dämmerlicht erkannte er eine junge Frau.

Sie blieb einen Moment an der Tür stehen, bis ihre Augen sich an die Dunkelheit gewöhnt hatten.

Hallo?, machte Jens sich bemerkbar.

Sie grüßte zurück, ging zum Tisch mit den Vergrößerungsapparaten und legte dort ihre Tasche ab. Jens griff sich das fertig entwickelte Papierbild, hielt es einen Moment hoch, bis der größte Teil der Flüssigkeit abgetropft war, tauchte es kurz ins Essigbad und ließ es dann in den Fixierer gleiten. Er bewegte es in der Schale vorsichtig hin und her.

Wo warst du denn da?, fragte sie.

Im Kaukasus, antwortete er.

Du warst im Kaukasus?

Ja.

Jens hob das Bild aus dem Fixierbad und legte es in das Wasserbecken.

Das ist auf dem Weg zum Elbrus, dem höchsten Berg in Russland.

Sie überlegte einen Augenblick.

Aber da kommt man doch nicht so einfach hin ... ohne Reisegruppe oder Parteiauftrag?

Jens grinste.

Manchmal geht es auch ohne Gruppe und ohne Auftrag.

Er trocknete sich die Hände an einem Handtuch ab und widmete sich dem nächsten Bild.

Sie stellte sich neben ihn. Gemeinsam sahen sie zu, wie auf dem Fotopapier nach und nach eine wilde Gebirgslandschaft erschien.

Ich bin Marie. Und du?

Jens.

Er musterte sie im Halbdunkel.

Heiß hier, sagte sie, zog ihren Pullover über den Kopf und ließ ihn auf den Stuhl vor ihrem Arbeitsplatz fallen.

In welchem Studienjahr bist du denn?, fragte sie. *Ich hab' dich hier noch nie gesehen.*

So?, meinte Jens.

Und auf der Liste für heute stehst du auch nicht, fuhr sie fort.

Er sah sie an.

Ich kenn' hier aber jeden – nur dich nicht!

Marie verschränkte die Arme und zog lachend ihre Augenbrauen hoch.

Das kann nicht sein. Wenn du öfter kommen würdest, wärst du mir garantiert aufgefallen.

Nun lachte auch er.

Na, du passt ja auf!. Ich studier' gar nicht in Weißensee, sondern Biologie an der Humboldt-Uni. Aber dort gibt es kein Fotolabor, deshalb habe ich mir überlegt, ich komm einfach mal vorbei und probiere eures aus.

Und?, meinte Marie. *Bist du zufrieden?*

Er sah sie wieder an. *Sehr.*

Sie lächelte. *Na dann*, sagte sie. *So, aber ich bin nicht zum Quatschen hier und du doch sicher auch nicht!*

Jens legte seinen Abzug in die Schale mit dem Fixierer.

Licht?, fragte er. Marie nickte.

Sie zog eine Schachtel mit Fotopapier und eine Mappe mit Negativen aus ihrer Tasche. Geübt spannte sie einen Streifen in den Apparat. Jens knipste das Licht wieder aus.

Marie legte ein Blatt des Fotopapiers in den Rahmen unter dem Vergrößerer und verschob die Objektivplatte, bis das Bild darunter scharf wurde.

Jens schaute ihr neugierig über die Schulter.

Da warst du aber auch nicht mit einer Reisegruppe unterwegs!

Marie sah nicht auf. Sie schaltete die Lampe des Gerätes ab und schwenkte den Rotfilter aus dem Strahlengang.

Da hab' ich eine Tramptour mit meiner Freundin Conny gemacht. Wir hatten nicht mal ein Zelt dabei, meistens haben wir im Freien geschlafen, auf einer Wiese oder hinter Büschen neben den Landstraßen. Das sind Wildpferde in Bulgarien.

Jens schaute interessiert. Sie stellte die Zeitschaltuhr ein.

Fünfzehn Sekunden!

Jens drückte die Starttaste.

Vielleicht auch nur zehn.

Marie sah ihn amüsiert an.

Ja, vielleicht.

Dann schwiegen sie. Die Ruhe wurde nur vom Ticken der Zeitschaltuhr gestört und von ihrem harten Klacken, wenn sie sich abschaltete.

Die Enge der Dunkelkammer, das dämmrige Licht versetzte beide in einen zeitlosen Raum. Marie dachte an den jungen Mann auf dem Bild, der in die Sonne lacht. Um in den Kaukasus zu kommen, brauchte man besondere Genehmigungen, und die gab es nicht für Studenten, die mal eben dorthin wollten. Man konnte in der DDR nicht einfach losziehen und dreitausend Kilometer weit reisen. Oder doch? Konnte man das wirklich schaffen, unbehelligt, unbemerkt?

Der Gedanke ließ sie nicht mehr los.

Als sie fertig waren, war es erst kurz vor acht. Nicht spät genug, um den Abend schon enden zu lassen.

Wir könnten noch zusammen einen Tee trinken, ich lad' dich ein, wenn du Lust hast, meinte Jens.

Gern, sagte Marie. *Aber wo?*

Jens überlegte.

Wo musst du denn nachher hin?

Nach Pankow. Und du?

In den Prenzlauer Berg.

Da kenne ich eine nette neue Teestube, wo wir hingehen könnten, schlug Marie vor.

Sie fuhren mit der Straßenbahn die Prenzlauer Allee hinunter. An der S-Bahn-Station stiegen sie aus und gingen zu Fuß weiter. Die Straße war nur spärlich beleuchtet, denn einige der Gaslaternen waren defekt. Es war Winter, an den Straßenrändern lagen zusammengeschobene

Schneehaufen. Kalter Nebel lag in der Luft, es roch nach schwefliger Braunkohle. Vor der Teestube stellten sie fest, dass sie geschlossen hatte.

Einen Tee kann ich dir auch machen, ich wohn gleich um die Ecke, sagte Jens.

Als sie in die Rykestraße einbogen, fiel ihm ein, dass seine Wohnung sicher kalt war. Die Kohlen vom vergangenem Winter waren längst verheizt und der Händler im Hinterhof mit seiner Lieferung in Verzug, heute Morgen hatte er die letzten fünf Briketts in den Kachelofen gesteckt. Nicht genug, um die hohen Räume warmzuhalten.

Am Ende der Straße zeichnete sich die Silhouette eines Turms gegen den dunklen Himmel ab. Es war der alte Wasserturm von Prenzlauer Berg, ein düsterer Backsteinbau. Jens wohnte nur wenige Schritte davon entfernt.

Kurz vor dem Haus bemerkte er den am Straßenrand abgestellten Lkw-Anhänger des Kohlenhändlers. Er trat nah heran und wechselte einen Blick mit Marie. Er brauchte nichts zu sagen. Marie griff zu und stapelte so viele Briketts wie möglich in seine Hände.

Ohne Hast gingen die beiden zur Haustür und drückten sie auf. Jens' Wohnung lag im ersten Stock, die Küche ging zum Hinterhof, das einzige Zimmer zur Straße. Die Außentoilette war eine halbe Treppe tiefer.

Als sie vor seiner Wohnungstür standen, sahen sie sich einen Moment lang schweigend an. Jens, die Hände voller Briketts, bat Marie, die Wohnung mit dem Schlüssel aus seiner Jackentasche aufzuschließen. Sie öffnete die Tür und suchte im Flur nach dem Licht.

Jens ging an ihr vorbei in das Zimmer, in dem er schlief und arbeitete. Marie folgte ihm.

Ihr Blick fiel auf das Bett, dann auf die Landkarte, die

darüber an der Wand hing. Sie zeigte die gesamte Sowjet-union mit allen angrenzenden Ländern. Gegenüber stan-den ein altes Sofa, ein abgenutzter Schreibtisch, ein Spie-gel. Daneben ein großes Bücherregal. Eines der Bücher lag aufgeschlagen auf dem Bett, Stefan Zweigs »Die Welt von Gestern«. Im Regal befand sich auch der einzige Luxus-gegenstand, den sie entdecken konnte, ein Tesla-Tonband-gerät, dazu ein paar Spulen.

P. Floyd, *Leonard Cohen* und *Angelo Branduardi* konnte sie entziffern.

Jens hockte sich vor den großen, hellbraunen Kachel-ofen und schichtete darin kleine Holzscheite auf Zeitungs-papier. Die Briketts hatte er neben dem Ofen abgelegt. Sie bemerkte die riesige Holzkiste vor dem Kachelofen, so groß, dass man bequem darauf schlafen konnte. Jens erzählte ihr, dass er die Kiste von seinem Vater habe. In solchen Verpa-ckungen erhielt dessen Betrieb in Leipzig Autoersatzteile geliefert. Er hob die dicke braune Wolldecke, die gefaltet auf der Kiste lag, etwas hoch und zeigte ihr die russische Inschrift: *Für Moskwitsch und Wolga.*

Marie las die kyrillischen Worte: *DDR, Bralitz-Oderberg, Kontrakt Nummer…*

Bralitz ist der Umschlagplatz für russische Autos, erklärte Jens.

Er zündete ein Streichholz an und hielt es an die Zei-tung im Ofen. Das Zimmer war eiskalt. Marie rieb sich mit den Händen über die Oberarme.

Jens ging in die Küche und machte alle Gasflammen an, um wenigstens die Luft etwas zu erwärmen und um den versprochenen Tee aufzugießen. Marie war ihm gefolgt und sah sich auch hier um. Das Licht kam von einer nack-ten Glühbirne, die von der Decke baumelte. Um einen runden Esstisch standen umgedrehte Obstkisten, die offenbar als Stühle dienten. Als Regalersatz hatte Jens eine *BaKo-Kiste* an der Wand befestigt, eine Holzkiste des *Berliner Backwarenkombinats*, in der er seinen Tee aufbewahrte. Marie staunte über die große Auswahl. Viele der Teesorten stammten aus Russland und Asien, einige auch aus dem Westen.

Jens bat sie, sich einen Tee auszusuchen.

Aus dem Wohnzimmer hörte Marie nun das Feuer im Kachelofen knistern. Jens war mit dem Teekochen beschäftigt, sie ging zurück, um sich sein Bücherregal noch einmal genauer anzusehen. Marie suchte sich einen kleinen Stapel Fotobände aus und setzte sich damit auf die Kiste vor dem Ofen. Sie lehnte sich an die Kacheln, in denen noch ein Hauch Restwärme vom Morgen gespeichert war. Von dem Feuer, das Jens eben in Gang gebracht hatte, war noch nichts zu spüren. Sie bemerkte die Lampe an der Decke, die wie ein umgedrehter Weidenkorb aussah.

Hast du diese Lampe selbst gemacht?, fragte sie ihn, als er mit dem heißen Tee hereinkam.

Er reichte ihr den Tee, sie schloss ihre Hand um den warmen Becher.

Ja, hab' ich. Das Geflecht wurde zur Abdeckung von großen Glasballonflaschen verwendet. Die Sektion Chemie an der Uni hatte etliche aussortiert. Aus einem der Körbe hab' ich die Lampe gemacht. Die anderen habe ich als Nisthilfe mitgenommen, für Baumfalken.

Gibt es hier Raubvögel? Im Prenzlauer Berg?

Jens nickte.

Ja, es gibt Turmfalken, die leben gleich hier in der Nähe, am Wasserturm. Habichte und Sperber gehören auch zu den Raubvögeln in der Stadt. Aber Baumfalken sind selten, sie gibt es nur außerhalb der Stadt. Am liebsten an warmen Waldrändern mit einzeln stehenden großen Kiefern. Das war eine gemeinsame Aktion von Greifvogelexperten aus Ost- und West-Berlin, zusammen haben wir die Körbe ganz oben in die Baumkronen gehängt. Und es hat funktioniert. Die Baumfalken haben sie angenommen und darin gebrütet.

Er setzte sich zu ihr auf die Holzkiste.

MARIE TRANK ihren Tee, süß, heiß. Dann fragte sie: *Woher nimmst du eigentlich den Mut, einfach in den Kaukasus zu reisen?*

Jens nahm einen Schluck aus seiner Tasse.

Ich glaube, den hab ich schon als Kind gehabt.

Nur an ein einziges Mal könne er sich erinnern, als seinem Bewegungsdrang Grenzen gesetzt wurden.

Mit fünf oder sechs Jahren bin ich einmal alleine bei meiner Oma gewesen, ohne meine Eltern. Ich hatte mein erstes Fahrrad mit dabei. Sie ließ mich damit tagsüber draußen herumfahren. Abends habe ich erzählt, wo ich überall gewesen war. Sie regte sich auf: Da warst du doch zwanzig Kilometer weit weg mit dem Fahrrad, mein Gott, Kind! Und ich erwiderte: Aber wenn ich beim Hinfahren genau aufpasse, kenn' ich doch den Weg. Und so finde ich immer wieder zurück. Aber sie war so schockiert, dass sie bei meiner Mutter anrief und bat, mich wieder abzuholen: Das kann ich nicht verantworten, der Kleine macht was er will.

Er schenkte ihr noch Tee nach.

Wenn ich eine Idee hab', dann will ich sie auch realisieren! Und wenn man es einmal geschafft hat, weiß man doch, dass man es wieder kann. Ob du es wirklich schaffst, ist vielleicht noch offen. Damals als Kind hab' ich geglaubt, das kann ich einfach.

Marie lächelte und rutschte etwas näher an ihn heran. Die Kiste, auf der sie saßen, war auf Dauer unbequem.

Jens redete einfach weiter.

Die meisten geben später als Erwachsene viel zu früh auf. Selbst wenn sie etwas wollen, probieren sie es nicht. Ich denk' da anders. Wenn du was willst, mach es einfach, probiere es mit aller Kraft. Vielleicht klappt's, vielleicht nicht, aber man muss es doch wenigstens versucht haben.

Er sah sie an.

Man kommt immer nur so weit, wie man im Kopf auch ist.

Genau so habe er es auch in den Kaukasus geschafft. Irgendwann habe er mitbekommen, dass es eine Lücke gab. Wenn man auf dem heimatlichen Polizeirevier beim Beantragen eines Visums für Rumänien eine vorher gekaufte Fahrkarte für den Zug über Polen und die Ukraine vorlegte – anstelle der üblichen Strecke über die Tschechoslowakei –, dann erhielt man ausnahmsweise ein Transitvisum für die Sowjetunion.

Das gilt zwar nur für maximal drei Tage, aber so kann man den Zug in der Ukraine einfach verlassen und sich dann in der Sowjetunion so weit wie möglich an allen Kontrollen vorbei unerkannt durchschlagen.

Und zurück kommst du ja immer!, scherzte Marie.

Es gebe inzwischen einige, die wie er von diesem Schlupfloch wüssten. Jens erzählte ihr, dass er sich mit anderen, die so etwas schon gemacht hatten, so oft wie möglich treffe. Es gebe einen regen Austausch von Tipps und Informationen unter Bergsteigern, Trampern und Abenteurern, die in Städten wie Dresden, Leipzig, Halle, Jena oder Berlin zu Hause seien. Die ziehe es in den Kaukasus oder ins Pamirgebirge, da ihnen das heimische Elbsandsteingebirge und das Riesengebirge längst nicht mehr reiche.

Auf diese Weise habe sich im Laufe der Jahre eine Menge Wissen über lohnende Ziele, die besten Routen, die gefährlichen Kontrollpunkte oder gastfreundliche Menschen in der Szene verbreitet.

Sie waren nicht sehr viele, aber alle, die es wagten, unerkannt durch die Sowjetunion zu reisen, verband das Gefühl, einen Spielraum jenseits der reglementierten Möglichkeiten entdeckt zu haben und ihn zu nutzen – ein Stück Freiheit.

Manche sind bis nach Sibirien zum Baikalsee und weiter gekommen, manche geraten aber auch schon nach zwei Tagen in eine Kontrolle, und alles ist vorbei. Und andere bekommen gar kein Durchreisevisum. Aber das ist immer noch besser, als es gar nicht erst zu versuchen!

Marie wusste bisher nichts von den Möglichkeiten, die engen Grenzen der Republik über die unmittelbaren östlichen Nachbarländer hinaus auszudehnen. Sie hatte alle Länder, in die man auf eigene Faust reisen durfte, besucht, einige schon mehrmals. Polen, die Tschechoslowakei, Ungarn, Bulgarien, Rumänien. Damit hatte sie die Grenzen des Erlaubten erreicht.

Dass da mehr möglich sein könnte, fand sie aufregend. *Warum nicht zusammen mit diesem Kerl?*, schoss es ihr durch den Kopf, dieser Mann, der sich in Abenteuer stürzte, die ihr gefielen.

Sie erzählte Jens mehr von ihrer letzten Tramptour durch Bulgarien und Rumänien, von den Wildpferden, von der Ungewissheit der Straße und den Nächten unter freiem Himmel, von der Zeit, die sich so unendlich dehnt, wenn man keinen Plan für den nächsten Tag hat.

Weißt du, dass ich als Kind im Sommer immer draußen auf dem Balkon schlafen wollte?

Spätestens mit dreizehn Jahren hatte Marie ihr Bettzeug und die Matratze, wenn irgend möglich, ins Freie geschafft. Bei Tagesanbruch wurde sie wach, meist in der Morgensonne, manchmal überraschte sie auch der Regen. Es war ihr egal.

Als sie noch jünger war und mit der Familie von Potsdam zum Zelten nach Polen an die Ostseeküste fuhr, mied ihr Vater die organisierten Plätze und baute das Zelt lieber versteckt im Wald auf.

Wenn ich als Kind mit dem Fahrrad unterwegs war, dann habe ich es geliebt, immer wieder andere Wege auszuprobieren, wenn ich abends nach Hause fuhr. Und als ich alle Wege kannte, hab' ich aus meinem Simson-Rad ein Pferd gemacht. Ich hab' links und rechts am Lenker Gummischlaufen angebracht und versucht, nur noch über diese Zügel zu lenken.

Marie lachte, sie gestikulierte bei ihren Erzählungen wild mit den Armen und machte Jens vor, wie das aussah.

Später, erzählte Marie weiter, sei sie dann wirklich auf Pferden geritten. Es sei ihr ganz leicht gefallen.

Jens berichtete Marie von seinen Ferien als Kind mit den Eltern und Großeltern im Sommer, von Zeltlagern, Paddeltouren im Faltboot, vom Skifahren im Winter. Die Erwachsenen hatten ihn dabei wenig beaufsichtigt, sondern oft ganz allein umherstreifen lassen.

Der Tee war längst ausgetrunken, der Kachelofen strahlte wieder Wärme ab. Marie und Jens erzählten weiter Geschichten von ihren Wanderungen. Von Herausforderungen und Ruhe, von Einsamkeit und überraschenden Begegnungen, vom Ausgesetzt- und Aufgehobensein in der Natur.

Irgendwann schwiegen beide in dieser langen Nacht. Marie schob die Teetassen auf der russischen Holzkiste einfach beiseite, rückte ganz nah an Jens heran und legte ihren Kopf an seine Schulter.

AM NÄCHSTEN MORGEN schlief Jens noch tief, als sie neben ihm aufwachte. Vom Bett aus sah sie den Spiegel an der Wand neben dem Fenster. Sie stand auf, aber als sie auf den Spiegel zutrat, mochte Marie nicht hineinschauen. Sie hatte ein seltsames Gefühl. Sie konnte nicht deuten, was passiert war. Vielleicht würde ihr Gesicht etwas verraten, was sie jetzt noch nicht wissen wollte. Sie sah sich noch einmal um in dem Zimmer, das sie bis gestern nicht gekannt hatte. Diese karg eingerichtete Wohnung, die einen nicht festhielt, aus der man jederzeit aufbrechen konnte.

In diesem Moment wusste Marie, es war hier bei Jens alles so, wie sie selber gerne leben wollte.

Kapitel 2 **Der Prenzlauer Berg**

Marie zog nach wenigen Wochen in die Rykestraße ein.

In Wahrheit war dafür weder ein großer Entschluss noch ein richtiger Umzug nötig. Sie war seit jenem Abend immer häufiger bei Jens geblieben, und viele Dinge besaß sie ohnehin nicht.

Marie war 24 Jahre alt und hatte gerade erst damit begonnen, sich in Berlin einzuleben. Sie hatte so lange bei ihren Eltern in Babelsberg bei Potsdam gewohnt, bis sie die Zusage für die Kunsthochschule erhalten hatte.

In Berlin war sie bisher eher provisorisch untergekommen. Das hatte sie nicht weiter gestört, denn sie war ohnehin dauernd unterwegs. In den ersten Monaten teilte sie sich mit einer Kommilitonin ein Zweierzimmer im Studentenwohnheim. Dann bot sich zufällig eine neue Möglichkeit.

Zu Beginn ihres Studiums erhielt sie, wie die anderen Studenten des ersten Semesters, die Aufgabe, irgendein alltägliches, charakteristisches Motiv in der Stadt zu zeichnen. Als sie eines Nachmittags in einem Hinterhof saß und eine alte Remise skizzierte, kam ein älterer Mann auf sie zu, und nach einem kurzen Gespräch zeigte er ihr ein Zimmer in seiner Wohnung, in dem sie zur Untermiete wohnen könnte, wenn sie wollte. Sie willigte gleich ein, denn das Zimmer war hell und hatte einen netten Ausblick. Zunächst freute sie sich über ihren ersten eigenen

Wohnsitz, aber da der Vermieter auffällig oft unter irgendeinem Vorwand bei ihr anklopfte, zog sie lieber wieder aus.

Als sie Jens in der Dunkelkammer traf, hatte sie sich gerade mit einer Handvoll Obstkisten und ein paar Büchern in der Wohnung einer Freundin in Pankow einquartiert.

Der Kontrast zwischen dem komfortablen Wohnhaus ihrer Eltern in Babelsberg und den zerfallenden Mietskasernen in Prenzlauer Berg war gewaltig. Im ehemaligen Berliner Arbeiterkiez hatte Marie noch keine Wohnung mit Heizung, fließend Warmwasser oder Dusche gesehen, so wie sie das von zu Hause gewohnt war. Oft gab es gerade einmal einen kleinen Elektroboiler in der Küche und einen Kohleofen im Bad, mit dem man das Wasser für die Wanne erhitzen konnte. Jens' Wohnung hatte nicht einmal ein Bad.

Aber der fehlende Komfort schreckte Marie nicht, auch nicht, dass sie fast jeden Tag Kohlen die Treppen hochschleppen musste, wenn sie es warm haben wollte. Sie mochte an diesen Wohnungen das Provisorische, Unfertige, weil es bedeutete, dass man dort vieles von dem tun und lassen konnte, was man wollte. In Prenzlauer Berg war, von der Staatsführung so nie gewollt, ungeplant ein Freiraum für junge Leute entstanden, wie es ihn sonst in der Republik kaum gab.

Bei Jens, am Anfang der Rykestraße, gleich am alten Wasserturm von Prenzlauer Berg, war Marie nun mitten in dieser Welt angekommen.

ANSTATT die alten Mietskasernen der Innenstadt zu renovieren, ließ die Regierung lieber neue Viertel mit Plattenbauten errichten, meist am Stadtrand. Viele Familien hatten deshalb die Gegend verlassen, trotz der Nähe zum Zentrum. Sie bevorzugten die komfortablen Wohnungen in den neuen Hochhäusern von Marzahn und Hellersdorf.

Die Besitzer der Häuser in Prenzlauer Berg waren großteils in den Westen gegangen. Ihre Gebäude waren seither zumeist in der Obhut der einzigen privaten Wohnungsverwaltungen der Stadt, die Wolfgang und Hendrik Horstman und Wilfried Alscher gehörten. Für Alscher-Häuser brauchte man zwar keine Wohnberechtigung der *Wohnungswirtschaftsabteilung* des Stadtbezirks, doch sie waren verrufen, weil die Instandhaltung der rund hundert Jahre alten Gebäude, die oft noch Kriegsschäden aufwiesen, stark vernachlässigt wurde und man mit den Mietern nicht besonders sanft umging. Aber die Wohnungen waren billig: 15 Mark Miete im Monat pro Zimmer waren keine Seltenheit. Das lockte junge Leute an, nicht nur aus Berlin, auch aus der Provinz zogen sie in diesen Teil der Stadt, wenn ihnen das trotz der strengen Zuzugsregelungen für Nicht-Berliner gelang. Hier trafen sie auf die Alten, die geblieben waren, weil sie nicht mehr umziehen wollten oder es einfach nicht mehr schafften. Es gab verarmte Witwen, die ihre Männer schon im Krieg verloren hatten, einige von ihnen hausten in verrotteten Wohnungen, auch in solchen ohne funktionierende Toiletten oder Bäder. Im Winter froren die Leitungen der Klos auf halber Treppe obendrein häufig ein.

Die Fassaden der einst besseren Häuser waren bereits stark verwittert. Die Verzierungen der Fenstersimse bröckelten, die Stuckfiguren verloren ihre Gesichter. Die Balkone waren oft so baufällig, dass sie von der Feuerwehr entfernt wurden oder von selbst abfielen. Die Leute im Viertel hatten dafür sogar ein eigenes Wort geschaffen, sie nannten es *Balkonsturz*. Hier und dort wuchsen kleine Bäume aus den leeren Fensteröffnungen verfallener Wohnungen.

Es gab immer wieder Gerüchte, dass die Obrigkeit die alten Häuser in Prenzlauer Berg abreißen lassen wollte. Doch als ein weithin sichtbares Wahrzeichen des Viertels, der letzte Gasometer der alten Städtischen Gasanstalt, 1984 gesprengt werden sollte, um auf dem Gelände Wohnungen zu bauen, gab es unerwartete Proteste nicht nur der Prenzlauer-Berg-Bewohner. Es hagelte Beschwerdebriefe, die offiziell *Eingaben* hießen. Flugblätter und Aufkleber tauchten auf, alternative Ideen für eine Weiternutzung des Backsteinbaus als Zirkus oder Versammlungsort wurden diskutiert, und in zahlreichen Schaufenstern stand plötzlich kommentarlos ein Foto des Gasometers. Am Ende ließ die Staatsmacht den Bau, an dem die Menschen hingen, dennoch in die Luft sprengen, alle Spuren der alten Industrieanlage beseitigen. An seiner Stelle wurden Plattenbauten sowie ein riesiges Denkmal für den Arbeiterführer Ernst Thälmann errichtet. Alle anderen Abrisspläne für den Prenzlauer Berg blieben fortan allerdings in der Schublade.

Die Wohnungen in den heruntergekommenen Häusern hatten oft jahrelang leer gestanden, bevor sie wieder in Besitz genommen wurden, und mussten von den jungen Leuten, die kaum Geld hatten, durch Eigeninitiative und Eigenarbeit erst bewohnbar gemacht werden. Eine Mischung aus schweren, alten Sesseln und Sofas, Selbstgebasteltem und Selbstgestrichenem, aus Sperrmüll und Sperrholz hielt Einzug in die verwaisten Altbauten.

Die Sperrmüllcontainer in den Straßen, die nur selten von der Stadtreinigung geleert wurden, waren wichtige Umschlagplätze, Stätten eines regen Tauschhandels. Was dort jemand ablegte, war nicht selten nach wenigen Minuten schon weg. Manchmal traf man sich gleichzeitig und tauschte seine Lampe direkt gegen einen Sessel, den gerade jemand anderes anschleppte.

Ein spezieller Wohnstil entstand so, ganz ohne Blümchentapeten, Schrankwand und Couchgarnituren.

Das Bücherregal war oft der Mittelpunkt der Ein- oder Zweiraumwohnungen. Es war die Schatztruhe der Bewohner mit Werken von Sartre, Kafka, Dostojewski oder Gedichtbänden von Heinrich Heine und Eva Strittmatter. Wichtig waren auch Kerzen, die bei jeder Gelegenheit angezündet wurden. Wenn es Kaffee statt Tee gab, wurde der »türkisch« aufgegossen. Ohne Filter, direkt in der Tasse, und man wartete geduldig, bis sich das Kaffeepulver langsam wieder am Boden absetzte.

So gut wie keine Wohnung hatte einen Telefonanschluss. Man verabredete sich nicht ständig im Voraus, man kam einfach vorbei und probierte auf gut Glück, ob jemand da war. Und wenn niemand öffnete, hinterließ man eine Nachricht auf einem Zettelblock oder einer Kassenrolle, die an der Tür hing, aber oft war sie auch mit Kreide direkt auf die Tür oder eine Tafel geschrieben.

In den Treppenhäusern von Prenzlauer Berg waren die Wohnungstüren übersät mit Besuchernotizen: *Grüße von Ev, war hier und schaue morgen noch mal vorbei – Kommt Samstagabend zu uns in die Fehrbelliner! Tom – Meldet Euch bei mir, wenn Ihr in Naumburg seid, Eure Friederike …*

Auch Marie und Jens hatten eine Papierrolle und einen Stift an einem Faden an ihrer Wohnungstür angebracht. Daneben ein Namensschild mit Vögeln, die Kreise um ihre Nachnamen zogen.

DIE FASSADEN der Häuser sahen zwar nach außen grau und trostlos aus und der Verfall ließ sich nicht grundsätzlich stoppen, doch in den Wohnungen spielte sich, wenn es glückte, ein buntes Leben ab.

Die Gespräche in den vier Wänden wurden schnell philosophisch und drehten sich dann um das, was man machen würde, wenn man könnte, wenn das Leben nicht innerhalb eines so begrenzten Bewegungsradius ablaufen würde.

Am wichtigsten waren die Freunde. Alle verwendeten viel Zeit darauf, sich gegenseitig zu besuchen, einander lange Briefe zu schreiben, miteinander zu reden. Das Gespräch der Jungen war der gelebte Gegensatz zur Sprachlosigkeit, die im Rest der Gesellschaft herrschte.

Sie waren bei den Eltern ausgezogen, um selbständig zu sein. Doch ihr Erfahrungshunger stieß in dem engen Land immer wieder an Grenzen. Aber wenigstens hier, in Prenzlauer Berg, wollten sie ihre Nische, ihren Freiraum haben. Sie wollten Musik hören oder am liebsten gleich selber machen. Sie wollten kreativ sein, ohne dass ihnen jemand reinredete. Sie wollten Farbe und Abwechslung in ihr Leben lassen. Sie wollten ein halbwegs richtiges Leben im falschen.

Es waren mitunter eindrucksvolle Selbstinszenierungen, die sie vor jener Erniedrigung, Resignation oder Selbstaufgabe schützen sollten, die sie bei anderen Menschen im Land erlebten. Deren Ohnmacht, die Art, wie sie sich bis ans Lebensende in den Verhältnissen einrichteten, die Anpassung an das System um jeden Preis wollten sie hinter sich lassen. Oder es zumindest versuchen.

Aus dieser, in keinem öffentlichen Manifest jemals niedergeschriebenen Lebenseinstellung war in Prenzlauer

Berg, in der Hauptstadt der DDR, ein lebendiger Ort in einer erstarrten Republik gewachsen.

Hier war vieles anders, selbst die S-Bahn fuhr unter und die U-Bahn über der Straße.

Einige der jungen Leute hatten sich zusammengefunden und schrieben eigene Theaterstücke. Die Aufführungen fanden privat statt, auf engstem Raum: Fünfzig Gäste in einer Zweiraumwohnung waren keine Seltenheit, und die Schauspieler agierten auf drei Quadratmetern.

Andere experimentierten mit 8-Millimeter-Film, Punks gründeten Kellerbands und spielten bei Hinterhoffesten, Künstler stellten ihre Bilder auf leeren Dachböden aus. Junge Dichter organisierten Lesungen ihrer Texte in Wohnzimmern. Etliche Frauen stellten Schmuck her, nähten Kleidung oder bastelten Kinderspielzeug. Viele verband eine gemeinsame Geschichte. Sie waren Studenten, die von den Universitäten geflogen, oder frustrierte Wissenschaftler, die aus politischen Gründen degradiert worden waren. Andere kamen aus den Friedens- und Umweltkreisen, die sich mit Beginn der achtziger Jahre gebildet hatten. Die Männer trugen oft wilde Bärte, langes Haar, grüne Parkas, Jeans und Jesuslatschen. Die Frauen färbten Stoffwindeln zu bunten Halstüchern.

Sie waren Gleichgesinnte, die sich untereinander erkannten, auch wenn sie nicht in Prenzlauer Berg, sondern in Friedrichshain, Pankow, Potsdam, Dresden-Neustadt, Halle, Leipzig-Connewitz oder vergleichbaren Stadtvierteln wohnten. Stets begegneten sie Menschen, die ähnlich fühlten, dachten und sprachen, deren Haltung sie teilten oder mühelos verstanden.

Wer sich nicht kannte, lernte sich unkompliziert kennen. Ohne dass man es immer wieder aussprechen musste, war man sich einig in der Ablehnung der Altherrenregierung, hatte aber gleichzeitig Sympathien für eine Idee vom Sozialismus, die offensichtlich im Alltag längst verloren gegangen war. Es gab etliche politische Schattierungen, für viele in diesem Milieu aber, vielleicht sogar für die meisten, war die Konsumgesellschaft im Westen kein erstrebenswertes Vorbild, sie schien ihnen keine besseren Lösungen zu bieten. Irgendwann in den Westen zu gehen war dennoch für manche eine Option, ein Notausgang, über den man aber nicht gern redete. Die Frage nach Gehen, Gegangenwerden oder Bleiben stand unentwegt im Raum, weil doch so viele gingen. Doch solange der Staat den persönlichen Freiraum nicht antastete, glaubten viele, es in ihrem Land aushalten zu können, zumindest eine gewisse Zeit noch. Denn irgendwann würde sich vielleicht etwas ändern. Bis dahin musste man bloß durchhalten.

SEIT DEN SIEBZIGER JAHREN hatten die Hinzugekommenen die Wohnungen, die keiner mehr wollte, weitgehend erobert, meist durch stille Hausbesetzungen. Still im Gegensatz zum Westteil der Stadt, wo die Besetzungen gern lautstark nach außen demonstriert wurden, mit roten oder schwarzen Fahnen auf den Dächern, stockwerkhohen Transparenten oder grellen Parolen auf den Hauswänden – bis die Polizei kam. Dann ging das Spektakel erst richtig los.

Im Osten der Stadt spielte sich das lautloser ab.

Es war fast unmöglich, aus der Provinz nach Ost-Berlin zu ziehen. Denn offiziell gab es keine freien Wohnungen, weil die Planvorgabe der Politik einen Leerstand nicht erlaubte. Die Verwaltung der Stadt hatte jedoch keinen wirklichen Überblick. Wo welche Wohnungen leer standen, darüber wussten die Menschen im Viertel besser Bescheid.

Wer von einer freien Wohnung hörte, zog einfach dort ein und legalisierte seine Besetzung im Nachhinein. Erst zahlte man ein paar Monate Miete und dann verhandelte man möglichst trickreich und geduldig mit der KWV, der Kommunalen Wohnungsverwaltung, bis man einen Mietvertrag nebst polizeilicher Anmeldung in den Händen hielt und keine Ordnungsstrafe mehr drohte. In manchen Straßenzügen bildeten sich auf diese Weise kleine Besetzerkolonien.

Jens hatte seine Wohnung auch so ergattert.

Zunächst war er in einer engen Studentenbude untergekommen. In der folgenden Zeit spähte er nach leer stehenden Wohnungen, wann immer er durch die Straßen in Prenzlauer Berg ging. Keine Gardinen, verdreckte Fenster und abends kein Licht waren untrügliche Zeichen.

In der Rykestraße wurde er fündig.

Jens fragte bei den Nachbarn, ob die Wohnung, die er im ersten Stock eines Hauses entdeckt hatte, wirklich unbewohnt war. Da sie bejahten, kehrte er noch mal wieder, und als sich sein Eindruck erhärtet hatte, klebte er einfach sein Namensschild unter den Klingelknopf. Dann beobachtete er die Wohnung eine Weile.

Da sein Name selbst nach etlichen Wochen noch an der Klingel klebte, machte er den nächsten Schritt.

Jens fragte die Nachbarn, die ein Stockwerk höher in einer gleich großen Wohnung lebten, wie viel Miete sie zahlten und auf welches Konto, und ließ sich die Nummer und den Namen der Bank geben. Dann begann er auf dasselbe Konto Geld einzuzahlen, mit seinem Namen und der neuen Adresse.

Irgendwann zog er – zunächst mit wenigen Dingen – in die Wohnung ein. Schloss und Schlüssel für die Tür waren schnell besorgt.

Nach rund sechs Monaten ging er zur Wohnungsverwaltung in Prenzlauer Berg und erklärte den zuständigen Damen dort, er wolle sich gern als Mieter anmelden. Ach so, ja, hieß es dort nach kurzer Überprüfung der mitgebrachten Quittungen, sein Geld sei ja eingegangen. *Dann steht die Wohnung nicht leer. Alles in Ordnung.*

Jens freute sich genau wie viele andere darüber, dass es mehr Lücken im System gab, als man dachte. Er hatte immer besser gelernt, sie zu suchen und zu finden.

MARIE FAND ES aufregend, von nun an im Kollwitzkiez zwischen Prenzlauer und Schönhauser Allee zu leben. Nach und nach erkundete sie die nähere Umgebung.

Das Hinterhaus war verfallen, der Seitenflügel stand leer. Aber im Nebenhaus wohnten etliche junge Leute aus Halle, Leipzig und Dresden. Aus einem offenen Fenster hörte sie den ganzen Tag Schreibmaschinengeklapper.

Darunter lebte der Kohlenhändler, dessen Lager sich im letzten Hinterhof befand. Einer seiner Kohlenträger hatte eine nackte Frau auf den linken Arm tätowiert. Marie begegnete ihm fast jeden Tag, wenn er die Briketts auf den LKW-Hänger lud, um sie in die Häuser zu bringen. Er trug sie stets auf einer Rückenlade oder in der Weidenholzkiepe tief gebückt in die Keller hinunter- oder bis in die fünften Stockwerke hinauftrug.

Im Hochparterre des Vorderhauses wohnte der Hauswart, ein etwas zu dicker Berliner, der sich an wärmeren Tagen gern im Feinrippunterhemd, auf ein Kissen gestützt, im Fensterrahmen zeigte. Er verließ selten das Haus und wenn, dann nur, um abends in die Kneipe am Wasserturm zu gehen. Bei ihm musste man Besucher, vor allem solche aus dem Westen, die über Nacht blieben, ins Hausbuch eintragen. Jens versuchte, sich an diese Regel zu halten. Mit angespanntem Gesicht echauffierte sich der berlinernde Hauswart deshalb regelmäßig darüber, wie viele Personen denn wohl in sein Zimmer passten, wenn Jens mal wieder gekommen war, um ehrlich seine Gäste einzutragen.

Im Nachbarhaus hatte bis vor kurzem sogar noch eine DDR-Legende gelebt, der Bluesmusiker Stefan Diestelmann. Aber der, so hörte Marie von einem Studenten im Seitenflügel, sei nach einem Konzert einfach im Westen geblieben.

Prenzlauer Berg mit seinen bunten Bewohnern lag trotz allem keineswegs im toten Winkel der Regierung. Wo es ging, war die Staatsgewalt zur Stelle, um einzuschreiten, wenn jemand seinen Freiraum allzu großzügig ausdehnen wollte. Oft gab es Ärger mit der Polizei, wenn zu laut gefeiert wurde oder zu viele Leute in einer Wohnung oder im Hinterhof zusammenkamen. Dann erschienen die Uniformierten in größerer Zahl und es hieß: *Die ungenehmigte Versammlung muss aus feuerpolizeilichen Gründen aufgelöst werden.*

Auf ihrem Weg sah Marie häufig zwei Volkspolizisten gemeinsam ihre Pflicht verrichten, die darin bestand, ein Gefühl von Sicherheit und Ordnung herzustellen, indem sie langsam den Bürgersteig auf und ab schritten.

Ihre Zeit war mit dem Studium und ihren Freundinnen ausgefüllt. Sie hatte keine Verbindung zur rebellischen Szene der Künstler, zu Punks oder den Leuten in den politischen Zirkeln. Daher war sie auch noch nie in einen

Konflikt mit der Staatsgewalt *zur Klärung eines Sachverhalts* oder in den *Bereich polizeilicher Maßnahmen* geraten. Aber eines Tages wurde sie Zeugin eines Vorfalls, der ihr klarmachte, wie schnell man ins Visier der Ordnungsmacht geriet.

Der Schnee auf den Straßen war längst geschmolzen, der Winter schien allmählich vorbei zu sein. Bei einem ihrer ersten Erkundungsgänge rund um die Rykestraße sah sie an einem kalten Montagmorgen, wie zwei Polizeiautos vor einem der Häuser stoppten und Angehörige der Volkspolizei im Flur verschwanden.

Nur einen Moment später kamen die beiden Staatsdiener mit zusammengerollten Plakaten wieder heraus. Eine ältere Frau drängte schimpfend hinter ihnen her. Die Rentnerin rief so laut, dass man es über die ganze Straße hören konnte: *Wo gibt's denn so was, alte Leute ausfragen? Wo leben wir denn?*

Marie staunte über ihren Mut, aber schließlich: Was sollte man einer alten Frau, die den Krieg noch erlebt hatte, schon anhaben können? Als die Polizisten fort waren, erfuhr sie, dass seit längerem im Hausflur zwei Plakate gehangen hatten, bis jemand aus dem Haus Anzeige erstattet hatte. Friedensplakate. Eins davon zeigte ein Gewehr im Papierkorb. Die Polizisten hatten die Frau gefragt, ob sie wisse, wer aus dem Haus die Plakate aufgehängt habe.

WENN MARIE und Jens aus dem Fenster sahen, fiel ihr Blick auf den Eingang einer Synagoge schräg gegenüber. Die Volkssolidarität nutzte die Ladenräume im Vorderhaus als Rentnertreff. Die Synagoge selbst befand sich im Hinterhaus, was sie 1938 davor bewahrt hatte, niedergebrannt zu werden, weil sie direkt an andere Häuser stieß. Jetzt diente sie den kaum 200 verbliebenen Ost-Berliner Juden als Versammlungsort ihrer kleinen Gemeinde. Sonnabends sah Marie die Gläubigen ins Gebäude gehen, ihre Kippa setzten sie sich erst kurz vor dem Eintreten auf den Kopf.

Und ausgerechnet hier, in der Vorderhauszeile, war eine Kneipe, deren Wirt als alter Nazi verrufen war, die »Gaststätte am Wasserturm«. Ob das stimmte, wusste Marie allerdings nicht. Jens ging nicht in Kneipen wie diese, auch nicht ins »Mosaik«, »Café Nord« oder ins »Wiener Café« in der Schönhauser, und beim »Wasserturm« wagte sich Marie nur einmal durch die speckige Eingangstür, die links und rechts flankiert wurde von einem lachenden Schultheiß auf einem rot-weißen Emailleschild. In dieser sogenannten Gaststätte, stellte Marie fest, gab es nur Bockwurst, zu 85 Pfennig, dazu Kartoffelsalat aus einem Eimer unterm Tresen. Bekannt war, dass der Wirt streng auf die Einhaltung der Sitzordnung achtete – *Keine fünf Stühle am Tisch!* – und seine schlimmsten Sprüche meist in sich hineingrummelte. Sein Schäferhund lag immer vor dem Tresen, die Stammgäste nannten ihn »Hitlers Hund«, genau wie jenes ergraute Exemplar der alten Wirtin im »Fengler«, auch »Keglerheim« genannt, ein paar Ecken weiter, in der Lychener Straße. Das Bier am Tresen war billiger als an den Tischen. Ein kleines Helles mit einem Korn kostete 99 Pfennig. Für alte Männer mit Magenproblemen hielt der Wirt einen Reisetauchsieder bereit, den sie in ihre Gläser stellten, um das Bier kurz anzuwärmen.

Woanders in Prenzlauer Berg gab es Kneipen, in denen uniformierte Volksarmisten und andere Vertreter der Staatsmacht nur widerwillig bedient wurden. Der Wirt am Wasserturm aber weigerte sich, langhaarige Jugendliche in Parkas zu bedienen, wenn sie sich doch einmal an einen seiner Tische verirrt hatten.

Die Jugendlichen mieden in der Regel allerdings ohnehin die Kneipen mit ihrem Vorkriegscharme, mit den braun-weiß karierten Tischdeckchen, den abgenutzten Tischen und Stühlen, ausgetretenen Dielen und den Fenstern, die mit gelb verqualmten Gardinen zugehängt waren. Nur manchmal kamen sie mit Kannen oder alten Krügen, um sie sich vom Wirt mit Bier der volkseigenen »Berliner Brauereien« füllen zu lassen, das sie dann mit in ihre Wohnungen nahmen, um unter sich zu feiern.

Nicht nur in den Kneipen, auch in den meisten Straßen rund um den Wasserturm wirkte vieles so, als sei der Krieg gerade erst vorbei. Wenn man darauf achtete, war das Vergangene überall gegenwärtig. An den Häuserwänden waren noch Löcher zu sehen, die Kugeln und Granatsplitter in den Putz geschlagen hatten. Die Fassaden erzählten Geschichten von Bombentreffern und Bränden. Verwitterte Werbeschilder wiesen auf Geschäfte in Kellern oder Hinterhöfen hin, die es längst nicht mehr gab. Ein ausgestreckter Finger, mit einer Schablone auf die Wand gemalt, markierte den Weg zur *Schuhmacherei Fritz John im Seitenflügel*, zu *Eduard Wellhausen, Schriftmaler, vorn 1 Treppe* oder zum *Fuhrunternehmen Carl Rauch, 2. Hinterhof, Quergebäude*.

Der rote Backsteinbau des alten Wasserturms warf bei Sonnenschein einen dunklen Schatten in die Rykestraße bis zum Eingang der Synagoge. Für Marie strahlte das Bauwerk etwas Düsteres aus, seitdem ihr ein alter Mann aus dem Nachbarhaus mehr über dessen Geschichte erzählt hatte. Gleich nach der Machtergreifung der Nazis war hier vom Februar 1933 an eines der ersten wilden Konzentrationslager entstanden. In der angrenzenden ehemaligen Maschinenhalle waren politische Gegner verhört und gefoltert worden, die bei den ersten Razzien der SA im Scheunenviertel oder beim Flugblattverteilen in der Schönhauser Allee festgenommen worden waren. Auch den jüdischen Inhaber eines Zigarrenladens in der Kastanienallee habe es damals erwischt, erzählte ihr der Alte.

Am Tag darauf besuchte Marie den jüdischen Friedhof in der Schönhauser Allee. Sie fand einen verwunschenen Ort mit verwahrlosten Gräbern, von Sträuchern überwucherte Geschichte. Nur wenige Menschen kamen hier vorbei. Marie ließ sich auf einer umgefallenen Steinsäule nieder und sah dem Spiel der Sonnenstrahlen zu, die trotz der dichten Baumkronen bis auf den Boden drangen. Sie dachte an ihre neue Heimat, Prenzlauer Berg, und einen Satz, den sie in einem Buch bei Jens gelesen hatte: *Die Gegenwart bleibt, nur die Zeit vergeht.*

Mit Block und Bleistift zog sich Marie zum Zeichnen manchmal auf einen anderen alten Friedhof an der Greifswalder Straße zurück. Sie mochte die breite Baumallee gleich hinter dem Eingang. Hier hatte man die Bäume so wachsen lassen, wie die Natur es wollte, und sie nicht so ordentlich getrimmt wie die meisten Straßenbäume.

Marie ging langsam durch die Reihen, betrachtete steinerne Engel, Blumen und Ranken, las die Namen auf den Grabsteinen, bis sie einen geeigneten Blickwinkel fand. Wenn sie lange genug dort gesessen, beobachtet und gezeichnet hatte, bekam sie ein Gefühl, das sie im Alltag sonst nicht hatte. Das Gefühl, an diesem Ort einfach nur da sein zu können, die Zeit zu vergessen und sich treiben zu lassen. Ein Gefühl, das sie mochte und das sie immer wieder dorthin zog.

IN JENS' WOHNUNG gab es keinen Balkon, aber er hatte sich einen Schlüssel für den leer stehenden Dachboden besorgt. Marie entdeckte bald, dass sie von dort über eine Luke ins Freie hinausklettern konnte. Das Haus hatte ein Flachdach mit Unmengen von Schornsteinen, an denen die Ziegelsteine schon mehr oder weniger abgebröckelt waren. Auch jetzt im Frühjahr roch es hier noch immer nach Braunkohle, das gehörte zu ihrem Land wie der Geruch nach Desinfektionsmittel in den Korridoren der öffentlichen Gebäude und der Gestank des bläulichweißen Nebels, den die Zweitaktmotoren auf allen Straßen hinterließen.

Seitdem sich die ersten warmen Sonnenstrahlen gezeigt hatten, gefiel es ihr, dort oben, hoch über der Stadt, zu sitzen und für ihr Studium zu zeichnen: die verfallenen Schornsteine, den Blick über die Hausdächer rundherum, die Spitze des Fernsehturms.

Kein Mensch kam sonst hierher. Die Dachlandschaft gehörte ihr. Ab und zu nahm sie eine Freundin mit hinauf. Vom Dach ihres Hauses aus streifte sie auch über die Dächer der Nachbarhäuser ihrer Straße, sie fühlte sich frei hier oben. An einer Brandmauer musste sie ein paar rostige Eisenbügel hochklettern, um das nächste Hausdach zu erreichen. An einer anderen Stelle lag nur ein schmales Brett, das zur nächsten Dachschräge führte. Bis hierhin war ihre Freundin beim ersten Besuch mitgekommen, bevor sie dann doch lieber umkehrte. Marie ging auf ihren Erkundungstouren noch ein ganzes Stück weiter, denn man gelangte über den ganzen Häuserblock hinweg bis zur Prenzlauer Allee, wo sie problemlos wieder in ein Haus hineinklettern konnte. Es war der kürzeste Weg zu Freunden, die dort eine Wohnung hatten.

MARIE HATTE ZEIT. Sie studierte Szenografie an der Kunsthochschule Weißensee, und sie konnte wie die anderen Studenten meist zu Hause arbeiten. Nur einmal in der Woche kam Marie mit einer Handvoll Studenten aus dem Kurs »Malen und Plastik« zusammen. Dann zeigten sie sich gegenseitig, was aus dem Thema, das der Dozent vorgegeben hatte, im Laufe der Tage entstanden war. Etwa zu Shakespeares *Sommernachtstraum*. Sie stellten ihre Ideen für das Bühnenbild, das Beleuchtungskonzept und die Kostümentwürfe vor, die sie schriftlich ausgearbeitet, gemalt oder als dreidimensionales Bühnenmodell im Pappkarton entworfen hatten.

Marie stand erst am Anfang ihres Studiums. Es würde noch drei Jahre dauern, bis sie einen Abschluss hätte und bei Film- oder Theaterproduktionen mitarbeiten könnte.

Irgendwann erzählte sie Jens, wie schwer es für sie gewesen war, diesen Studienplatz zu ergattern.

Maries Vater Heinz arbeitete im Babelsberger Spielfilmstudio der DEFA als Produktionsleiter. Schon als junges Mädchen war sie oft bei Dreharbeiten dabei gewesen, hatte den Ausstattern und Kostümbildnerinnen über die Schulter gesehen. So etwas wollte sie später auch machen. Als der Fernsehfilm *Die unheilige Sophia* gedreht wurde, malte sie Szenenbilder.

Marie hatte ein festes Ziel, und sie wollte daher alles richtig machen. Wenn Schüler sich an die Spielregeln hielten, konnten sie am Ende ihrer Schulzeit einen mehr oder weniger vollen Karton mit Auszeichnungen, Urkunden und Medaillen vorweisen, eine notwendige Grundlage nicht nur für die Bewerbung um einen Studienplatz, sondern überhaupt, um in dieser Gesellschaft weiterzukommen.

So sammelte auch sie Urkunden und Medaillen aller Art wie das *Abzeichen für gutes Wissen* in Gold. Das Abitur bestand sie mit »gut«. In das letzte Zeugnis schrieb ihr der Klassenlehrer: *An gesellschaftlichen Fragen hat Marie Interesse und sie urteilt vom Standpunkt der Arbeiterklasse aus.* Klang gut, reichte aber bei weitem noch nicht. So oder ähnlich stand es in vielen Abschlusszeugnissen.

Schon drei Jahre vor dem Ende der Schulzeit hatte Marie an der Kunsthochschule in Weißensee eine Voreignungsprüfung gemacht, um ihre Chance zu verbessern, dort angenommen zu werden. Dazu absolvierte sie einen zweijährigen Jugend-Kunstkurs sowie ein Abendstudium in Malerei. Alles vor dem Abitur. Direkt nach dem Ende der Schulzeit folgte ein eineinhalbjähriges Volontariat im DEFA-Studio für Spielfilme in Babelsberg.

Als diese Zeit hinter ihr lag, schrieb die Betreuerin bei der DEFA über Marie: *Begegnungen mit Menschen sind für sie von großer Wichtigkeit. Ihre Erlebnisfähigkeit ist spontan und stark.* Ihre Begabung beim Zeichnen falle auf. Sie zähle zu den Jugendlichen, *die sich zu einem größeren Talent entwickeln könnten.* Das klang schon besser, und am Ende hatte sich ihr Einsatz für den Studienplatz gelohnt. Sie gehörte zu den vier Studenten, die unter fünfzig Bewerbern ausgesucht wurden.

Jetzt saß sie zufrieden mit sich und der Welt auf einem Dach in Prenzlauer Berg, malte Schornsteine und manchmal schneiderte sie abends selbst entworfene Kleidung. Sie wollte nicht die Sachen tragen, die alle trugen.

Nachts schrieb sie lange Briefe an ihre Freunde, auch an die außerhalb des Landes, die sie bei ihren Fahrten durch Polen oder Bulgarien kennengelernt hatte. An Jurek in Warschau schrieb sie:

In diesem Jahr fährt mein Vater nach Polen, und ich gebe ihm schnell noch ein paar Zeilen für Dich mit. Ich weiß gar nicht, ob Brief und Päckchen bei Dir angekommen sind. Ich hoffe es sehr… In diesem Jahr komme ich nicht nach Polen. Ich baue gerade eine kleine Wanderbühne aus Holz für die Commedia dell'Arte. Ganz schön, so etwas zu konstruieren. Sie ist noch bestückt mit kleinen Stoffvorhängen, Treppchen und Möbeln aus Pappe und Papier. Und wenn ich sie mir so ansehe, geht das Spiel gleich los. Es ist, als wäre man auch so klein und könnte 300 Jahre zurückversetzt dem Arlecchino beim Spiel zusehen. Oder dem Pantalone mit seiner roten Jacke, der gar nicht merkt, wie er von allen belächelt wird. Um mich hängen einige Skizzen an der Wand mit meiner Bühne, die ich auf einen italienischen Markt gestellt habe. Italien. Italien, da möchte ich doch zu gerne jetzt hin. Und wenn Du vor mir da sein solltest, musst Du mir alles aufschreiben.

Kapitel 3 **Die Verwarnung**

Als Marie an einem dieser frühen Sonnentage im Jahr vom Dach durch die Luke wieder zurück ins Haus geklettert war, stand Jens in der Wohnung. Er war gut gelaunt. In seiner Hand hielt er einen Brief.

Stell dir vor, sie bieten mir gleich acht neue Vortragstermine an! Bald brauche ich neue Themen, über die ich sprechen kann. Der Sommer naht, wäre es nicht toll, wenn wir zusammen in die Mongolei fahren würden?

Marie zögerte nicht mit ihrer Antwort.

Du hast mich doch schon am ersten Abend neugierig gemacht auf deine Reisen. Ich kann mir nichts Schöneres und Spannenderes vorstellen, als mit dir zusammen weit weg von hier unterwegs zu sein. Aber wie kommen wir da hin? Wir brauchen doch eine Einladung, oder?

Jens streifte mit der Hand durch seinen Bart, grinste etwas und sah Marie vielsagend an.

Marie lachte: *Na klar, du hast schon einen Plan. Das hätte ich mir denken können.*

Das Schreiben war von der Ost-Berliner Urania gekommen, einer Bildungseinrichtung, die es sich seit hundert Jahren zur Aufgabe machte, Wissenschaft populär zu vermitteln. Normalerweise redeten dort ältere Experten und nicht Studenten wie Jens, der gerade einmal im zweiten Jahr an der Humboldt-Universität studierte. Aber der dreiundzwanzigjährige angehende Biologe war bei der stellvertretenden Leiterin der Urania gleich auf Zustimmung gestoßen, als er nach seiner ersten unerlaubten Reise in die Sowjetunion einfach mit einigen seiner Dias von Landschaften, Menschen, Pflanzen und Tieren zu ihr gegangen war und ihr vorgeschlagen hatte, einen Vortragsabend zu gestalten. Die beeindruckenden Fotos des jungen Mannes und seine Leidenschaft, anderen sein Wissen zu vermitteln, fand die Leiterin ungewöhnlich. Sie war gar nicht auf die Idee gekommen, zu fragen, wie Jens es in die Sowjetunion geschafft hatte.

Marie und Jens setzten sich in der Küche am Tisch zusammen und tranken Tee aus China. Jens hatte sogar frischen Bienenstich mitgebracht. Sie überlegten, was die Urania-Einladung für sie bedeutete.

Er hatte seit seinem ersten Vortrag von Mal zu Mal größere Säle erhalten. Oft saßen ein paar hundert Leute im Publikum, wenn Jens Bilder zeigte und von seinen Erlebnissen und Beobachtungen erzählte. Auch unter den Zuhörern hegte niemand je den Verdacht, dass einige seiner Touren höchst illegal waren, ein Ergebnis von Reiselust, Dreistigkeit und Mut zum Risiko. Wer in einer Institution wie der Urania Vorträge hielt, der musste einfach alle Hürden der Erlaubnisbürokratie genommen haben, anders konnte es in diesem Land nicht sein, dachten alle.

Seine Diaschauen wurden mit jedem Vortrag professioneller. Jens überlegte sich die Abfolge der Bilder genau, die Perspektivwechsel, die Themen. Die Zuschauer, die in ihrem Alltag noch nicht von einer bunten Bilderflut überschüttet wurden, waren beeindruckt von der Leuchtkraft seiner Farbdias.

Eines Abends sprach ihn nach seinem Vortrag eine Bildredakteurin des Leipziger Brockhaus-Verlages an.

Ich bräuchte ein paar von den Bildern, die ich eben in Ihrem Vortrag gesehen habe, meinte sie, *die passen gut zu Artikeln im nächsten Brockhaus-Lexikon.*

Jens war stolz, als die ersten von ihm geschossenen Fotos gedruckt wurden.

Er fotografierte seit Jahren auf seinen Reisen. Meist auf Diafilmen, die er sich immer selbst aus Wolfen besorgt hatte, bei ORWO, der Herstellerfirma. Zwölf Bilder passten auf einen Rollfilm. Er kaufte schon mal hundert oder zweihundert Filme auf einmal und achtete darauf, dass sie aus der gleichen Charge stammten, denn dann waren die Emulsionen bei allen identisch. Das war ihm wichtig, so hatten später die Dias bei seinen Vorträgen stets den gleichen Farbton. Den Tipp, darauf zu achten, hatte er von anderen Naturfotografen aus Leipzig bekommen. Jens testete mit ihnen gemeinsam die Rollfilme anhand von Farbtafeln, und man tauschte untereinander Informationen über Chargennummern und -eigenschaften aus.

Seine Fotoausrüstung war längst über den Amateurstatus hinausgewachsen. Er besaß drei Pentacon 6x6-Mittelformatkameras mit fünf Wechselobjektiven, das stärkste Teleobjektiv war fast einen halben Meter lang und wog gut zwei Kilo. Dafür war die Auflösung extrem hoch, Landschaften und Details erschienen gestochen scharf.

Die wertvolle Kameraausrüstung hatte er sich im Laufe der Zeit zusammengekauft und dazu den passenden Diaprojektor für das Großformat. Weil solche Geräte in den Fotogeschäften nur selten zu haben waren und Jens deswegen oft nachfragte, hatte er viele Gelegenheiten zum Fachsimpeln mit den Verkäufern.

Die Ausrüstung und seine Reisen finanzierte er mit den Vorträgen und dem, was vom Stipendium übrig blieb. Er erhielt 200 Mark im Monat, wie Marie und jeder Student im Land, dessen Eltern nicht zu viel verdienten, plus 15 Mark Berlinzulage. Ein Essen in der Mensa kostete 80 Pfennig, und Fahrkarten zwischen Studien- und Wohnort gab es mit 75 Prozent Ermäßigung, das machte für die meisten Bahnfahrten nur fünf bis acht Mark. Seine Monatsmiete betrug 36 Mark. Viel mehr als 100 Mark im Monat brauchte Jens für den Alltag nicht.

Wer wie er das System der Bahn noch genauer kannte, für den gab es weitere Sparmöglichkeiten. Wenn Jens mit Freunden ins Elbsandsteingebirge zum Klettern fuhr, löste er seine Fahrkarte nicht nach Bad Schandau, sondern er kaufte ein Ticket bis Decin hinter der tschechischen Grenze. Dann war es eine internationale Fahrkarte, die nur zwei Pfennig je Kilometer kostete statt der acht Pfennig im Netz der Deutschen Reichsbahn.

DA SEINE VORTRÄGE so gut ankamen, hatten die Frauen aus der Urania-Leitung eines Tages eine weitere Idee:

Wir machen einen kulinarischen Abend. Erst zeigst du ein paar Dias aus dem Kaukasus, dann gibt es russisches Essen und dann wieder ein paar Bilder. Und später machen wir das Gleiche mit Sibirien.

Der Abend wurde ein großer Erfolg, und beim nächsten Mal gab es mehr Anmeldungen als Plätze.

Jens begann sich über seine Zukunft als Verhaltensbiologe Gedanken zu machen. Er wünschte sich, ganz offiziell in die verschiedenen Klimazonen der Welt zu reisen, Erkundungen über Tiere und Pflanzen einzuholen und dann zu Hause darüber zu berichten. Er würde hier und da Artikel mit seinen Fotos in Fachzeitschriften publizieren und Bücher über seine Expeditionen und Forschungsergebnisse verfassen.

Wenn er sich allerdings mit älteren Mitstudenten unterhielt, klang es eher, als würden Verhaltensbiologen eines Tages in einem volkseigenen Hühnerzuchtbetrieb irgendwo in Mecklenburg oder in Vogelsdorf am Berliner Stadtrand enden, um dort die Tierproduktion zu optimieren. Eine Kommilitonin berichtete ihm, sie habe bei der Intensivhühnerhaltung genau die Käfiggröße berechnen müssen, bei der am wenigsten Legehennen krepierten.

Oder würde er in einem Forschungslabor enden, in dem er jeden Tag die gleichen Handgriffe würde machen müssen? Endlose Tabellen anfertigen mit den Ergebnissen aus Versuchsreihen, tote Mäuse in Scheiben schneiden und analysieren? Ein langes Arbeitsleben ohne jegliche Freiräume?

Jens wollte Freilandbiologe und Verhaltensforscher werden. Aber würde der Staat ihm die Wahl lassen? Hatten andere, die ihm von ihren ersten Berufserfahrungen erzählten, nicht zu hören bekommen: *Wir haben dich studieren lassen, jetzt hast du die Pflicht, das zu tun, wofür wir dich brauchen!*

ICH HAB' ÜBRIGENS von meiner Seminargruppenleiterin einen Anpfiff bekommen, weil ich ein paar Russischstunden versäumt hab', erwähnte Jens am Küchentisch eher beiläufig gegenüber Marie.

Aber das machen doch alle!, beschwichtigte sie. *Ist doch nicht so wichtig, oder? Ich hab' auch schon Russisch verpasst.*

Jens nickte. Er fand weder die Beschwerde über ihn noch die Russischstunden besonders wichtig, weil er auf seinen

Reisen durch die Sowjetunion ganz gut sprechen gelernt hatte. Seine Grammatik stimme zwar oft nicht, räumte er ein, aber es funktioniere von Mal zu Mal besser mit der Verständigung, wenn er bei seinen Reisen unterwegs Leute kennenlerne. Und Jens sprach viele Leute an. Etwas Interessantes oder Nützliches ergab sich am Ende immer daraus. Er hatte viele Adressen gesammelt. Wenn er seine Gesprächspartner nicht gleich verstand, fragte er nach und schrieb die neuen Wörter mit Übersetzung in sein Notizbuch.

Abends, allein im Zelt, habe ich mir dann vor dem Einschlafen die letzten fünfzig Wörter noch mal angesehen.

Marie machte ein mitleidiges Gesicht.

Jens lachte: *So was macht man halt, wenn man allein im Zelt ist!*

Viel lieber als zum Russischkurs ging er in das Seminar eines Biologie-Professors, Günter Tembrock, der kurz vor der Emeritierung seine letzten Veranstaltungen am Institut abhielt. Sie waren dort nur wenige Studenten, eigentlich war das Seminar Teil des Diplomstudiengangs für ältere Semester im Hauptstudium. Jens dagegen befand sich erst im zweiten Studienjahr. Er befürchtete jedoch, dass es später, wenn er selbst im Hauptstudium wäre, die Vorlesungen des Wissenschaftlers nicht mehr geben würde. Der Verhaltensforscher behandelte darin etwa die akustische Kommunikation von Tieren und die Parallelen zwischen Tierlauten und menschlichen Schreien, die Angst ausdrücken. Für Jens, der sich seit seiner Kindheit für die unterschiedlichen Vogelstimmen begeistert hatte, war das sehr viel spannender als russische Grammatik. Dummerweise fand dieses Seminar zeitgleich mit den Russischstunden statt.

Die Verwarnung der Seminargruppenleiterin wollte er einfach ignorieren.

Jens nahm sich das letzte Stück Kuchen. Er kam ins Reden, über sein Studium und die Pläne, die er als Jugendlicher geschmiedet hatte. Er erzählte Marie, wie schwer es auch für ihn gewesen war, den Studienplatz in Berlin zu bekommen. Als er die Zusage endlich erhielt, glaubte er sich am Ziel seiner Träume.

Jens war in Leipzig aufgewachsen. Sein Vater war Kfz-Meister im »Kombinat Kraftverkehr«. Doch für Motoren und Getriebe interessierte Jens sich kaum. Schon als Schüler hatte er sich dagegen für die Natur begeistert. In den Frühjahrsferien fuhr er in den Spreewald zum *Spezialistenlager Ornithologie und Naturschutz*. Vögel beobachten, ihren Lebensraum erkunden, ihr Verhalten studieren, das machte ihm Spaß.

Seit Umweltschutz ein immer größeres Thema geworden war, hatten sich überall im Land neben den offiziellen Fachgruppen des Kulturbundes auch unabhängige Umweltgruppen gebildet. Sie trafen sich in Gemeinderäumen der Kirche oder nutzten Keller von Pfarrhäusern, weil ihnen andere Treffpunkte verwehrt wurden. Der Regierung missfielen solche Initiativen.

Wie stark die Luft durch überalterte Kraftwerke und Industrieanlagen vergiftet wurde, merkten viele. Entsprechend großen Zulauf hatten die Umweltgruppen. Auch Jens wollte dabei sein.

Einen entscheidenden Anstoß hatte er schon als Elfjähriger in einem Forsthaus bei Templin bekommen. Dort lebte sein Onkel Ernst. Der war kein Revierförster, sondern forstlicher Standorterkunder, dessen Aufgabe es war, die Böden zu untersuchen und Karten zu erstellen, die zeigten, welche Bäume wo am besten gediehen. Darüber hinaus engagierte er sich als Ökologe und Ornithologe.

Bei ihm erlebte Jens erstmals, wie aufregend es war, wilde Vögel in riesigen Japan-Netzen zu fangen und aus der Nähe zu betrachten.

Er begeisterte sich für diese Arbeit. Mit seinen Kinderhänden und schlanken Armen war er besser als ein Erwachsener in der Lage, in die kleinen Bruthöhlen der Eisvögel zu greifen, die manchmal auch fernab der Gewässer im Wald nisteten. Selbst den Jungvögeln konnten so Ringe angelegt werden. Bei den Streifzügen am Rande von Schilfgebieten lernte Jens, Vogelarten an der Stimme zu unterscheiden.

Mit dreizehn Jahren wurde er Mitglied der »Fachgruppe Ornithologie« im Leipziger Kulturbund. Jens organisierte Ausflüge zu Teichen, Sümpfen und Waldgebieten rund um seine Heimatstadt, in einer Gegend, die von Chemieanlagen, Braunkohlegruben und Leitungstrassen durchzogen wurde. Zu Hause las er Fachzeitschriften mit Titeln wie *Der Falke* und bettelte seine Eltern so lange an, bis sie diese abonnierten. Er lernte Landkarten zu lesen und mit Messtischblättern umzugehen. Manche dieser Karten studierte er so lange, bis er sie im Kopf hatte und sich die Wege vorstellen konnte.

Öfter saß Jens am Rande eines Tagebaus oder am Flutkanal und notierte sich, welche seltenen Wasservögel dort trotz der Industrieanlagen noch übrig geblieben waren. Für die Schule fertigte er beinahe wissenschaftliche Dokumentationen seiner Beobachtungen an.

Da sich sein großes Engagement herumsprach, durfte er schon als Schüler im Rahmen der landesweiten Brutvogelkartierung ein hundert Quadratkilometer großes Gebiet zwischen den Dörfern Brandis und Machern übernehmen und dort vier Jahre lang alle Brutvogelarten erfassen. Seine Ergebnisse flossen in den *Brutvogelatlas der DDR* ein.

Mit fünfzehn Jahren führte Jens schon selbständig Wandergruppen durch den Spreewald und beobachtete in dieser Niedermoor- und Auenlandschaft Vögel, Lurche und Kriechtiere.

JENS WAR ein sportlicher Typ, er spielte Fußball und Volleyball, machte Judo und gehörte der *Sektion Ski der Betriebssportgruppe Chemie Böhlen* an. Auf der Bezirksspartakiade gewann er Medaillen. Im Winter fuhr er Ski, im Sommer zeltete er und fuhr Kanu auf der Mecklenburger Seenplatte. Sein Klassenlehrer lobte, dass er seine *so erworbene Fitness* vorbildlich für die vormilitärische Ausbildung einsetze und dabei *Bester* wurde.

Für die Bewerbung an der Humboldt-Universität schrieb Jens – wie alle Schulabgänger, die auf einen Studienplatz hofften – das Mindestmaß an politischer Pflichterfüllung in seinen Lebenslauf. Dazu gehörten unbedingt Sätze wie: *Zum 20. Geburtstag unserer Republik, am 7. Oktober 1969, wurde ich Pionier.* Brav notierte er auch, dass er *für die Klassenbibliothek und die FDJ-Wandzeitungen verantwortlich gewesen und zur Jugendweihe gegangen* sei. Loyalitätsbekundungen aller Art waren wichtig und normal, problematisch wurde es, wenn man sie nicht leistete.

Sein Klassenlehrer lobte ihn in einem Empfehlungsschreiben, das zur Bewerbung für den Studienplatz beigelegt wurde, in ganz persönlichen Worten. Ihm sei aufgefallen, schrieb der Pädagoge, *wie Jens sofort bereit* sei, *auftretende Probleme zu lösen*, und dass er schon lange *seinen unbedingten Willen und seine Liebe für den künftigen Beruf eines Biologen zum Ausdruck gebracht* habe.

Genau wie Marie hatte auch Jens bis dahin versucht, alles richtig zu machen, und am Ende war es ihm tatsächlich gelungen, einen der raren Studienplätze für Biologie zu erobern.

DAS BEWERBUNGSSCHREIBEN, das Jens damals verfasst hatte, befand sich da schon in einer Aktenmappe, die über jeden Studenten an der Humboldt-Universität geführt wurde. Eine Kopie davon lag später in einer anderen Sammlung über Jens, die ein Mitarbeiter des Ministeriums für Staatssicherheit begonnen hatte. Der Offizier hatte einen dicken Strich an den Rand des letzten Absatzes der Bewerbung gemacht. Dort, wo Jens geschrieben hatte:

Seit einem Jahr fotografiere ich und gestalte ich auch Diavorträge. Entsprechend den gesellschaftlichen Erfordernissen und der wachsenden Bedeutung der Biologie für uns alle, ist es heute eine der dringendsten Aufgaben, unsere Umwelt zu erhalten und zu schützen. Hierbei möchte ich selbst mit Hand anlegen. Dazu ist eine genaue Kenntnis der biologischen Vorgänge und Zusammenhänge sehr wichtig.

Neben den Strich, auf der Höhe von Jens' Worten *möchte ich selbst mit Hand anlegen*, hatte der Offizier ein rotes Ausrufezeichen gesetzt.

Kapitel 4 Das Berliner Zimmer

An einem Abend hatten Jens und Marie einige Leute ins Nachbarhaus eingeladen. Dort stand eine Wohnung leer, sie bot genug Platz für eine kleine private Diavorführung. Jens wollte die Bilder seiner Reise in den Kaukasus zeigen. Er hatte so etwas schon öfter gemacht, aber diesmal waren nicht nur ein paar gute Freunde und Bekannte sowie die jungen Leute aus dem Nachbarhaus dabei. Jens hatte auch befreundeten Studenten aus dem Westteil der Stadt Bescheid gegeben. Er hatte sie bei Veranstaltungen der Ost-Berliner evangelischen Studentengemeinde kennengelernt.

In den Räumen einer Kirchengemeinde in der Invalidenstraße trafen sich gut drei Dutzend Studenten aller Fachrichtungen aus Ost und West ein paarmal im Jahr, um miteinander zu reden. Sie nahmen sich Themen vor wie den Aufstand der Armenier oder Martin Luther King. Die Gruppe diskutierte bei den Treffen aber auch unbefangen aktuelle Ereignisse aus der Politik oder Umweltschutzfragen. Jens fand die Leute in der Studentengemeinde und die Gespräche sehr spannend. So hatte es sich ergeben, dass er zu einigen auch privat Kontakt hielt, und manchmal übernachteten ein paar der Besucher bei ihm, wenn sie ein Visum für mehrere Tage hatten.

Jens freute sich, dass sich die Freunde aus dem Westen für diesen Abend angekündigt hatten. Heute würde er ihnen viel erzählen können. Seit Tagen schon hatte er Bilder ausgesucht, die er zeigen wollte.

Marie hatte mit einer Freundin gekocht, Jens ein paar Flaschen »Rosenthaler Kadarka« und »Erlauer Stierblut« besorgt, Rotweine aus den *sozialistischen Bruderländern* Bulgarien und Ungarn.

Für all jene, die früh genug gekommen waren, gab es gekochten Wurzener Tafelweizen, eine Art Bulgur, mit Letscho, Tomatenmark und scharf angebratenem Hackfleisch, alles zusammengemischt in einem großen Topf.

Na? Schmeckt doch ein bisschen nach Kaukasus, oder?, scherzte Marie mit Anke, die mit einigen anderen aus West-Berlin schon am Nachmittag in der Rykestraße eingetroffen war. Sie mochte die West-Berlinerin mit den kurzen Haaren. Sie war genauso unternehmungslustig wie sie selbst. Anke erzählte ihr, sie freue sich schon auf eine Asienreise, die sie diesen Sommer machen werde. Dann würde sie auch viel fotografieren und sich im Herbst mit einem Dia-Abend revanchieren.

DIE LEERE WOHNUNG lag im Vorderhaus und ging um die Ecke bis in den Seitenflügel. Jens baute den Diaprojektor im sogenannten Berliner Zimmer auf. In vielen Altbauwohnungen der Berliner Arbeiterviertel gab es diesen großen Raum zwischen Seitenflügel und Vorderhaus, in den selbst tagsüber nur Dämmerlicht durch ein Fenster im Winkel zum Hof fiel.

In diesem Zimmer waren die Tapeten vergilbt, hell gebliebene Stellen markierten die Plätze, an denen einst Möbelstücke gestanden hatten. Die Stirnwand des großen

Raums hatte Jens einige Tage zuvor kurzerhand mit weißer Farbe gestrichen, sodass sie eine riesige Projektionsfläche für seine Dias war. Marie und Jens waren sich sicher gewesen, dass der Raum für alle geladenen Zuschauer reichen würde. Doch es kamen viel mehr Leute, als sie erwartet hatten.

Jeder schien noch jemanden mitgebracht zu haben. Es wurde schnell eng und laut, viele Stimmen füllten den Raum. Jens schaute sich um, er kannte nicht alle der Anwesenden.

Das Essen war schnell aufgegessen, vom Wein hätte auch mehr da sein können. Aber die gut drei Dutzend Besucher, die sich auf Fußboden, Fensterbank, Matten und Kisten niedergelassen hatten, waren nicht deswegen gekommen. Eine Reise in den Kaukasus hatte noch keiner der Gäste gemacht. Bilder von jemandem, der selbst dort gewesen war, gab es sonst selten zu sehen.

Irgendwann schaltete einer die einzige Glühlampe im Zimmer aus. Der Projektor warf das erste Bild in beeindruckender Größe auf die von Jens weiß gestrichene Stirnwand. Es zeigte zur Erklärung seiner Route die Landkarte der Sowjetunion, die über seinem Bett hing.

Jens ließ die Dias lange stehen, er wollte seine Zuschauer nicht mit einer bunten Bilderflut überwältigen, sondern Zeit haben, von seiner Reise zu erzählen. Alle sollten wissen, dass es möglich war, sich durch Russland durchzuschlagen, trotz Verbot und strenger Kontrollen.

DIE TOUR in den Kaukasus hatte er mit seinem Freund Reinhard im Jahr zuvor unternommen. Jens erzählte offen von den Tricks, die sie hatten lernen müssen, um das Ziel auch wirklich zu erreichen:

Wir mussten im Transit nach Rumänien schon in Polen aus dem Zug steigen. Denn wir hatten erfahren, dass man auf der Fahrt durch Russland nicht mehr wie bisher aus dem Zug herauskonnte. Sie verriegeln neuerdings Fenster und Türen und man kann erst in Rumänien wieder aussteigen.

Sauerei!, kommentierte einer der Zuschauer, alle lachten.

Aber von Polen geht es ja auch weiter mit Regionalzügen nach Russland. Die erste Schwierigkeit war, in Kiew die Fahrkarte für die Strecke nach Sotschi am Schwarzen Meer zu bekommen. Es gibt keine Wagen mit freien Sitzplätzen wie bei uns, es gibt nur Liegewagen mit Reservierung.

Wir dachten recht naiv, in der Schule haben wir doch Russisch gelernt. Also sind wir ganz einfach hin zum Fahrkartenschalter, und ich hab' gesagt:

Daijtje mnje poshaluista adin billet do Sotschi – Ich hätte gern ein Billet nach Sotschi. Leider kam darauf sofort die abweisende Antwort: Aha! Ausländer! Gehen Sie zum Intourist-Schalter! Also gingen wir zum Intourist-Schalter. Da hieß es: Wo ist Ihr Visum? Wo ist Ihre Reisegruppe, wo ist Ihr Begleiter?

Nach den offiziellen Reiseregelungen für die Sowjetunion durfte man als Ausländer nur in einer Reisegruppe mit Aufpasser reisen. Nach einer Weile fanden sie eine junge Russin, die sie baten, für sie Fahrkarten zu kaufen. Aber die Frau hatte wohl nicht richtig verstanden, worauf es ihnen ankam. Sie ging zum Schalter und sagte:

Wir haben hier Gäste aus der DDR, können Sie denen vielleicht helfen?

Da blaffte die Bahnangestellte:

Wir haben denen doch schon gesagt, sie müssen zum Intourist-Schalter gehen!

Jens und sein Freund mussten also jemand anderes suchen und ihm in Ruhe erklären, dass er nicht sagen dürfe, die Fahrkarten seien für zwei Ausländer. Er müsse so tun, als ob er sie für sich selbst kaufe. Nach einer Stunde hatten sie es immer noch nicht geschafft. Sie fanden niemanden, der ihnen diesen Gefallen tun wollte. Es war viel schwieriger als erwartet.

Reinhard war schon ganz verzweifelt, da hab' ich gesagt, weißt du was? Jetzt treten wir die Flucht nach vorn an. Ich stelle mich mal eine Zeit lang neben den Schalter und gucke genau zu, wie die hier Fahrkarten kaufen. Und da kam das Aha-Erlebnis: Die Russen auf dem Bahnhof in Kiew hatten beim Kauf ihrer Fahrkarten einen ziemlich rauen Ton drauf. Niemand sagte: Geben Sie mir bitte eine Fahrkarte. Das ging immer so: Zwei Fahrkarten her, aber dalli!

Also stellte ich mich einfach an einen der anderen Schalter, ich hatte richtiges Herzklopfen, und habe die Körperhaltung und den Kommandoton eines Russen imitiert, um diesmal nicht wieder als Ausländer aufzufallen. Sotschi! Dwe! Dawei! Und diesmal klappte es. Ich bekam die Fahrkarten!

Seine Erzählung hatte in der Runde Heiterkeit ausgelöst. Jens schob zwei neue Bilder in den Projektionsschlitten ein.

Wir sind mit dem Zug einen Tag und die ganze Nacht durch ans Schwarze Meer gefahren, bis Sotschi, das war die Endstation. Von dort sind wir mit dem Bus weiter nach Georgien, bis Suchumi, direkt am Schwarzen Meer. Dort hatten wir mehrere Anlaufpunkte. Die Adressen hatte ich von Leuten erhalten, die im Jahr davor in Georgien gewesen waren. An drei Abenden hintereinander waren wir in Suchumi eingeladen.

Am ersten Abend hat uns gleich der russische Busfahrer mit nach Hause genommen und uns seiner Familie vorgeführt. Es wurde ein langer Abend, an dem wir viel trinken mussten. Am nächsten Tag waren wir bei Georgiern zu Gast. Den dritten Abend verbrachten wir bei einer Familie, die aus dem abchasischen Gebiet stammte.

Wieder unterbrach ihn ein Zwischenrufer, ganz hinten im Raum.

Gib zu, da floss der Wodka doch in Strömen...

Jens lachte: Ja, wir wussten nie, wann Schluss sein wird. Sie fanden immer einen neuen Grund zum Anstoßen.

Er wechselte das Dia.

Wir sind dann weiter ins Landesinnere Richtung Kaukasus.

Bis Swanetien wollten wir eigentlich per Anhalter. Doch wir hatten Angst vor den russischen GAI-Stationen an den Straßen. Das ist eine besondere Verkehrspolizei, und die kontrolliert alles und jeden. Einmal mussten wir behaupten, wir seien aus Estland, um durchzukommen. Wegen angeblicher Verstöße muss man ihnen Geld geben, natürlich ohne eine Quittung zu kriegen. Jeder Russe weiß, dass sie so ihr schlechtes Gehalt aufbessern. Weil die Jungs von der GAI überall sind, ist es verdammt schwierig, nicht irgendwann aufzufliegen. Wir haben deshalb nur Busse genommen, die werden selten kontrolliert.

Er zeigte nun eine ganze Reihe von Landschaftsbildern. Wilde Flüsse, steinige Felder, immer höhere Berge. Sie legten unerkannt die dreihundert Kilometer bis nach Swanetien zurück. Das war ein damals kaum von Ausländern besuchtes autonomes Gebiet in Georgien, in dem viele schwer zugängliche Bergdörfer lagen. Jens hatte dort nur wenige Bilder gemacht.

Hier sind Gehöfte, deren Bewohner seit Generationen mit ihren Nachbarn in Blutfehde stehen. Die Bauernhöfe sind eingezäunt. Oft gibt es Tore mit Schießscharten oder riesige Wehrtürme, von denen sie früher heißes Wasser auf Angreifer runtergießen konnten. Über diese wehrhafte Gegend sind wir dann in sieben Tagesmärschen von Süden her bis zum Kaukasushauptkamm, ins Elbrusgebiet von Karbadino-Balkarien, vorgedrungen.

Es war erstaunlich ruhig im Raum, die Gäste hörten gebannt zu. Keiner von ihnen kannte die vielen Namen der Dörfer, Städte und Berge, die Jens im Laufe des Abends aufzählte.

Und als wir endlich an der letzten Busstation in Terskol am Fuß des Elbrus ausstiegen, konnten wir jemanden überreden, uns noch über Terskol hinaus einen ganzen Tagesmarsch weit mit dem Lkw mitzunehmen. Reinhard und ich saßen auf der Ladefläche, bis uns uns der Fahrer bei einem Fluss am Einstieg in den Elbrus absetzte. Wir mussten noch fünf Tage durch ein Tal aufwärts laufen, bis wir den Hauptkamm erreichten. Dort sahen wir Bauern ihr Vieh über den schmalen Pass treiben. Wir hatten es geschafft, wir waren mittendrin im Kaukasus!

Das nächste Bild löste erneut Heiterkeit im Publikum aus. Es zeigte Jens mit seinem überdimensionalen Rucksack, der weit über seinen Kopf hinausragte.

Der wog zweiundfünfzig Kilo!

Dann steckte Jens einige Fotos von Kaiseradlern und Bartgeiern, auf die sie in den Bergen gestoßen waren, in den Projektor.

Sein Freund musste die Tour nach sechs Wochen beenden und kehrte zurück nach Leipzig. Jens hatte mehr Zeit und noch ein wichtiges Ziel. Er wollte unbedingt ein Biosphärenreservat im West-Kaukasus besuchen, um dort zu fotografieren.

Ich durfte in diesem riesigen und menschenleeren Gebiet oberhalb von Krasnaja Poljana bei den Kontrollen der Wildhüter mitreiten und blieb als Gast in ihren Hütten. In dieser Wildnis haben wir ganze Abende lang auf Russisch über Tschernobyl, Greenpeace und sinnvolle Naturschutzstrategien diskutiert. Als sie von der Möglichkeit hörten, Dächer zu begrünen, haben sie es gleich am nächsten Tag an einer ihrer Hütten ausprobiert.

Die drei waren ursprünglich keine Wildhüter, sondern russische Intellektuelle, die aus dem System ausgebrochen waren. Ein Arzt aus Leningrad, ein Physiker aus Moskau, ein Lehrer aus dem Kaukasus. Sie hatten irgendwann Anfang der achtziger Jahre beschlossen: Wir wollen nicht mehr, wir gehen in die Natur, in die Wälder. Ihre Arbeitskollegen hätten daraufhin bloß verständnislos mit den Köpfen geschüttelt.

Mir imponierte, dass die drei auf so viel verzichtet hatten, um ein einfaches Leben zu führen. Jetzt backen sie mit ihren Familien ihr Brot einmal in der Woche einfach selbst. Die Abwärme vom Brotbacken wird gleich für die Sauna genutzt. Männer und Frauen gingen getrennt. Danach sprangen wir in einen direkt vor der Saunahütte fließenden eiskalten Gebirgsbach, den sie mit Felssteinen zu einer kleinen Badestelle aufgestaut hatten.

Es war das letzte Bild, das er zeigte. Es wurde wieder lebendig um ihn herum, und alle begannen durcheinanderzureden. Natürlich gab es noch Fragen an Jens. Wie groß denn der Ärger an der Grenze sei, wenn man wieder zurück in die DDR einreise? Wo sie geschlafen hätten? Wann er seine nächste Tour mache und wohin?

Dazu sagte Jens nichts Konkretes. Er fand, mit dem, was er über illegales Reisen in der Sowjetunion erzählt hatte, sei er schon weit genug gegangen.

MARIE UND JENS UNTERHIELTEN sich noch länger mit den West-Berliner Studenten, die Jens für seinen Mut bewunderten. Sie fragten ihn, ob er denn keinen Ärger an der Uni befürchte, wenn das rauskomme? Jens antwortete:

Lehnt ihr euch nicht gegen Normen und Grenzen bei euch auf? Ich will das auch. Am liebsten, indem ich Dinge mache, die mir ein Gefühl von Freiheit geben. Es gibt so viel zu entdecken, ich kann und will mich nicht mit der Enge in diesem Land abfinden.

Es war spät geworden. Die Besucher aus West-Berlin mussten eilig zum Grenzübergang aufbrechen. Sie durften dort nicht später als zwei Uhr nachts erscheinen. Doch die Verabschiedung im Hof zog sich eine ganze Weile hin, es gab immer wieder etwas zu erzählen oder zu fragen. Ein Fenster klappte auf. Marie sah nach oben.

Es war der Hauswart. Er schimpfte, *ob sie denn immer noch nicht genug hätten?* Und schlug das Fenster heftig wieder zu.

Jens nahm eine junge Frau aus der Gruppe noch kurz beiseite, es war Anke. Sie standen eine Weile an der Hauswand und sprachen leise miteinander. Schließlich waren irgendwann alle weg. Jens und Marie lagen sich, noch ganz aufgekratzt von dem schönen Abend, in den Armen. Hand in Hand gingen sie die Stufen hoch, in ihre gemeinsame Wohnung.

Zur selben Zeit saß einer der Gäste des Diavortrags in einer kaum möblierten Wohnung am Strausberger Platz.

Vor ihm auf dem Tisch stand ein Tonbandgerät. Es lief und zeichnete auf, was er seinem Führungsoffizier über die *ungenehmigte Versammlung* im Berliner Zimmer berichten würde.

Kapitel 5 **Die Invalidenstraße**

Eine Woche später wollte Anke mit dem Auto von West-
nach Ost-Berlin. Sie nahm den Fuß vom Gaspedal, ihr
Golf wurde langsamer. Es waren nur noch wenige Meter
bis zum Grenzübergang Invalidenstraße. Das Schild am
Straßenrand mit dem roten Ausrufezeichen nahm sie
gerade noch aus den Augenwinkeln wahr:

0,0 Promille in der DDR und Berlin (Ost)!

Dann verschwand sie mit dem Auto in einer schmalen
Öffnung der Berliner Mauer. Links und rechts starrten
Soldaten mit Ferngläsern von ihren Wachtürmen. Anke
lenkte das Auto behutsam im Zickzack an Panzersperren
und Betonblöcken vorbei.

Ganz oben auf den steinernen Barrikaden blühten blaue
Stiefmütterchen, adrett in Reih und Glied gepflanzt. Ehe
sie weiter über den absurden Blumenschmuck auf der
militärisch gesicherten Anlage nachdenken konnte, war
sie an einem überdachten Barackenhäuschen angekommen. Hier war der Fensterschlitz, vor dem jeder Reisende
exakt anhalten musste. Durch die kleine Luke reichte sie
dem Grenzbeamten ihren West-Berliner Personalausweis,
auf dem ihr in diesem Moment das seltsame Wort *behelfs-
mäßig* auffiel.

Um nach Ost-Berlin einreisen zu können, hatte sie sich
schon ein paar Tage vorher ein grünes Besuchervisum

besorgen müssen, bei einem der *Büros für Besuchs- und Reiseangelegenheiten* in West-Berlin. Für den Zoll lag außerdem noch ein kleines, weißes Formular dem Visum bei. *Deklaration mitgeführter Devisen und Gegenstände.* Die Felder darin hatte sie einfach leer gelassen.

ES DAUERTE. Der Uniformierte war in seinem engen Kabuff aufgestanden und im Inneren der Baracke verschwunden. Anke blickte durch die Frontscheibe auf die wartenden Autos vor ihr. Sie kannte die Prozedur am Grenzübergang schon von etlichen Besuchen. An späten Vormittagen, wie jetzt, hatte es immer kaum mehr als eine viertel oder halbe Stunde gedauert.

Gleich würde sie gegen Zahlung der vorgeschriebenen 25 D-Mark Mindestumtausch ihren Ausweis und das Visum durch die Luke zurückbekommen. Dann ein paar Meter bis zu einem weißen Strich vorfahren, dort stehen bleiben, den Motor erneut abschalten und ohne auszusteigen auf die Zollbeamten warten.

Sie würden wie immer als Erstes fragen, ob sie Devisen, Schusswaffen oder Munition bei sich habe, und sie würde wie immer mit Nein antworten. Dann würde ein Beamter ihre Beifahrertür öffnen, sie bitten, das Handschuhfach aufzuklappen, und dort nach Musikkassetten suchen.

Vielleicht würde er auch noch die beiden Sonnenblenden herunterklappen, auf die Sitzpolster drücken, den Aschenbecher herausnehmen oder die Türverkleidung anheben.

Und wenn schon. Sie hatte schließlich den Wagen ganz leer geräumt, die Rückbank und den Kofferraum von *Druckerzeugnissen* und Müll befreit und auch kontrolliert, dass nicht noch eine Musikkassette, deren Mitnahme verboten war, im Rekorder am Autoradio steckte.

Sie freute sich auf den Tag in Ost-Berlin. Es war strahlender Sonnenschein. Das frische Grün der Bäume und der knallblaue Himmel verdrängten die leichte Beklemmung, die Anke an der Grenze immer verspürte. Sie wollte direkt nach Prenzlauer Berg fahren, dort würde sie Jens wahrscheinlich in den Räumen der Zionskirchgemeinde treffen.

Fahren Sie bitte rechts ran!

Sie hatte nicht mitbekommen, wie einer der Beamten von hinten an ihr offenes Seitenfenster getreten war. Ohne zu antworten, ließ sie den Wagen anspringen, fuhr ein kurzes Stück im Schritttempo auf eine Art Seitenstreifen und hielt dort.

Bitte aussteigen und den Kofferraum öffnen!

Als sie wie befohlen die Kofferraumklappe öffnete, begann ihr Herz schneller zu schlagen.

Sie musste zurücktreten. Ein Beamter stellte sich jetzt direkt neben sie, der andere beugte sich über den Kofferraum und nestelte am Verbandskasten herum. Das kleine Kästchen mit Ersatzlampen schob er beiseite, anschließend widmete er sich dem Abschleppseil, dem Werkzeug und einer Ledertasche mit Starterkabel. Dann hob er die Abdeckung zum Reservereifen hoch.

Darunter lag eine flache Tasche mit Schneeketten. Der Uniformierte nahm sie und griff hinein. Anke konnte nicht hinsehen.

Der Beamte drehte sich um, er gab das, was er in der Tasche entdeckt hatte, wortlos an seinen Kollegen weiter.

EIN PAAR MINUTEN später saß die West-Berliner Studentin in einem fensterlosen Blechcontainer, den sie bisher nie wahrgenommen hatte. Die Neonlampen kamen ihr viel zu hell vor. Die Wände waren mit glänzendem Holzimitat verkleidet. Es roch nach Desinfektionsmittel.

Der Zollbeamte hatte zwei Landkarten auseinandergefaltet und übereinander auf einen Tisch gelegt. Jede Karte war mindestens eineinhalb Meter lang und breit, die Ränder ragten auf allen Seiten weit über die Tischkanten hinaus. Es handelte sich um topografische Karten der Mongolei. Sie zeigten aber auch detailliert den Verlauf der mongolisch-sowjetischen Grenze sowie die Grenzgebiete zwischen der Sowjetunion und Afghanistan, China, Indien, Iran und Pakistan. Obenauf lag die Reliefkarte, die besonders anschaulich die Bergketten, Wüsten und Ebenen wiedergab. Die höchsten Berge waren schneebedeckt eingezeichnet.

Sie blickte auf der Karte hin und her, weil sie nicht wagte, den Grenzposten anzusehen. Sie wollte ihn anlügen, die Sachen habe wohl ihr Vater im Auto vergessen.

Es waren keine gewöhnlichen Landkarten. Sie stammten von der US-Armee, Maßstab 1:500000, und waren sehr genau gearbeitet. Auf dem Rand stand: *Prepared and published by the Defense Mapping Agency Aerospace Center, St. Louis Air Force Station Missouri*. Das Impressum und die amerikanische Legende machten die Landkarten hier, an der Grenze zwischen Ost und West, zu einem brisanten Gegenstand.

Für wen wollten Sie die Karten in die Hauptstadt der Deutschen Demokratischen Republik einführen?

Anke zuckte vorsichtig mit den Schultern und schüttelte den Kopf.

Wen wollen Sie denn jetzt besuchen?

Sie schluckte und zögerte mit der Antwort.

In Ihrem Antrag auf Einreise steht als Reiseziel ein gewisser Jens... Richtig?

Der zweite Mann stand noch hinter ihr. Vielleicht, dachte sie, wäre es jetzt besser, einfach bei der Wahrheit zu bleiben. *Ja.*

Gut, sagte der Uniformierte und schwieg eine Weile. Er zog eine Schublade auf und kramte darin herum. Die Zeit zu dehnen gehörte wohl zur Zeremonie. Dann stand er auf.

Sie warten hier!

Er packte die Karten zusammen und verschwand mit seinem Kollegen. Anke blieb allein im Container zurück. Nichts geschah. Es dauerte.

Wie oft hatte sie schon erfolgreich etwas Verbotenes über die Grenze geschmuggelt! Broschüren, Bücher, Schallplatten. Nie war sie ertappt worden. Sie kam sich unvorsichtig vor, weil sie angenommen hatte, die Schneeketten seien ein gutes Versteck für die Karten. Jetzt würde sie zurückfahren müssen, vielleicht würde man sie auch nie wieder nach Ost-Berlin lassen. Hatte nicht jemand anderes aus der Studentengemeinde auch schon eine Einreisesperre?

Die Karten waren auf jeden Fall weg, und ihr Besuch bei Jens hatte sich erledigt. Die Tasche mit den Schneeketten war eindeutig das falsche Versteck gewesen. Gut, man wusste nie, was am Übergang passierte. Aber so intensiv wie heute hatten die Grenzbeamten noch nie in ihrem Kofferraum gewühlt.

Sie machte sich Vorwürfe, wie naiv sie doch war, wie leichtsinnig. Nicht weil ihr das mit den Karten passiert war, sondern weil sie so blöd gewesen war, bei dieser Einreise Jens als Ziel anzugeben. Was für eine Dummheit.

DIE TÜR FLOG AUF. Es trat nur noch einer der beiden Zöllner ein. Er setzte sich an den Schreibtisch, spannte ein Formular in die Schreibmaschine, legte Ankes Ausweis daneben und begann mit zwei Fingern zu tippen.

Der Tonträger, der unter dem Beifahrersitz versteckt war, wird damit eingezogen. Hier unterschreiben!

Sie kniff die Lippen zusammen. Wie bitte? Was sollte das jetzt? Hatte sie vielleicht doch beim Aufräumen eine Musikkassette übersehen? Aber es ging doch eigentlich um die Landkarten?

Sie unterschrieb.

Die Karten können Sie behalten. Sie dürfen die Einreise in das Hoheitsgebiet der DDR jetzt fortsetzen.

Anke verstand nun gar nichts mehr. Sie griff nach den zusammengefalteten Karten, verließ mit dem Uniformierten den Container und stieg in ihr Auto.

Mehr als eine Stunde war vergangen.

DER LETZTE SCHLAGBAUM in Richtung Osten hob sich langsam. Anke starrte auf die Stiefmütterchen auf der letzten Betonsperre. Hier blühten sie gelb. Erleichtert lenkte sie den Wagen aus dem Kontrollpunkt heraus, Richtung Prenzlauer Berg.

Sie fuhr die Invalidenstraße geradeaus weiter, dann über die für Berliner Verhältnisse recht steile Veteranenstraße hinauf bis zum Zionskirchplatz. In der Fehrbelliner Straße rollte sie langsam an den Bordstein. Es machte ihr keine Mühe, einen Parkplatz zu finden. Ein paar *Trabis* in hellblauen und türkisfarbenen Pastelltönen standen am Rand, dahinter ein halb beladener Kohlenwagen, etwas weiter weg parkte ein unter grauer Plastikfolie verpacktes, nicht erkennbares Vehikel mit platten

Reifen, das der Besitzer noch nicht aus dem Winterschlaf geholt hatte.

Es war Mittagszeit und nur wenige Leute waren unterwegs. Jemand zog einen Bollerwagen, auf dem Umzugsgut geladen war, laut lärmend über das Kopfsteinpflaster. Sie wartete noch einen Moment im Auto und drehte sich um. Hinter ihr war kein Fahrzeug mehr den Berg hinaufgekommen. Sie stieg erleichtert aus und ging ein paar Schritte bis zum Weinbergpark, einem kleinen, grünen Hügel zwischen den ersten Wohnhäusern hier in Prenzlauer Berg.

Auf einer Mauer saßen ein paar rauchende Jugendliche mit schwarzen Nieten-Lederjacken. Anke betrachtete die Punks. Einige hatten ihre Haare hochgekämmt, mithilfe von Eiweiß, Zucker und Bier sträubten sie sich stachelig von ihren Köpfen. Im Westteil der Stadt waren Punks eher eine Seltenheit geworden.

Die Zweiundzwanzigjährige besuchte seit einigen Jahren regelmäßig Ost-Berlin. Das machten nicht viele in ihrem Alter. Angefangen hatte es, als eine Freundin aus Bielefeld sie einmal zu einem Ost-West-Treffen der Studentengemeinde in der Invalidenstraße mitgenommen hatte.

Die Leute, die sie dort kennenlernte und die sie inzwischen auch privat traf, hatten ihr von Anfang an gefallen. Obwohl sie in einem ihr fremden Land lebten, lasen sie oft die gleichen Bücher, hörten die gleiche Musik. Ihre Gedanken und Träume drehten sich um dieselbe Frage: Wie soll man leben? Nicht so konsumorientiert wie die meisten in der Gesellschaft, sagten sie. Gerade wegen der Knappheit an Waren verbrachten viele Menschen einen Großteil ihrer Zeit mit der Jagd nach raren Konsumgütern.

Viel zu viel arbeiten, Karriere machen, immer mehr Geld verdienen und immer mehr Dinge anhäufen, die man nicht wirklich braucht, darin sahen sie nicht ihre Zukunft. Das verband die Gruppe.

Jens war einer, der nicht nur redete. Bei einem der Treffen war er es gewesen, der spontan einen gemeinsamen Fahrradausflug vorgeschlagen und dann auch perfekt organisiert hatte. Sie hatten einen ganzen Tag bis in den Abend zusammengesessen und über die Verbesserung der Welt geredet. Da kam von Jens plötzlich der Vorschlag:

Wisst ihr was? Nächstes Wochenende haben wir wahrscheinlich gutes Wetter. Ich besorg uns Fahrräder und wir fahren raus aus der Stadt. Mit der S-Bahn bis Bernau, von dort durch die Naturschutzgebiete der Schorfheide und dann im großen Bogen wieder zurück. Den Weg kenne ich. Euer Tagesvisum gilt zwar nur für Berlin. Wenn ihr aber auf den Ost-Rädern sitzt und keine auffälligen West-Klamotten tragt, kommt keiner auf die Idee, euch zu kontrollieren. Ihr seid auch vor Mitternacht wieder pünktlich über die Grenze.

Genau so war es dann auch. Am Ende des Tages waren alle erschöpft, aber bester Stimmung.

ANKE DACHTE an den Frühling vor einem Jahr zurück. Auf der Insel Rügen hatte Jens zum 1. Mai die Schlüssel für das Ralswieker Hexenhaus besorgt, ein kleines reetgedecktes, sehr einfaches Selbstversorgerhaus am Ortsrand. Da war die ganze Gruppe mit Jens an die Ostsee gefahren. Damals hatte das strahlend blaue Maiwetter einen bitteren Beigeschmack, wegen der Explosion im russischen Atomkraftwerk von Tschernobyl. Sie hatten immer wieder die Verhältnisse in Deutschland-Ost und Deutschland-West und die Berichterstattung verglichen:

Was geschieht bei uns, was geschieht bei euch? Wenn der Sand auf den Kinderspielplätzen West-Berlins verseucht ist und ausgewechselt wird, warum geschieht nicht dasselbe in Ost-Berlin? Wo gibt es überhaupt Atomreaktoren auf dem Gebiet der DDR? Wie stark strahlt es in der Umgebung der Uranhalden in Sachsen und Thüringen, die den Rohstoff für die sowjetischen Atombomben liefern? Was wisst ihr über Zwischenfälle?

Im Westen war kurz nach dem Reaktorunglück ein Umweltministerium gegründet worden. Im Osten gab es ein solches Ministerium zwar schon länger, aber an eine öffentliche Debatte über die Risiken der Atomkraft war nicht zu denken.

Vor einigen Monaten waren Mitglieder von Greenpeace zum Demonstrieren nach Ost-Berlin eingereist. Sie hatten vor dem Ministerium für Umweltschutz gegen die Praxis der ostdeutschen Kalibergwerke protestiert, tonnenweise Salz in die Werra einzuleiten. Sofort waren Ordnungshüter zur Stelle gewesen, aber die Aktion war gefilmt und im Fernsehen gezeigt worden.

Vielleicht müssen wir in Zukunft öfter gemeinsam demonstrieren?

Anke hatte mitbekommen, dass einige Leute aus den ostdeutschen Umweltgruppen irgendwann im Frühjahr eine Fahrraddemonstration durch die Ost-Berliner Innenstadt planten. Ohne Transparente und Schilder, aber jemand hatte die Idee, sich aus Protest gegen die Luftverschmutzung einfach Taschentücher vor Mund und Nase zu binden. Das würde jeder verstehen. Sie wäre gern dabei, sicher würde sie noch erfahren, wann genau es losginge.

Außerdem stand der erste Jahrestag des Kernkraftunglücks von Tschernobyl bevor. Ob es dazu irgendwelche Aktionen geben würde? Selbst im Westen wurde allerdings die Kernkraft nicht grundsätzlich infrage gestellt. Dort hatten die Parteien, die weiter an der Atomenergie und an einem Wirtschaftswachstum ohne Grenzen festhielten, sogar erneut die Wahlen gewonnen. Manchmal verstand Anke die Menschen in ihrem eigenen Land nicht.

Sie hatte sich in die Sonne gesetzt und für einen Moment die Augen geschlossen. Aus der Ecke der Punks wurde es lauter. Zwei Volkspolizisten gingen auf die Gruppe zu. Aus ihrer Mitte flog eine Flasche in Richtung Papierkorb. Sie verfehlte ihr Ziel und zerbarst kurz vor einem Polizisten. Anke stand auf und ging zurück zum Zionskirchplatz. Sie war sich nun ganz sicher, seit dem Grenzübergang nicht verfolgt worden zu sein.

In den Gemeinderäumen der Kirche war sie mit Jens verabredet. Dort gab es ein neues Projekt. Einige Leute hatten eine Art Untergrundbibliothek aufgebaut. Sie nannten es kurz *UB – Umweltbibliothek*. Auch Anke und die anderen Studenten aus den westdeutschen Partnergemeinden hatten dafür schon Bücher über die Grenze geschmuggelt.

Die Bibliothek war im vergangenen Herbst im Keller des Vorderhauses eröffnet worden, wo es genug Platz für Tische und Regale gab, um verbotene und unerwünschte Bücher – nicht nur zu Umweltfragen – frei zugänglich aufzustellen. Man konnte sie unkompliziert ausleihen oder sich dort hinsetzen und lesen. Im Hinterhaus hatte die Gemeinde außerdem eine Galerie mit Café eingerichtet, in der Ausstellungen, Konzerte, Diskussionen und Lesungen veranstaltet wurden. So etwas war nur unter dem Schutz der evangelischen Kirche denkbar – und ob der Staat das auf Dauer tolerieren würde, war ungewiss.

In der Bibliothek war auch all das zusammengetragen worden, was die neu gegründeten Gruppen überall im Land selbst produziert hatten. Eigene Ökologie-Broschüren, selbst gedruckte Zeitschriften und erste von kritischen Experten erstellte Studien zur Landwirtschaft, zum Uranabbau im Erzgebirge oder zu den Folgen der Umweltverschmutzung durch die Chemieindustrie in und um Leipzig.

All dieses in der Umweltbibliothek versammelte Wissen konnte nun auch besser als je zuvor von hier aus im ganzen Land verbreitet werden. Für Verhältnisse, in denen sonst alles vom Staat und seinen Behörden bis ins Kleinste kontrolliert und genehmigt wurde, ein ziemlich gewagtes Projekt. Aber wo, wenn nicht hier, in Prenzlauer Berg?

JENS STAND in einer Ecke des größten Raumes, in ein Gespräch vertieft. Vor ihm wanderten Carlo und Wolfgang, zwei bärtige junge Männer, die sich heftig stritten, um einen Tisch herum und legten aus einigen Stapeln bedruckten Papiers gerade eine neue Broschüre zusammen.

Jens unterbrach sein Gespräch und ging freudig auf Anke zu. Sie zog ihn nach draußen in den Hinterhof. Dort erzählte sie ihm von der Kontrolle am Grenzübergang und dem Zwischenfall mit den Landkarten.

Hier bitte, ich hab' sie am Ende behalten dürfen!

Jens sagte eine Weile nichts. Was bedeutete es, dass die Zollbeamten Anke die Karten zurückgegeben hatten? War das ein Trick? Wollte man warten, bis die Karten bei ihm in der Wohnung waren? Wollten sie bei einer Durchsuchung die Karten bei ihm finden, um ihm geplante Republikflucht vorwerfen zu können? Ging es um den Nachweis einer Straftat?

Die Staatsmacht wollte ganz offenbar Menschen wie ihn in eine bedrohliche Ungewissheit drängen, damit sie sich selbst aus Furcht die Grenzen wieder enger steckten.

Es ärgerte ihn, dass sie nun ganz genau wussten, dass die Karten für ihn bestimmt waren. Andererseits, überlegte er, machte er kein Geheimnis aus seinen Reisen, er hielt Vorträge über seine Touren in den Kaukasus vor Hunderten von Zuschauern in der Urania. Ja, er war unerlaubt gereist, aber er war immer wieder zurückgekehrt.

Er hatte vor, mit Marie neue Reisepläne zu besprechen. Diesmal sollte es nicht Russland sein, er wollte mit ihr eine neue Grenze überwinden, er wollte in die Mongolei – dafür hatte er die Karten bei Anke bestellt.

Die amerikanischen Fliegerkarten waren nun mal die genauesten. Den Tipp hatte ihm ein Russlandreisender gegeben, den er am Baikalsee getroffen hatte. In Ost-Berlin war es unmöglich, überhaupt Karten aus solchen Regionen zu finden, Jens hatte bei seinen Reisen auch in anderen sozialistischen Ländern versucht, Karten zu bekommen – erfolglos. Grenzgebiete waren auf den im Osten hergestellten Karten grundsätzlich nur ein breiter weißer Streifen, ohne Straßen und ohne Orte.

Hauptsache, die Karten waren da. Jens und Anke gingen los, aber nicht in seine Wohnung in die Rykestraße. Er wollte lieber vorsichtig sein.

Was sie nicht wussten: Während Anke noch im Container am Grenzkontrollpunkt wartete, hatten sich zwei Männer zur Wohnung von Jens begeben. Stundenlang saßen die beiden seitdem in ihrem *Wartburg* vor dem Haus Nummer 5 und beobachteten, wer kam und wer ging. Doch sie konnten nur wenig in ihr Protokoll eintragen. Um Mitternacht wollten sie endlich losfahren und meldeten dies über Funk ihrem Vorgesetzten. Der brüllte sie an, ob sie denn nicht wüssten, dass West-Berliner erst um zwei Uhr nachts zurück über die Grenze müssten, und befahl ihnen: *Weiter am Objekt bleiben!*

Doch auch zwei Stunden später hatten weder Anke noch Jens noch Marie *sich dem Haus genähert.* So zogen die beiden Männer unverrichteter Dinge wieder ab.

Kapitel 6 **Der Plan**

Im Seitenflügel der Rykestraße 5 standen mehrere Wohnungen leer. Eine davon schien Jens als zusätzlicher Arbeitsraum geeignet.

Jetzt, da sie zu zweit in einem Zimmer lebten, brauchte er mehr Platz zum Sortieren und Bearbeiten seiner Filme. Das war eine Aufgabe, die ihm Spaß machte, aber einigen Aufwand erforderte. Auf einem Leuchttisch wählte er die besten Aufnahmen aus, trennte sie Stück für Stück von den Filmrollen und versuchte, sie möglichst staubfrei zwischen zwei Gläsern zu rahmen.

Ein befreundeter Naturfotograf hatte ihm geraten, die Dias dabei in einen dünnen Ölfilm einzubetten. Jens wollte die Aufnahmen, für die er so weit gereist war, bei seinen kommenden Vorträgen in der Urania möglichst perfekt präsentieren. Luftblasen zwischen Dia und Glasscheibe produzierten störende Farbmuster, wenn er ein Bild länger stehen ließ. Mithilfe des Öls zwischen Glas und Dia konnte man diese Newtonschen Ringe verhindern, und die Bilder wirkten wesentlich brillanter. Dafür nahm Jens die zeitraubende Fummelei gern in Kauf. Die angefangene Arbeit jedes Mal wieder wegzuräumen war lästig, daher suchte er nach einem eigenen Arbeitsraum, in dem er sich ausbreiten konnte, wie er wollte. Einen zu finden war nicht weiter schwer. Ohne lange mit Hauswart oder Hausverwaltung zu verhandeln, bezog er einfach eine der leer stehenden, unverschlossenen Wohnungen im Seitenflügel. Ein Stuhl, ein Tisch, eine Lampe – schnell war alles Notwendige organisiert. Jens legte los, schließlich war in einer Woche der nächste Diavortrag in der Urania angesetzt.

MARIE SASS auf der russischen Holzkiste in Jens' Zimmer, sie lehnte sich an den Kachelofen und las das Libretto zu Smetanas *Die verkaufte Braut*. Ihr Dozent hatte ihnen aufgetragen, sich zu der Oper ein Bühnenbild auszudenken, und er wollte nicht nur eine Skizze sehen, sondern sie sollten auch ein kleines Modell bauen.

Sie hörte den Schlüssel in der Wohnungstür und einen Moment später stand Jens im Raum.

Schau mal, was ich hab'!

Jens kniete sich auf den Fußboden und faltete vor Marie eine Landkarte auseinander.

Die Mongolei!

Es war eine der Karten, die er bei Anke bestellt hatte und mit denen sie von den Zollbeamten erwischt worden war. Jens hatte die Karten der US Air Force sicherheitshalber zunächst in der Wohnung eines Freundes zwischengelagert. Er hatte sie am Rand beschnitten, damit man ihre Herkunft nicht mehr erkennen konnte.

Auf der Karte waren nur wenige Orte eingezeichnet. Überall waren weite Flächen, Wüste und Steppe, mehr oder weniger leer. Flüsse, Berge und Seen, aber kaum Straßen und Städte.

Bor Khayrhan Uul, Ikh Tailgyn Ovoo, Khamtynkhuch…

Im Norden fiel ihnen ein riesiger See auf. *Lake Khövsgöl* stand da.

Wie sich das bloß ausspricht?

Jens und Marie sahen sich an. Er mochte keine Prognose darüber wagen, wann es ihnen gelingen würde, einen Einheimischen diesen Namen aussprechen zu hören. Aber Jens war sich sicher, Marie und er würden es schaffen.

Hier sind die heißen Quellen von Tsenkher... von denen habe ich schon gehört.

Jens fuhr mit seinen Fingern weiter auf der Karte entlang. *Wir durchqueren Russland, dann reisen wir durch die Mongolei. Weiter, als ich je gekommen bin. Irgendwann werden wir zusammen durch die Steppe reiten.*

Marie konnte sich an der Karte nicht sattsehen. Sie freute sich, dass Jens es mit den Reiseplänen ernst meinte und sie, ohne es ihr zu sagen, vorangetrieben hatte.

Wir brauchen nur noch eine Einladung. Eine Einladung in die Mongolei. Damit könnten wir dann vielleicht ein Visum bekommen.

Jens richtete sich wieder auf und setzte sich neben Marie.

Ich habe von einem Biologen gehört, der dort eingeladen war. Er wohnt an der Müritz. Lass uns am Wochenende hinfahren und mal sehen, ob wir mit ihm reden können.

Es war Nachmittag und recht warm für einen Frühlingstag. Jens wollte an den Dias für den Vortrag weiterarbeiten. In der Küche tranken sie noch einen Tee zusammen. Jens wurde plötzlich ernst.

Du, an der Uni hat es heute ein Treffen der FDJ-Gruppe gegeben, erzählte er. *Ich glaube, sie haben es auf mich abgesehen.*

Sie haben beim letzten Tagesordnungspunkt darüber diskutiert, wie das Studium zu absolvieren ist. Erst klang es wie üblich, ganz allgemein. Am Ende drehte sich alles um mich.

Es könne nicht sein, meinte der Gruppenleiter, dass Einzelne vom vorgesehenen Studienplan abwichen. Dies gehe auf Kosten der anderen. Die Verantwortlichen hätten sich doch den Aufbau des Studiums gründlich überlegt.

Eine eifrige FDJlerin habe dem Leiter beigepflichtet. Jens äffte die Studentin mit erhobenem Zeigefinger nach:

Wenn wir uns nicht an die vorgeschriebenen Seminare halten, dann kommt doch alles durcheinander. Wohin soll das denn führen?

Beide mussten schallend lachen.

Er selbst habe daraufhin vorsichtig zu bedenken gegeben:

Kann man das nicht auch anders sehen? Sagt mal eure ehrliche Meinung. Es war für mich die einzige Chance, die Vorlesungen von Tembrock noch mitzubekommen.

Darauf sei aber niemand eingegangen. Stattdessen habe der FDJ-Gruppenleiter gegen ihn Stimmung gemacht.

Unser Jens exponiert sich wie immer gern mit seiner eigenen Meinung, als ob es nicht schon die richtige gäbe.

Am Ende sei er aufgefordert worden, *nicht länger aus der Reihe zu tanzen* und ab jetzt keine einzige Stunde Russisch mehr zu versäumen.

Marie strich ihm über die Haare und wechselte ins Russische.

Moy lyubimy… Mein Liebster… Мой любимый

Jens starrte in seine Tasse und seufzte.

Ich kann die Sturheit und Enge der Argumentation nicht verstehen. Wie soll man denn später als Wissenschaftler in eigener Verantwortung forschen können, wenn man es nicht schon während des Studiums ausprobieren kann?

Er stand auf, holte sich ein paar Sachen aus dem Nebenraum und blieb im Türrahmen stehen.

Ich kenne sie doch, die greifen jeden an, der sich die Freiheit nimmt, die sie gern hätten.

Kopfschüttelnd verschwand Jens zum Seitenflügel.

Marie wusste, dass er dort einige Stunden mit seinen Dias verbringen würde. Sie hatte keine Lust, allein in der Wohnung zu bleiben. Sie sah aus dem Fenster. Die Straßenlaternen leuchteten wie so oft, obwohl die Sonne schien. Marie beschloss, noch etwas nach draußen zu gehen. Sie hatte eine Idee.

STUNDEN SPÄTER saß Jens immer noch im Seitenflügel und rahmte Dias. Er hatte die Tür nur angelehnt.

Marie trat leise in den Raum.

Komm mal mit, ich will dir was zeigen.

Einen Moment zögerte er, dann nahm er ihre ausgestreckte Hand.

Sie rannte mit ihm die Treppe hinunter und hielt ihn dabei fest – dann quer über den Hinterhof, an Mülleimern und Teppichstange vorbei bis ins Vorderhaus. Alle vier Stockwerke hoch. Kurz vor dem dritten Absatz ging die Treppenhausbeleuchtung aus. Marie blieb stehen, drückte Jens sanft gegen das Geländer und küsste ihn. Unten im Haus klapperte die schwere Haustür und das Licht ging mit einem lauten Klack wieder an.

Ganz oben auf dem Dachboden angekommen, konnten sie kaum noch etwas erkennen. Beleuchtung gab es hier nicht. Die Holzbretter knarrten, es roch staubig. Irgendwo im Dunkel hörten sie Tauben gurren. Am Ende des Dachbodens, versteckt hinter den schweren Holzbalken, fiel etwas Licht von oben ein.

Erst als sie aus der Luke kletterten, standen sie wieder im Licht der abendlichen Stadt. Zwischen den Schorn-

steinen hatte Marie ein Lager aufgeschlagen. Zwei Schlaf-
säcke warteten auf die beiden, daneben eine Kerze in
einem Glas, eine Weinflasche.

Jens wollte Marie umarmen, doch sie bückte sich und
hob rasch etwas hoch. *Sieh mal, was ich gefunden habe!*

Sie zeigte ihm ein etwas vergilbtes Buch. *Batjargal –
Abenteuer in der Mongolei* stand in großen blauen Lettern
auf dem Umschlag.

*Das ist mal in Leipzig erschienen, in den dreißiger Jah-
ren. Ich war vorhin in einem Antiquariat, dort habe ich es
entdeckt. Es enthält sogar ganz alte Fotos. Aber erst möchte
ich dir daraus vorlesen, solange wir noch etwas erkennen
können.*

Jens war überrascht und begeistert. Bisher hatte er bei
seinen Reisen immer alles allein vorbereitet. Er war besonders neugierig auf die Fotos, griff nach dem Buch, aber
Marie hielt es fest und schob seine Hand zurück. Die beiden setzten sich an den Schornstein und tranken vom Wein.

Marie schlug das Buch auf und begann die Einleitung
vorzulesen:

*»Was treibt uns immer wieder hinaus in die Welt, was
erfüllt uns mit Sehnsucht, was bewegt uns, das alltägliche
Dasein hinter uns zu lassen, auf vieles zu verzichten, Mühen
und Entbehrungen auf uns zu nehmen?*

*Unsere Beharrlichkeit, auch die des Wünschens, hat magi-
sche Kräfte ... und so kann man Schwierigkeiten meistern,
Hindernisse nehmen, ja sogar die Chinesische Mauer überwinden, selbst dann, wenn man nicht einmal vor ihr steht ...«*

Marie lachte und drehte sich zu Jens:

*Das hat einer vor fünfzig Jahren geschrieben, der konnte
noch nicht wissen, dass wir heute die Chinesische Mauer
nicht einmal sehen können.*

Jens schaute über die Dächer hinweg.

Warum eigentlich nicht?

Sie schlug das Buch am Anfang auf.

Sieh mal, hier vorn ist auch noch eine alte Widmung.

Jens beugte sich vor.

Ob wir die lesen können? Lass mich mal sehen... Auf jeden Fall hat das eine Helene geschrieben. Ihre Schrift ist wirklich nicht einfach zu entziffern.

Marie hatte das Rätsel schon gelöst. Sie las:

»Es gibt Abenteuer des Herzens und der Seele, die man nur erleben kann, wenn man fortgeht.«

Sie nickte: *Das hat Helene schön gesagt.*

Jens nahm ihr behutsam das Buch aus der Hand, blätterte darin, blieb auf einer Seite hängen und las einen Absatz vor:

»Nach dieser Nacht in der Jurte hatte er sich entschieden, vorerst bei den Nomaden zu bleiben. So begann für den Fremden das Abenteuer des ursprünglichen Lebens. Ein Leben, bei dem man wieder den rechten Hunger bekommt, der jeden Bissen zu einem herzhaften Genuss macht, bei dem man wieder die gesunde Müdigkeit verspürt, durch die der Schlaf zu einer unvergleichlichen Wonne wird...«

Er ließ das Buch sinken und blickte zu Marie. Sie hatte die Augen geschlossen.

Marie?

Ich bin hellwach, Jens! Ich träum' mich nur ein wenig in die Ferne...

Sie nahm sich das Buch wieder zurück und suchte nach den Abbildungen. Bei einer hielt sie inne. Das Foto zeigte einige Kinder vor einer Jurte, dahinter eine weite, flache Steppe, am Horizont Berge, am Himmel dicke weiße Wolken.

Meinst du wir schaffen es, dahin zu kommen?

Jens sagte nichts, er nickte nur. Sie legte das Buch beiseite.

Komm mit.

Sie nahm ihn wieder an die Hand und führte ihn auf das Dach des nächsten Hauses, näher heran an den alten Wasserturm. Jens war auf diesem Teil des Daches noch nie gewesen. An einigen Stellen reckten sich junge Birken aus den Regenrinnen empor.

Marie lockte ihn weiter, bis zum letzten Haus der Rykestraße. Von hier aus konnten Jens und Marie über den ganzen Platz mit dem Wasserturm schauen. Aus der Straßenschlucht unter ihnen wehte warme Luft herauf. In den meisten Wohnungen brannte jetzt Licht. In der Abenddämmerung wirkte alles still und friedlich.

Der alte Wasserturm überragte selbst die hohen Bäume. Wie aus dem Nichts stürzten plötzlich Vögel mit schrillem Schrei auf die beiden zu. Marie duckte sich weg.

Sind das die kleinen Raubvögel vom Prenzlauer Berg?, fragte sie Jens lachend und nahm ihn in den Arm.

Das sind Mauersegler. Die nisten dort, wo die Steine am Wasserturm tiefe Löcher bekommen haben, und in den alten Jalousiekästen und Ritzen der Häuser. In Leipzig habe ich mich mit Bergsteigerfreunden vom Dach abgeseilt, in die Nester gegriffen und die Jungvögel beringt. Mauersegler sind was Besonderes, im Sommer können sie sich monatelang ohne Unterbrechung in der Luft aufhalten. Sie schlafen sogar im Flug. Bei schlechtem Wetter suchen sie manchmal Hunderte Kilometer von hier entfernt nach Futter für ihre Jungen.

Marie beobachtete den wendigen Flug der Mauersegler und sagte: *Aber zurück kommen sie immer, nicht wahr?*

Jens nickte. Sie zog ihn noch einen Schritt vor, in Richtung Dachkante. Einige Jugendliche saßen unten auf dem

Hügel, der vom alten Wasserwerk übrig geblieben war. Ein Junge mit Jeansjacke hatte seine Gitarre dabei. Seine Akkorde drangen bis zu ihnen hinauf.

Vor hundert Jahren waren hier überhaupt keine Häuser.

Marie hielt Jens unvermittelt die Augen zu.

Stell dir mal vor, hier wäre alles freies Feld! Und du kannst ganz weit sehen. So war das hier mal, ist gar nicht so lange her. Freies Feld und nur ein paar Windmühlen. Kannst du es sehen?

Dann gab sie seine Augen wieder frei.

Hast du auch die Windmühlen gesehen? Manchmal muss man die Augen schließen, um mehr zu sehen.

Jens sah hinunter in die Rykestraße. Hinter einem erleuchteten Fenster auf der anderen Straßenseite saß eine junge Familie am Abendbrottisch. Jetzt hörten sie auch, was der Junge unten beim Wasserturm spielte.

»… we're just two lost souls swimming in a fish bowl, year after year, / Running over the same old ground. What have we found? The same old fears. / Wish you were here …«

Sie hatten sich hingesetzt und eine Weile der Musik gelauscht. Es war darüber dunkel geworden. Vorsichtig gingen sie zurück zu dem Lager, das Marie für die Nacht vorbereitet hatte.

Am Morgen lagen sie eng beisammen in ihren Schlafsäcken, die nass vom Tau waren. Die Sonne und der einsetzende Lärm der Stadt ließen sie nicht länger schlafen. Niemand hatte mitbekommen, dass sie die ganze Nacht auf dem Dach verbracht hatten. Nur die Mutter aus dem dritten Stock, die mit ihren Kindern frühmorgens zur Krippe aufbrach, blickte verdutzt, als sie im Treppenhaus auf Jens und Marie mit den Schlafsäcken unter dem Arm und einer leeren Weinflasche in der Hand stieß.

Guten Morgen, Frau Richter!
Die Nachbarin erwiderte den Gruß nur zaghaft.

JENS HATTE SICH für den Vormittag einen Besuch in der Bibliothek vorgenommen. Er freute sich darauf, die ersehnte Reise mit Marie weiter vorzubereiten. Sie waren seit Monaten ein Paar, verliebt und vertraut. Die Sehnsucht nach der Ferne verband die beiden Abenteuerlustigen immer stärker.

Jens las alle Bücher und Zeitschriftenartikel, die er über die Mongolei finden konnte, und übertrug die Informationen, die ihm wichtig schienen, auf eng beschriebenes Briefpapier, das er zusammengefaltet mitnehmen und bei der Reise immer dabeihaben wollte. Er markierte sich Orte auf seinen Landkarten. Er fand eine Erzählung von Franz Kafka und brachte sie mit nach Hause: »Beim Bau der Chinesischen Mauer«.

MARIE HATTE SICH an diesem Vormittag mit Jule verabredet, einer Studentin aus einem höheren Jahrgang, die sie erst vor kurzem an der Kunsthochschule kennengelernt hatte. Ihr Entwurf für das Bühnenbild der *Verkauften Braut* musste in drei Wochen fertig sein, sie wollte mit Jule darüber sprechen. Marie musste das Studienjahr gut beenden, denn sie hatte sich ausgerechnet, dass sie von der geplanten Reise möglicherweise nicht ganz rechtzeitig zum nächsten Semester zurück sein würde.

Es war nicht weit bis zu Jule. Nach ein paar Minuten bog sie in die Marienburger Straße ein. An einer Stelle, wo das Vorderhaus fehlte und nur noch die Hinterhäuser standen, musste es sein. Marie sah die Hausnummer nicht sofort, denn an der Brandmauer des Nachbarhauses zeichnete sich nur noch der Schatten des einstigen Vorderhauses ab.

Ein gutes Motiv für ein Bild, dachte Marie. Ähnliche durch Bombentreffer verursachte Lücken in der Bebauung gab es seit dem Krieg überall in der Stadt, nicht nur in Prenzlauer Berg.

Der Treppenaufgang im Hinterhaus roch muffig. Eine Klingel im vierten Stock gab es nicht. Sie klopfte auf Verdacht und hörte durch die Tür, wie sich jemand über den Flur kommend näherte.

Jule öffnete, umarmte Marie und zog sie den Flur entlang in ihr Zimmer. In den Raum fiel helles Sonnenlicht. Marie faszinierte, wie der Staub im Zimmer glitzerte, wie er von Jule aufgewirbelt wurde, als sie um eine große Holzplatte lief, die das Zimmer weitgehend ausfüllte.

Durch ein Loch in der Mitte der Platte reckte sich ein in einem mit Wasser gefüllten Eimer stehender dünner Birkenstamm empor, dessen Äste sich unter der Decke im ganzen Raum verzweigten. An den Spitzen waren frische, hellgrüne Birkenblätter herausgewachsen. Außerdem baumelten an ihnen kleine Figuren, bunte Papierblumen und schmale Stoffstreifen.

Auf der Platte um den Stamm herum standen dicht gedrängt weiße Schachteln. Sie waren oben offen, manche hatten Türen an den Seiten. Marie erkannte im Inneren der Schachteln Miniaturmodelle von Theaterbühnen. Schauspieler, Kulissen, komplette Bühnenbilder.

Was für eine Welt war hier entstanden! Marie wusste nicht, wo sie zuerst hinsehen sollte.

Jule redete, seitdem sie ihr die Tür geöffnet hatte, ununterbrochen auf Marie ein und nahm dabei einige Schachteln der Reihe nach in die Hand, hob sie in die Höhe, drehte sie und zeigte sie Marie von allen Seiten.

Schau, Molières Menschenfeind. Das war schwer, da geht es ja um Kompromisse mit der Wahrhaftigkeit. Ich hab' hier die fünfte Szene des dritten Akts dargestellt. Da sagt er den schönen Satz: »Wer nicht die Gabe hat, seine Gedanken zu verstecken, hat hierzulande sehr wenig zu suchen.« Und hier, das ist der Faust! Siehst du das Gretchen? Faust sitzt auf dem Kühler des Trabi, mit dem ist Mephisto vorher auf die Bühne gefahren. Das hier ist für Hamlet. Siehst du sein Grab aus frischer, nasser Erde? Das Bild hier hab' ich für eine Operette entworfen. Aber die Bühne ist geteilt, siehst du? Bei dem hier kann man sogar die Bühne drehen, probier es mal! Die Kostüme sind hinten und vorne vollkommen unterschiedlich, jeder Schauspieler kann blitzschnell seine andere Rolle spielen …

Es dauerte eine Weile, bis Marie dieses Feuerwerk an Entwürfen und Ideen verkraftet hatte. Jule hatte diese kleinen Welten alle selbst gebaut, viel mehr, als man an der Kunsthochschule je von ihr verlangt hatte.

Jule kam ihr angenehm verrückt vor, und Marie fühlte sich hier genau richtig. Sie hatte ihren Entwurf für das Bühnenbild der *Verkauften Braut* dabei und erzählte, wo sie bei der Arbeit stecken geblieben war.

Später sprachen die beiden eine Weile über ihre Zukunftspläne. Marie erzählte von ihrer Zeit bei den Filmstudios in Babelsberg. Wie sehr es ihr gefallen hatte, als sie bei Dreharbeiten mit dabei war und der kreativen Gruppe mit angehörte. Und welche bekannten Schauspieler sie dabei kennengelernt hatte, Männer wie Kurt Böwe, Henry Hübchen oder Uwe Kockisch. Da würde sie später gern einmal arbeiten.

Jule hatte ein Praktikum an der Volksbühne gemacht, einem der bekanntesten Ost-Berliner Theater. Die Bühnenbildnerin hätte sie gerne sofort eingestellt. Jule könne sich aber erst wieder bei ihr melden, wenn sie ihren Abschluss in der Tasche habe.

Aber den bekomme ich wohl nicht.

Marie erschrak.

Eine Vertreterin der Hochschulleitung hatte Jule vor wenigen Tagen eröffnet, dass sie ihren Studienplatz verlieren würde. Die Hochschule sei mit ihren Leistungen nicht so zufrieden, wie es erforderlich sei. Es gebe Hunderte junge Leute in der Republik, die eine solche Chance besser nutzen würden als sie.

Nach einem kurzen Schweigen sagte Jule:

Wahrscheinlich ist der wahre Grund, dass mein Bruder einen Ausreiseantrag gestellt hat.

Sie müsse sich wohl damit abfinden. Es sei ihr inzwischen auch egal.

So oder so. Ich habe keine Chance, dagegen anzugehen.

Jule schaute trotzig. Marie sah aber, wie es ihrer neuen Freundin gerade noch gelang, die Tränen zurückzuhalten.

Wenn die eine wie mich nicht wollen, dann will ich sie auch nicht mehr.

Marie versuchte noch eine Weile, Jule zu überzeugen, dass sie nicht aufgeben dürfe, dass es ohne Abschluss vorbei wäre mit einer Karriere am Theater. Und wenn es an einem Theater nicht gehe, dann funktioniere es in diesem Land an allen anderen Theatern auch nicht mehr.

Marie hielt inne, als sie begriff, dass sie Jule mit all ihren Argumenten nur noch weiter darin bestärkte, es ihrem Bruder gleichzutun. Zum Abschied umarmte sie Jule lange.

Marie ging langsam zu Fuß zurück in die Rykestraße. Ihr kam wieder das Bild in Jules Zimmer vor Augen, die Birke mit den hellgrünen Blättern im Sonnenlicht. Ein fröhlicher Anblick, aber Marie war traurig bei dem Gedanken, dass Leute wie Jule für immer von hier fortgingen.

DEN BESUCH in Waren an der Müritz musste Jens nun doch alleine machen. Marie hatte ganz vergessen, dass am selben Wochenende ein lange geplantes Familientreffen in Babelsberg anstand. Außerdem wollte sie ihren Vater bitten, beim Entwurf des Bühnenbilds zu helfen.

Sie hatte zwar die Idee, die Bühne für die *Verkaufte Braut* mit Marktständen zu füllen, wie sie sie ihr einmal auf einer Paddeltour in einem der Spreewalddörfer aufgefallen waren. Marie hatte aber noch nicht mit dem eigentlichen Bauen begonnen, obwohl der Termin langsam drängte. Vielleicht könnte sie gemeinsam mit ihrem Vater Jules Anregungen umsetzen, in seinem Bastelkeller sägen und schleifen und nach dem Wochenende mit einer fertigen Kiste zurückkommen? Außerdem würden sie bestimmt alle auf der Terrasse sitzen, und es gäbe den von ihrer Mutter gebackenen Kirschkuchen mit Pudding. Nebenbei könnte sie mal wieder ausgiebig ein Wannenbad nehmen. Marie freute sich auch darauf, ihre jüngere Schwester Annette zu sehen, die Kunstwissenschaft studierte und mit der Marie schon länger nicht mehr gesprochen hatte.

JENS, der den Biologen an der Müritz nicht persönlich kannte, war einfach hingefahren, ohne sich anzukündigen. Ein Telefon besaßen beide nicht, und ein Brief, das wusste Jens, hatte meist zu viele Mitleser.

Der Mann, so hatte Jens in seiner Umweltgruppe gehört, galt als Freigeist und war viele Jahre lang als Biologe im Müritz-Museum angestellt gewesen, es lag inmitten der Mecklenburgischen Seenplatte und war seine Welt. Bis vor kurzem. Da hatte man ihn von seinem Posten entfernen wollen, weil er den Wehrdienst verweigert hatte. Er sollte zur Reserve eingezogen werden. *Ich bin Wissenschaftler und kein Soldat!*, schrieb er in einem Brief an die *zuständigen Organe*. Daraufhin verlangte man von ihm, er müsse an den Übungen zur Zivilverteidigung teilnehmen. Das wollte er auch nicht. So wurde er vom wissenschaftlichen Mitarbeiter, der für die Sammlung des Museums zuständig war, zum Gärtner des Hauses degradiert.

Um seine Familie über Wasser halten zu können, ging er nach drei Monaten freiwillig und nahm Aufträge der Kirche in deren Forsten an. Mit dieser Geschichte im Kopf stand Jens nach einer zweistündigen Bahnfahrt vor der Tür eines Häuschens im Zentrum von Waren und klopfte. Als ein bärtiger Mittdreißiger ihm öffnete, kam Jens gleich zur Sache.

Wir haben gemeinsame Freunde, die haben mir von deiner Reise in die Mongolei erzählt. Ich studiere gerade Biologie und will auch in die Mongolei. Dort will ich eine bisher fast unbekannte Vogelart suchen, die ich im Donaudelta entdeckt habe. Du warst doch da und hast dort ein Forschungsinstitut besucht. Kannst du mir davon erzählen? Vielleicht ist das entscheidend dafür, ob am Ende meine Reise klappt oder nicht. Ich heiße übrigens Jens.

Und ich bin Hannes, sagte der Mann und streckte Jens seine Hand entgegen, schüttelte sie ziemlich lange und grinste ihn an. Dann trat er nach draußen und schloss die Tür hinter sich. Sein Haus, da war er sicher, wurde abgehört.

So gingen beide lange am Schilfgürtel des Müritzsees spazieren. Es war ein warmer Abend, und nachdem sie mehrere Stunden an der Müritz gesessen und Jens eine Menge Tipps für die Reise in die Mongolei bekommen hatte, probierten sie einfach aus, ob man schon im See baden könne. Sie zogen ihre Kleidung aus und gingen erst vorsichtig, dann mit einem Sprung ins kalte Wasser.

Hannes lud Jens ein, über Nacht zu bleiben, da es schon recht spät geworden war.

Komm, bleib bei uns, du kannst jetzt nicht mehr heimfahren!

Am nächsten Morgen drückte Hannes Jens ein Papier in die Hand. Es war eine Einladung in die Mongolei, der Text auf Russisch geschrieben. Hannes hatte das Schreiben auf rötlich eingefärbtem, glänzendem Papier seinem Besucher mit dem Hinweis darauf überlassen, dass der Einladungstermin schon lange abgelaufen sei.

Vielleicht klappt es, vielleicht klappt es nicht.

Jens könne ja mit den Biologen in der Mongolei Kontakt aufnehmen und nach einer neuen Einladung fragen, allerdings glaube er kaum, dass ein einfacher Student wie er eine Einladung und damit ein Visum erhalte.

Jens nahm das Papier im Zug nach Berlin immer wieder in die Hand und starrte es an. Was konnte er mit der alten Einladung nur anfangen?

Dann hatte er einen Einfall.

DER SAAL in der Stadtbibliothek, in dem sein Diavortrag für die Urania stattfinden sollte, war schon gut gefüllt, als Jens mit seinen Bildern eintraf. Er hatte die Strecke von der Rykestraße bis zur Breiten Straße in der Stadtmitte in ein paar Minuten mit dem Fahrrad zurückgelegt. Die

Bibliothek lag neben dem historischen Marstallgebäude in der Nähe des Palasts der Republik und des Staatsratsgebäudes. An der Eingangstür prangte ein auffälliger Metallteppich aus hundertsiebzehn Varianten des Buchstabens A. Bis zu vierhundert Leute fasste der Saal, ein sehr gemischtes Publikum war gekommen. Diesmal zeigte Jens überwiegend Dias, die er in Naturschutzgebieten der DDR aufgenommen hatte, vom Fichtelberg bis zu den Seevogelschutzinseln in der Ostsee. Er verglich deren Fauna und Flora mit ähnlichen Gebieten in Russland. Zu den Bildern von Insekten und Vögeln erklärte er die Bedeutung des biologischen Gleichgewichts. Über dieses Thema kam er auf die Gefahren von Pflanzenschutzmitteln zu sprechen. Nach einer Frage aus dem Publikum ging er auf das in der DDR damals noch viel verwendete Insektenvernichtungsmittel DDT ein, das sich nicht abbaue, sondern in die Nahrungskette übergehe.

DDT ist nicht nur schuld daran, dass bestimmte Arten aussterben, es ist auch für uns Menschen gefährlich. Weil das Insektengift sich in Fett löst, reichert sich DDT zunächst im Fettgewebe von Fischen und Vögeln und schließlich auch im Körper der Menschen an. So ist DDT selbst in der Muttermilch von Frauen hier bei uns nachweisbar.

Ein anderer Zuschauer meldete sich und fragte, ob es denn nicht schon längst Alternativen zu DDT gebe.

Sicher, antwortete Jens. Dann wagte er, vorne auf der Bühne stehend, ein offenes Wort.

In Wandlitz wurde im vergangenem Jahr Dimilin gespritzt und nicht DDT. Dimilin muss in der Schweiz eingekauft werden, bei Sandoz in Basel. Dafür müssen wir Devisen ausgeben.

Dimilin ist ein Häutungshemmer. Es verhindert, dass Larven schlüpfen können. Wenn es einen Massenbefall von

Schädlingen gibt, von Käfern, die einen Wald kahlfressen könnten, dann stoppt Dimilin deren Vermehrung. Es rottet aber nicht wie DDT die ganze Population aus, sondern tötet nur die Exemplare, die sich gerade häuten oder schlüpfen wollen.

Bei uns wird aber in der Regel DDT gespritzt. In Templin wurde neulich sogar der Stadtpark gespritzt. Daraufhin mussten viele Kinder mit entzündeten Augen in die Krankenhäuser eingeliefert werden.

Ein anderer Mann im Publikum wollte wohl witzig sein, denn alle im Saal kannten die Antwort auf seine Frage.

Warum wird denn in Wandlitz Dimilin gespritzt?

Jens antwortete kurz.

Überlegen Sie doch mal, wer da wohnt. Den Rest der Antwort können Sie sich bestimmt selbst geben.

Es ging ein leichtes Raunen durch den Saal. Denn jeder wusste, was Jens meinte. In Wandlitz, einem kleinen, abgeschirmten Ort im Grünen, nördlich von Berlin, wohnte die Altherrenriege des Politbüros um Erich Honecker, den Regierungs- und Parteichef.

Der Abend war ein großer Erfolg für Jens. Am Ende des Vortrags war er noch umringt von Interessierten, die ihm viele Fragen stellten. Er bemühte sich, alle zu beantworten. Ein Zuhörer gab sich als Mitglied einer Umweltgruppe zu erkennen. Er bat den jungen Biologiestudenten, ob er nicht mal einen solchen Vortrag bei ihnen halten könne.

Jens fuhr zufrieden zurück in die Rykestraße. Er hatte den Abend mit Menschen verbracht, die sich für seine Erfahrungen interessierten. Das machte ihn nicht nur zufrieden, sondern glücklich.

AM NÄCHSTEN TAG war er nach seinen Seminaren an der Uni noch eine Weile in der Stadt unterwegs. Er suchte einige An- und Verkaufsläden auf. Dort fand er nicht das, was er suchte, erhielt aber von einem der Händler eine Adresse eines Garagenhofs in Pankow, auf dem ein älterer Mann unter der Hand alte, gebrauchte Sachen verkaufte. Er hatte drei Garagen voller Möbel und Gerätschaften. Jens bekam dort für wenig Geld endlich das, was er gesucht hatte, und verließ mit einer schweren Tasche den Hof.

Als er zu Hause ankam, war Marie nicht da, aber sie musste schon die Post hereingeholt haben. Auf dem Küchentisch lag ein Brief, der einen Stempel der Humboldt-Universität Berlin, Sektion Biologie trug. Jens hatte kein gutes Gefühl, als er den Umschlag öffnete.

Kapitel 7 **Die Exmatrikulation**

Als Jens eintrat, hatten die Mitglieder der Kommission bereits ihre Plätze eingenommen. Niemand zeigte eine Reaktion auf sein Erscheinen. Der Vorsitzende, Professor Tülsner, und sein Sekretär saßen am Kopfende des langen Tischs. Alle anderen hatten sich links und rechts von ihm aufgereiht. Für Jens war offenbar der einzige leere Stuhl im Raum vorgesehen. Und der stand am entgegengesetzten Tischende. Er nahm darauf Platz.

Für die links und rechts von ihm Sitzenden hatte das den Vorteil, ihn nicht direkt ansehen zu müssen. Seine Anwesenheit schien ihnen peinlich zu sein.

Jens erkannte den Vertreter der Hochschullehrer, Professor Römer. Neben ihm saß der Genosse der Kreisleitung der Freien Deutschen Jugend, daneben die Seminargruppenberaterin Bettina Erdmann. Jens kannte sie als ehrgeizige wissenschaftliche Mitarbeiterin, die am Institut zügig Karriere machen wollte. Wie oft hatte er von ihr gehört, dass die Seminargruppe *wie eine zweite Familie* sei. Jens und seine Kommilitonen waren wie alle Studenten obligatorisch in solch einer Gruppe organisiert – und wurden auf diese Weise kontrolliert. Es gab keine studentische Angelegenheit, die nicht im Kollektiv besprochen wurde.

Zur Runde gehörte noch der amtierende Sektionsdirektor, Professor Kurze, sowie ein SED-Genosse, der sich als offizieller Protokollant bereits eifrig Notizen in seiner Kladde machte.

Erst dann nahm Jens wahr, dass da noch jemand im Raum war. Jemand, von dem er ahnte, dass er hier wohl zum einzigen Verbündeten werden könnte.

Es war Professor Günter Tembrock, für ihn die einzige wirklich bedeutende Persönlichkeit am Biologischen Institut der Humboldt-Universität. Jetzt stand er vor der Emeritierung, früher hatten seine Vorlesungen beinahe Kultstatus genossen und waren von zwei-, dreihundert Studenten besucht worden. Tembrock lehrte seit Jahrzehnten an der Humboldt-Universität und war als Verhaltensforscher weit über die Landesgrenzen hinaus angesehen. Er war im ganzen Land durch seine Fernsehsendung *Rendezvous mit Tieren* so bekannt wie Bernhard Grzimek mit seiner Sendung *Ein Platz für Tiere* im Westen. Manche verglichen ihn mit Konrad Lorenz. Er hatte nach dem Zweiten Weltkrieg die erste verhaltensbiologische Forschungsstätte in Deutschland aufgebaut.

Doch an der Ost-Berliner Uni war er von der Partei seit längerem ins Abseits gedrängt worden. Vielleicht weil er niemals in die Partei eingetreten war? Genaueres war unter den Studenten nicht bekannt.

Derartig unklare Gerüchte über Maßregelungen waren für die Obrigkeit praktisch, dachte Jens. Sie schufen ein Klima unterschwelliger Bedrohung, auf das viele mit permanent vorauseilendem Gehorsam reagierten.

Jedenfalls durfte der auch im Ausland angesehene Wissenschaftler nicht reisen und nahm daher seit Jahren nicht mehr an den internationalen Konferenzen und Tagungen teil, zu denen er ständig eingeladen wurde. Einige der ausländischen Kollegen besuchten ihn stattdessen in Ost-

Berlin. Seit einiger Zeit war er nicht mehr Chef des Lehrstuhls. Er konnte seine wissenschaftliche Arbeit nur noch mit wenigen Studenten fortsetzen.

Schon bevor Jens an die Uni kam, war Tembrock zu seinem großen Vorbild geworden. Er hatte als Schüler dessen bekanntes Buch »Grundlagen der Schimpansenpsychologie« verschlungen. Durch die Lektüre hatte Jens begonnen, sich für die Entschlüsselung von Gesichtsausdruck, Körpersprache und Gesten zu interessieren. Tembrocks Erkenntnisse waren ihm noch immer hilfreich, wenn er in wildfremde Gegenden reiste und Menschen traf, deren Sprache er nicht verstand.

Nun saß sein Idol reglos und mit verschränkten Armen da. Jens meinte, ein leichtes, freundliches Nicken wahrzunehmen. Tembrock war der Einzige, der ihn überhaupt ansah.

Die anderen Versammelten schwiegen und schauten erst auf, als endlich der Vorsitzende der Disziplinarkommission das Wort ergriff.

Er warf Jens ohne Umschweife vor, dass seine Leistungen *absolut ungenügend* seien. Jens habe im zweiten Studienjahr eine *völlig unzureichende* Studiendisziplin gezeigt. Seine Teilnahme an den Lehrveranstaltungen sei *marginal*. Damit habe er *die Zielstellung des Studienjahres nicht erreicht* und hätte allein schon nach der Prüfungsordnung exmatrikuliert werden müssen. Hinzu komme ein *Verweis* des Sektionsdirektors, der wegen seines Verhaltens beim fünfwöchigen *MQ*, dem *Militärischen Qualifizierungs-Lager*, ausgesprochen worden sei, weil er nicht zum Reserveoffizier der Nationalen Volksarmee befördert werden wollte. Dem Verweis sei zudem bereits eine *Verwarnung wegen wiederholter Verletzung der Studiendisziplin*

Die Fassaden der Häuser sahen zwar nach außen grau und trostlos aus, und der Verfall ließ sich nicht grundsätzlich stoppen, doch in den Wohnungen spielte sich, wenn es glückte, ein buntes Leben ab. Marie mochte das Provisorische, Unfertige, weil es bedeutete, dass man dort vieles von dem tun und lassen konnte, was man wollte.

Das Hinterhaus war verfallen, der Seitenflügel stand leer. Aber im Nebenhaus wohnten etliche junge Leute aus Halle, Leipzig und Dresden. Aus einem offenen Fenster hörte sie den ganzen Tag Schreibmaschinengeklapper.

In den Treppenhäusern von Prenzlauer Berg waren die Wohnungstüren übersät mit Besuchernotizen: *Grüße von Ev, war hier und schaue morgen noch mal vorbei…*

Marie entdeckte bald, dass sie über eine Luke ins Freie hinausklettern konnte. Vom Dach ihres Hauses aus streifte sie auch über die Dächer der Nachbarhäuser ihrer Straße.

Ihr gefiel es, dort oben zu sitzen und für ihr Studium zu zeichnen: die verfallenen Schornsteine, den Blick über die Hausdächer rundherum, die Spitze des Fernsehturms.

Wir mussten noch fünf Tage durch ein Tal aufwärts laufen, bis wir den Hauptkamm erreichten. Wir hatten es geschafft, wir waren mittendrin im Kaukasus!

In der Ferne, vor den Ausläufern der Berge, sah sie mehrere weiße
Flecken, aus denen Rauch aufstieg: die Jurten der Nomader.

Unten im Hof sprach ein Polizist zu einer Gruppe von Hausbewohnern.
Jens drückte auf den Auslöser. Einen Moment später blickte der Polizist
hoch. Es dauerte nicht lange, da klingelte es an der Wohnungstür.

Sie wollten zum Kloster Gandan, das man als Einziges der
Klöster halbwegs verschont hatte.

Galsan nickte erfreut. *Das Naadam-Fest ist das größte Volksfest
der Mongolei, ihr dürft es nicht versäumen.*

Jens hatte eine Bank und einen kleinen Tisch gezimmert.
Es war, als wohnten sie jetzt hier.

Marie war ihm gefolgt. Sie nahm die herumliegende Kamera
und drückte auf den Auslöser.

So weit entfernt von der Zivilisation änderte das Leben seinen Takt. Sie blieben am Chöwsgöl Nuur, ohne die Tage zu zählen.

Mittags war es heiß, um die dreißig Grad, nachts konnte die Temperatur auf wenige Grad über null absinken.

Jens machte einen großen Schritt, um nicht auf die Schwelle
der Jurte zu treten, denn dort, so glauben die meisten Mongolen,
wohnen die guten Geister, die die Behausung schützen und die
man nicht durch Tritte beleidigen dürfe.

Kaum saßen sie, bekamen sie auch schon frisch gebrühten Ziegeltee mit Salz und Milch in die Hand. Als alle Schalen gefüllt waren tauchte die alte Tante einen Finger der rechten Hand in den Tee und schnipste ein paar Spritzer Richtung Herd.

Jens musste die Frage eines der Kinder beantworten, woher er denn komme. Er lachte und antwortete, man müsse wohl mehr als ein Jahr mit dem Pferd dorthin reiten.

Tanjus Eltern standen vor dem Eingang ihrer Jurte. Aus den anderen Jurten kamen Onkel, Tante, Cousinen und ein paar jüngere Neffen und Nichten, um die Besucher zu betrachten.

Aber ich sehne mich immer wieder nach den Weiten der Steppe und nach der Ruhe, die dort in der Luft liegt.

Marie war beeindruckt, dass nichts außer dem Inhalt von Magen und Darm der Ziege weggeworfen wurde.

Die Uhr spielt in diesem Land keine große Rolle. Wichtiger ist die Stimmung, in der man sich trifft oder auseinandergeht.

Sie stellten sich vor, indem sie mit dem Zeigefinger auf sich zeigten und ihre Namen sagten: Bajar und Bahadur.

Jens öffnete das Zelt und erspähte nicht weit entfernt wilde
Pferde beim Grasen.

Marie schaute auf ein Land ohne Zäune, ohne Hochspannungsleitungen, ohne rechtwinklige Felder.

vorausgegangen. Jens habe die Auflage bekommen, pünktlich und ohne Einschränkung an allen Lehrveranstaltungen teilzunehmen. Dennoch habe er wieder mindestens zwanzig Pflichtstunden versäumt.

Welche Folgen Jens' Verhalten nach sich ziehen würde, sagte der Vorsitzende noch nicht.

Der FDJ-Gruppensekretär räusperte sich, ohne Jens eines Blickes zu würdigen, und setzte die Anklage fort.

Der Student hat fortgesetzt gegen die Studiendisziplin verstoßen, eine unehrliche Arbeitsweise an den Tag gelegt und sich vollständig von der FDJ-Gruppe isoliert.

Die Vorwürfe der FDJ lauteten im Einzelnen:

Erstens. Bei einer dreiwöchigen Kontrolle und Überprüfung seines Verhaltens durch Genossen der FDJ, die wir vom 10. bis zum 27. Juni durchführten, ergab sich, dass der Student zu weniger als 50 Prozent aller Lehrveranstaltungen anwesend war, obendrein verspätete er sich besonders bei Praktika. So erschien er grundsätzlich jeden Freitag beim Biochemie-Praktikum eine Stunde zu spät.

Zweitens: Kennzeichen für seine gesamte Studienhaltung ist eine unehrliche und unkameradschaftliche Arbeitsweise. Innerhalb der FDJ-Gruppe übernahm er keine gesellschaftlichen Aufträge, seine Einsatzbereitschaft für das Kollektiv lässt sehr zu wünschen übrig. Das wird auch durch seine Mitarbeit im Arbeitskreis Naturschutz nicht kompensiert.

Drittens: Einer Aussprache über sein Verhalten wich Jens bewusst aus, indem er zu einer FDJ-Mitgliederversammlung, in der er zu den berechtigten Klagen des Kollektivs Stellung nehmen sollte, nicht erschien.

Viertens: Wiederholte Aussprachen im Kollektiv mit ihm führten zu keiner Änderung. Selbst nach der letzten Aussprache, in der Jens vom stellvertretenden Direktor zur hun-

dertprozentigen Teilnahme an allen Lehrveranstaltungen verpflichtet wurde, fehlte er wiederum in mindestens zwei Vorlesungen und einem Seminar.

Das Fazit der FDJ-Gruppe lautet: Mit seinem Verhalten hat sich der im ersten Studienjahr noch durchaus beliebte und geachtete Kommilitone den Unwillen der gesamten Seminargruppe zugezogen und sich selbst vollkommen isoliert.

Darum beantragte die Seminargruppe Biologie II/1 ein Disziplinarverfahren auf Universitätsebene gegen den Kommilitonen.

Als ob das alles nicht gereicht hätte, ergriff der amtierende Sektionsdirektor das Wort:

Erschwerend zu den vorgenannten Verstößen gegen die Studiendisziplin kommt noch hinzu, dass gegen den Studenten auch im MQ-Lager erzieherische Maßnahmen ergriffen werden mussten. Er zeigte wenig Lust und persönliche Einsatzbereitschaft für das gesamte Lagerleben. Alle Hinweise und Ermahnungen negierte er. Der Gefreite wurde mit Verweis und einer kollektiven Erziehungsmaßnahme bestraft.

Der Vorsitzende erteilte daraufhin der *Kollegin Erdmann* das Wort. Die Seminargruppenberaterin wurde grundsätzlicher. Sie erinnerte zunächst daran, dass Jens *dank der großzügigen Entscheidung des Arbeiter- und Bauernstaates* fast auf den Tag genau vor zwei Jahren sein Studium an der Sektion Biologie, Fachrichtung Verhaltensforschung, aufnehmen durfte. Ein solcher Studienplatz sei *keine Privatsache*, sondern als *ein gesellschaftlicher Auftrag* zu verstehen. Bei erfolgreichem Abschluss bedeute das Studium in jedem Fall eine Arbeitsplatzgarantie.

Dann las sie ungelenke Formulierungen vom Blatt ab.

Die Seminargruppe, zu der er gehört, entwickelte sich nur langsam zu einem Kollektiv, jedoch entschuldigt dies in keinster Weise die Arbeits- und Verhaltensweisen, die er vor allem im zweiten Studienjahr an den Tag legte.

Kollegin Erdmann schaute von ihrem Zettel hoch, sah Jens kurz direkt ins Gesicht und fuhr mit monotoner Stimme fort:

Das Kollektiv schätzt ein, dass er im ersten Studienjahr noch durchaus hilfsbereit und geachtet war, während sich im Folgenden mehr und mehr ein individueller Arbeitsstil herausbildete, der nur noch als parasitär zu bezeichnen ist. Denn dieser Herr besorgte sich im großen Umfang Vorlesungsmitschriften von höheren Studienjahren und glaubte, sich damit den Lehrveranstaltungsbesuch seines Studienjahres sparen zu können. Als Entschuldigung gab er auch noch an, das entspreche genau seinen Vorstellungen vom individuellen Studieren!

Jens blickte zu Tembrock, ihre Blicke trafen sich erneut.

Kollegin Erdmann schnarrte ihren vorformulierten Text weiter herunter:

Aussprachen in der Gruppe wich er bewusst aus. Außerdem beteiligte er sich kaum am FDJ-Gruppenleben. Betont werden muss noch, dass die Seminargruppe sein Verhalten in keinster Weise entschuldigt, da er das Vertrauen seiner Kommilitonen in gröbster Art und Weise missbraucht hat.

Sie legte ihren Zettel hin und schaute in die Runde. Ihren nächsten Satz musste sie nicht ablesen.

Nach Gesprächen mit der Gruppe bin ich der Meinung, dass er die Anforderungen an einen sozialistischen Studenten nicht erfüllt und demzufolge zumindest ein Jahr in der Produktion arbeiten und sich bewähren sollte.

Jens hatte die ganze Zeit still da gesessen und aufmerksam zugehört. Der Vorsitzende der Disziplinarkommission sah ihn an.

Haben Sie etwas zu Ihrer Verteidigung zu sagen?

Jens antwortete nicht. Noch nicht.

Ihm war jetzt klar, dass man ihn nur pro forma eingeladen hatte. Es sollte so aussehen, als gebe es ein faires Verfahren.

Jens hatte in den Stunden vor diesem Termin in Ruhe nachgedacht und versucht, sich den Ablauf vorzustellen. Er hatte bei seinen Reisen die Erfahrung gemacht, dass Probleme leichter zu bewältigen sind, wenn er sich deren möglichen Ablauf bereits im Voraus ausmalte.

Er blickte erneut in die Runde, doch niemand schaute ihm in die Augen. Der Vorsitzende wurde ungeduldig.

Ja wollen Sie nicht endlich mal was sagen?

Jens wartete noch einen Moment ab.

Er wusste, wer sich an die Regeln hielt und die Mächtigen nicht reizte, der wurde in Ruhe gelassen. Er hatte gegen diese Grundregel verstoßen, ja. Aber er wollte der Macht mit Anstand begegnen, wenigstens in diesem Moment des Tribunals über ihn. Er dachte:

Ich bin nicht der Spielball, den ihr treten könnt. Ihr seid nicht die alleinigen Herren des Verfahrens.

Jens begann seine Verteidigungsrede.

Es gibt verschiedene Perspektiven, aus denen man mein Verhalten beurteilen kann.

Er habe ihre Einschätzung vernommen, er wolle nun versuchen, eine andere Sicht der Dinge darzulegen.

Wenn er Vorlesungen versäumt habe, dann sei er nicht etwa zu Hause geblieben. Er habe nachweislich andere Fachvorlesungen besucht, die er für sein Studium als wichtig angesehen habe.

Was stört Sie daran, fragte er in die Runde, *dass ich mir bewusst Wissen aneigne? Das waren doch spannende, lehr-*

reiche Vorlesungen für mich. Warum wollen Sie jemanden dafür maßregeln?

PROFESSOR TEMBROCK saß immer noch mit verschränkten Armen da. Jens glaubte ihm anzusehen, dass er diese Prozedur ungerecht oder zumindest unangemessen fand. Aber auch der berühmte Professor sagte nichts. Auch er sah Jens nicht mehr an, sondern starrte an die Wand.

Dabei kannten sie sich gut.

Als Jens noch völlig neu an der Uni war, hatte der erfahrene Wissenschaftler ihm, dem Erstsemester, sein wertvolles, privates Tonbandgerät anvertraut. Damit durfte Jens nach Hiddensee fahren, um seltene Vogelstimmen aufzunehmen.

Jens hatte Tembrock mit der Erzählung beeindruckt, dass er als Schüler fast einen ganzen Sommer am Greifswalder Bodden verbracht hatte. Er hatte ihm erzählt, wie er jeden Tag begeistert von Sonnenauf- bis Sonnenuntergang am Strand unterwegs gewesen war, um möglichst alle Brutpaare des Sandregenpfeifers von Lubmin über Greifswald, Stralsund bis zur Südküste von Rügen mit unterschiedlichen Farbringen zu versehen. Tembrock, der am Institut ein gigantisches Tierstimmenarchiv mit mehr als 120 000 Aufnahmen aufgebaut hatte, kannte zwar schon drei verschiedene Rufe von Sandregenpfeifern, doch Jens berichtete ihm von fast einem Dutzend unterschiedlicher Rufe, die er am Boden gehört hatte. Er habe anhand der Rufe sogar unterscheiden können, ob das Revier besetzt, die Eier gelegt oder die Jungvögel schon geschlüpft waren.

Wenn jemand von Bioakustik so begeistert sei, müsse er das doch ausnutzen und unterstützen, hatte Tembrock damals zu Jens gesagt.

Jetzt saß der Gelehrte, der ihn damals mit seinem Forscherelan angesteckt hatte, in der Disziplinarkommission und brachte kein einziges Wort über die Lippen.

Tembrock sprang ihm nicht zur Seite, aber allein sein Vorbild da sitzen zu sehen gab Jens Mut. So sprach er weiter.

Meine Vorstellungen gehen dahin, dass jedem Studenten die Entscheidung überlassen werden sollte, welche Fächer und Vorlesungen er belegt, damit er den größten fachlichen Wissenszuwachs erreicht.

Jens war sich im Klaren darüber, dass keine Aussicht bestand, eine vielköpfige Kommission, die ihr Urteil offensichtlich schon gefällt hatte, davon zu überzeugen, ihre Meinung noch einmal zu ändern. Sie fühlten sich augenscheinlich etwas unwohl und es war ihnen womöglich sogar peinlich. Doch das änderte nichts daran, dass sie drauf und dran waren, nicht nur seine studentische Existenz, sondern sein ganzes zukünftiges Berufsleben zu zerstören. Er fühlte, wie ihm der Boden unter den Füßen weggezogen wurde. Eine solche Kommission würde niemals zugestehen, sich geirrt zu haben. So viel Einsicht hatte er ins System, und alle Versammelten hier vertraten in diesem Moment genau dieses System.

Nein, dachte er, sie waren das System. Deswegen funktionierte es.

Mit seinen Vorstellungen von einem freieren Studium mochte Tembrock – und vielleicht auch andere – heimlich sympathisieren. Doch hier ging es darum, dass Jens vor der Kommission kriechen sollte. An den versäumten Russischstunden allein konnte es nicht liegen. Welche Rolle spielte sein Engagement im Naturschutz oder in der evangelischen Studentengemeinde? Er wusste es nicht.

Sie wollten in diesem Land keinen unabhängigen Verhaltensforscher, sie wollten aus ihm einen nützlichen Biologen machen, der ihnen helfen sollte, etwa die Probleme der industriellen Tierproduktion in den Griff zu bekommen.

Kollegin Erdmann unterbrach ihn bei seinen Gedanken.

Noch etwas. Wieso maßen Sie sich an, unter Ausnutzung der großzügigen Studienbedingungen und ohne Rücksprache mit der Sektionsleitung eine populationsökologische Studie über den Steinadler in den Alpen aus einem Verlag in München zu bestellen? Was glauben Sie eigentlich, wann Sie das nächste Mal in die Alpen kommen?

Jens versuchte, ruhig zu bleiben.

Es ging mir um die wissenschaftliche Methodik. Da ich den Aufsatz nicht kopieren konnte, war es die einzige Chance, an ihn heranzukommen. Es gibt in der Sektion Bestellkarten, mit denen kann man sich über unsere Bibliothek diese Fachaufsätze kostenlos bestellen. Ich muss doch in zwei Jahren als Wissenschaftler selbständig arbeiten und forschen. Wenn ich das während des Studiums nicht lerne, wann denn sonst? Was haben Sie dagegen? Sie müssen doch nicht jemanden bestrafen, bei dem ein Feuer brennt für sein Fach!

Professor Tülsner, der Vorsitzende der Disziplinarkommission, ergriff wieder das Wort. Er klang nun hochoffiziell:

Was in welchem Zeitraum zu studieren ist, wurde auf der Grundlage der Abschlussanforderungen festgeschrieben und ist für jeden verbindlich. Die Position des Studenten ist nicht zu akzeptieren. Er hat die Pflichten eines Studenten trotz größter Freizügigkeit der Sektion nicht wahrgenommen, weder was seine fachlichen noch was seine gesellschaftlichen Aktivitäten betrifft. Er sollte über Ursache und Wirkung

nachdenken, wenn das Urteil der Kommission erfolgt. Die
Sitzung ist damit beendet.

Drei Wochen später lag ein Umschlag im Briefkasten.
Jens wusste schon vor dem Öffnen, was drinstand.

»*Die Disziplinarkommission hat einstimmig entschieden,*
dass Sie das Recht, an einer sozialistischen Hochschule zu
studieren, durch die Gesamtheit der Pflichtverletzungen
verwirkt haben. Wegen Verletzung der §2 Abs.1a,b,c und e
werden Sie in Anwendung des §16 Absatz 1d der Diszipli-
narverordnung mit sofortiger Wirkung vom Studium ausge-
schlossen. Ein Antrag auf Reimmatrikulation könnte nach
angemessener Frist von mindestens zweijähriger Bewäh-
rungszeit in der materiellen Produktion geprüft werden.«

Kapitel 8 **Die Einladung**

Die Runde am Küchentisch in der Rykestraße lachte herzlich. Jens' Eltern aus Leipzig waren da. Seine Mutter hatte gerade über ihren letzten Besuch im Winter gescherzt. Da hatte Marie noch nicht mit Jens zusammengewohnt. Eine Fensterscheibe in der Küche war kaputt gewesen, und ihr Sohn hatte sie nur notdürftig mit Zeitungspapier geflickt. Jens hatte damals versucht, ein guter Gastgeber zu sein, und eigens Holunderbeerensuppe gekocht, eines seiner Lieblingsessen aus Kindertagen. Dazu gab es Zwieback. Die Beeren hatte er im Herbst bei einem Ausflug in Buch am Rande Berlins gesammelt und zu Sirup verarbeitet.

Es sei so unglaublich kalt in der Wohnung gewesen, aber sie habe sich nicht beschwert, erzählte seine Mutter, bis ihr hier am Tisch ganz plötzlich der Löffel aus der zitternden Hand gefallen und der dunkelrote Holunderbeersaft an die Küchenwand gespritzt sei.

Marie kannte diese Geschichte noch nicht, aber sie fand sie typisch für Jens. Lachend warf sie ein: *Aber Jens hat den Berliner Winter gut überlebt!*

Seine Eltern wollten von ihrem Sohn wissen, ob er nach dem Rausschmiss an der Uni ihre Unterstützung brauche.

Das überlebe ich auch, antwortete er ihnen. Es laufe doch mit seinen Vorträgen an der Urania ganz gut. Inzwischen habe er sich eine Steuernummer besorgt und ein eigenes Konto für die Honorareinnahmen angelegt. Und das Wichtigste: Er habe sogar eine staatliche Zulassung als freiberuflicher Referent erhalten. So könne er nun offiziell dem nachgehen, was er am liebsten mache: reisen, fotografieren und dann davon anderen Menschen erzählen.

Sie wüssten doch, er benötige sonst nur wenig Geld zum Leben, er komme schon aus.

Außerdem habe ich Angebote, im Seevogelschutz an der Ostsee zu arbeiten. Dort läuft ein wichtiges ökologisches Forschungsprojekt, an dem ich gern mitwirken will. Ich kann da mehr lernen als im Hörsaal, und was ich verdiene, reicht für mich völlig aus. Meine Zweitwohnung in Greifswald kostet fast nichts, und ich kann ein Motorrad, das dem Institut gehört, umsonst nutzen.

Sein Vater wollte etwas anderes wissen.

Was wird nun aus deinem Traum, Biologe zu werden, Junge?

Jens zögerte einen Moment mit der Antwort.

Meinen Einspruch haben sie abgelehnt.

Sein Vater runzelte die Stirn.

Dann bekommst du nie mehr eine staatliche Position als Biologe.

Jens hatte auch darauf eine Antwort parat.

Aber so muss ich mich auch nicht ein Leben lang täglich mit dem Kompromiss am Arbeitsplatz herumschlagen. Ich wollte doch nie zu denen gehören, die an der Macht beteiligt sind. Ich will Freude an meinem Beruf haben. Jetzt kann ich freischaffend genau das tun, was ich machen will, und nicht mehr das, was ich machen muss. Das könnte doch in Zukunft auch funktionieren, vielleicht sogar noch besser. Ich komme ständig mit Wissenschaftlern meiner Fachrichtung in Kontakt, bis in die Sowjetunion hinein.

Er nahm Maries Hand.

Wenn ich mit Marie in die Mongolei reise, dann kann ich dort eigene ornithologische Forschungen machen. Ich kann nun viel weiter und länger reisen als bisher. Im Grunde habe ich sogar Freiheit dazugewonnen.

Seine Mutter lächelte in sich hinein, sein Vater guckte skeptisch. Wirklich überzeugen konnte Jens die beiden nicht von diesen Plänen. Sie befürchteten, dass hinter der Zwangsexmatrikulation mehr steckte als nur versäumte Russischstunden. Für seine Mutter war der Rauswurf aus der Uni ein deutliches Signal, *dass vielleicht noch mehr kommen könnte.*

Jens wusste von dem Freund einer Cousine, der aus politischen Gründen inhaftiert und verurteilt worden war. Daraufhin habe sie ihn neulich während eines Hafturlaubes geheiratet, nur damit sie sich alle paar Monate im Besucherraum des Gefängnisses sehen können. Vorher durfte sie ihn dort überhaupt nicht besuchen.

Jens wollte noch etwas klarstellen.

Ich will auf keinen Fall zur Bewährung in die Produktion. Ich kenne einen Ex-Studenten, dem haben sie dann nach einem Jahr Braunkohletagebau noch eins drauf gegeben und ihm mitgeteilt, er habe sich noch immer nicht genug bewährt. Worauf soll ich mich da verlassen?

Sein Vater nickte verständnisvoll.

Auf uns kannst du dich verlassen, aber sei trotzdem vorsichtig, Junge.

Jens sah seine Eltern lange an.

Keine Sorge. Einen Ausreiseantrag werde ich nicht stellen.

Jens glaubte, seine Eltern beruhigen zu müssen.

Das kommt für mich nicht infrage. Vom Tag der Antragstellung an gibt es jahrelang kein richtiges Leben mehr. Für mich nicht und auch für alle anderen nicht, mit denen ich zu tun habe. Auch ihr würdet für meine Entscheidung mehr oder weniger bestraft. Das möchte ich niemandem zumuten.

Jens hatte erlebt, wie es den ganzen Freundeskreis spaltete, wenn jemand einen Ausreiseantrag stellte.

Ich habe von oppositionellen Gruppen und selbst von Leuten in meinem eigenen Umweltkreis immer wieder gehört, dass mancher, der eine Ausreise beantragt hatte, von der Gruppe wie im Bekanntenkreis nur noch mit spitzen Fingern angefasst wurde.

Schließlich zeige man mit dem Ausreiseantrag, erklärte er seinen Eltern, dass man hier im Lande nichts mehr verändern, sondern »einfach« nur noch rauswolle. Damit sei die Basis für eine verlässliche Zusammenarbeit nicht mehr da, jeder Antragsteller gefährde zudem die ganze Arbeit der Gruppe, weil er unter besonderer Beobachtung der Behörden stehe.

Es gibt nur wenige Gruppen in der Szene, die offen sind für Antragsteller. Dabei grenzt doch schon der Staat jeden aus.

Jens fand es anmaßend, anderen vorzuschreiben, was richtig und was falsch sei. Es gab so schon jede Menge Vorschriften, da brauchte er nicht auch noch welche von der Opposition. Er hatte überhaupt genug davon, dass eine Riege alter Herren, die im Lande die Macht hatte, für Zwanzigjährige entschied, wie deren Zukunft auszusehen hatte. Jens wollte darüber so weit wie möglich selbst entscheiden können, und er hatte jetzt einen Weg gefunden.

Als seine Eltern wieder nach Leipzig aufbrachen, versicherten sie ihm noch einmal, dass sie immer hinter ihm stehen würden, auch wenn er noch stärker in Konflikt mit der Obrigkeit geraten würde.

Du brauchst auf uns keine Rücksicht zu nehmen, Jens. Wie's auch kommt, uns kann keiner mehr was anhaben, sagte sein Vater zum Abschied.

Jens umarmte ihn.

Ich denke oft an die gute Kindheit, die ihr mir gegeben habt; da habe ich so viel Sicherheit und Selbstvertrauen gewonnen, die ich jetzt gebrauchen kann.

MARIE SCHLOSS die Wohnungstür und setzte sich an den Küchentisch.

Es war schön mit deinen Eltern, und es war gut, zu spüren, dass sie dich verstehen. Ich finde es klasse, dass sie dich in deiner Kompromisslosigkeit unterstützen und dich nicht auffordern, dich anzupassen. Sie glauben an deine Leidenschaft. Ich übrigens auch.

Marie schwieg einen Moment.

Ich finde es so ungerecht, dass sie dir an der Uni alles kaputt gemacht haben. Warum gibt es immer nur ein Ja oder Nein?

Jens setzte sich zu ihr.

Ein Dilemma unserer Gesellschaft ist, dass es für sie immer nur um Freund oder Feind geht, dazwischen ist nichts. Mich beschleicht das Gefühl, dass es nicht mehr viel Spielraum für mich gibt. Und was ist, wenn sie mit dem Rauswurf aus der Uni noch nicht zufrieden sind und mir noch mehr Steine in den Weg legen?

Marie versuchte, Jens aufzumuntern.

Warte doch mal ab, wie es mit deiner freien Arbeit klappt. Deine Vorträge laufen gut, und ich freu' mich auf die Reise mit dir. Vielleicht geht ja alles gut aus. Irgendwie geht es doch immer weiter.

Jens lachte sie an.

Es muss ja auch in der DDR nicht alles so kleinkariert bleiben, wie es ist. Gorbatschow verändert doch gerade die festgefahrenen Dinge in seinem Land, davon muss doch auch bei uns was ankommen.

Marie lehnte sich über den Tisch.

Du, ich hatte heute ein ganz eigentümliches Erlebnis, als ich aus der Bibliothek kam. Da saß ein alter, weißhaariger Mann mit freiem Oberkörper in der Sonne, und weil ich ihn etwas angestarrt hatte, sprach er mich gleich an. Er hat mir was gesagt, das geht mir nicht mehr aus dem Kopf. Als deine Eltern da waren, wollte ich es nicht erzählen.

Jens sah sie neugierig an.

Er fragte mich: Was ist die schlimmste Falle im Leben? Und er gab mir auch gleich die Antwort: Mädchen, rief er, gründen Sie nie eine Familie! Geborgenheit schön und gut, aber dann ist man abhängig und erpressbar! Ist was Wahres dran, oder?

Jens dachte kurz nach.

Das ist genau das, was ich während meiner Armeezeit erlebt habe. Diejenigen, die Freundin, Frau, Familie hatten und gerne nach Hause fahren wollten, waren natürlich viel leichter ruhig zu halten als die anderen. Weil sie ja was wollten, was zu verlieren hatten. Denen konnte man gut mit Ausgangs- oder Urlaubssperre drohen. Wenn du gebunden bist, haben dich die anderen mit deinen Ängsten und Wünschen viel schneller in der Hand.

Anfangs hat es mich schon getroffen, als ich während meiner NVA-Zeit Ausgangssperre bekam. Aber nach sechs Wochen ohne Ausgang aus der Kaserne drehte sich das plötzlich. Ich fand Gleichgesinnte und hatte endlich Zeit für gute Gespräche und spannende Bücher. Und ich habe lange Briefe geschrieben.

Mir hat es nichts ausgemacht, wenn ich das ganze Wochenende eingesperrt in der Kaserne verbringen musste, mir konnten sie damit nicht drohen, ich hatte keine Freundin.
Marie nahm ihn in die Arme.
Aber jetzt hast du eine!

JENS WOLLTE am selben Tag noch nach Greifswald fahren. Er bewahrte in seiner dortigen Wohnung Teile seiner Reiseausrüstung auf, die er und Marie nun in der Rykestraße brauchten. Er hatte für seine Arbeit an der Ostsee eine Unterkunft gesucht und gefunden. Von dort war es nicht weit zum Meer und nicht viel weiter zum Vogelschutzgebiet Kooser See, wo alljährlich Zehntausende von Zugvögeln eine längere Flugpause einlegten. Zusammen mit einem Freund hatte er die Wohnung einfach besetzt.

Jens' Aufgabe war es im vergangenen Sommer gewesen, auf einem etwa 100 Kilometer langen Streifen entlang der Ostsee seltene Vogelarten wie den Sandregenpfeifer zu dokumentieren. Er versuchte, jedes einzelne Paar einzufangen und zu markieren. Damit er an der Küste entlangfahren konnte, stand ihm den ganzen Sommer ein Motorrad zur Verfügung. Eine schönere Arbeit konnte er sich kaum vorstellen. Dafür auch noch Geld zu bekommen, das fand er einfach genial.

DIE ZUGFAHRT nach Greifswald zog sich hin. Jens sah aus dem Fenster. Er dachte an das Gespräch mit seinen Eltern.

Ich will mich durch Ängste nicht einengen lassen, ich will auch nicht übermäßig vorsichtig sein, ging es ihm durch den Kopf.

Die Landschaft, die Jens am Zugfenster vorbeiziehen sah, hatte sich verändert. Die flachen brandenburgischen Kiefernwälder waren einer Hügellandschaft gewichen. Es war nicht mehr weit bis zu seinem Ziel.

Vom Hauptbahnhof ging er zu Fuß. Noch bevor er in den Hof des Hauses einbog, blickte Jens an der Fassade nach oben. Hinter den Fenstern im vierten Stock, wo sein Zimmer lag, sah er kurz hintereinander mehrere Male Blitzlicht aufleuchten. *Wer fotografiert in meinem Zimmer?* Er ging schnell auf die Haustür zu.

Im Türrahmen stand ein Mann. Er trug unauffällige Kleidung und einen kurzen Haarschnitt, Jens wusste sofort, dass dies kein Hausbewohner war. Der Mann machte sich im Eingang breit.

Hier können Sie jetzt nicht rein!

Warum nicht?, wollte Jens wissen. *Ich wohne hier!*

Der Mann starrte über Jens hinweg und versperrte ihm weiter den Eingang.

Sicherungsmaßnahmen. Es ist jemand aus dem Gefängnis ausgebrochen.

Jens ließ nicht locker.

In welcher Etage wohnt denn diese Person?

Er bekam zu seinem Erstaunen sogar eine Antwort.

In der zweiten.

Na, ich wohne in der vierten Etage, das stört mich nicht, da kann ich ja vorbeigehen.

Jens hatte da schon eine Tür klappen hören. Er versuchte, die Schritte der Personen zu zählen, die im Treppenhaus herunterkamen.

Nein, niemand darf die Treppe hochgehen!

Mehr konnte Jens dem Stasi-Mann in Zivil nicht entlocken. Er ließ nicht mit sich handeln.

Sie müssen aus Sicherheitsgründen hier unten im Hof warten, Bürger!

Jens lauschte. Zwei, vier, sechs, acht – pro Etage zwei halbe Treppen. Sie kamen tatsächlich aus dem vierten Stock, sicher aus seiner Wohnung! Ohne Jens weiter zu beachten, verließen mehrere Männer mit Koffern unterschiedlicher Größe das Haus.

Ihm war klar, was dort oben geschehen war. Die Staatssicherheit hatte seine Abwesenheit genutzt. Als er in die Wohnung eintrat und sich umsah, zeigte sich, dass seine Besucher keinerlei Spuren hinterlassen hatten. Jens hatte beim letzten Besuch alles auf dem Boden liegen gelassen, so ausgebreitet lag es auch noch immer, und das hatten sie offenbar fotografiert. Seine Landkarten vom Kaukasus, sein Fernglas, Teile seiner Ausrüstung für das Übernachten im Freien, Kochgeschirr, sein alter Rucksack. Auf dem Schreibtisch lagen ein paar Briefe. Die Wohnung hatte er im Sommer eigentlich nur zum Schlafen benutzt. Als Bett diente eine Matratze auf dem Fußboden.

Am nächsten Morgen packte er all die Dinge ein, von denen er meinte, sie könnten für die Reise in die Mongolei wichtig sein, und kehrte zurück nach Berlin.

SEINE ZEIT, über die Jens nun, da er nicht mehr studierte, völlig alleine bestimmen konnte, nutzte er noch intensiver für die Reisevorbereitungen. Er verschlang Bücher über die Mongolei, zeichnete in Ermangelung von Kopiergeräten Karten ab, merkte sich die Namen von Bergketten, Seen und Flüssen und legte eine Liste von Städten und Orten mit Landepisten an. Außerdem eine Liste mit den aus militärischen Gründen gesperrten Städten in der Sowjetunion. Diese Städte galt es zu meiden.

Er begann, mongolische Vokabeln zu lernen.

Gleichzeitig bereitete er seine nächsten Vorträge in der Urania vor. Die Themen waren bereits öffentlich im Programm angekündigt: *Vom Baikal in die Berge* und *Wüsten Mittelasiens, Streifzüge durch Naturschutzgebiete der DDR, Seevogelschutz an der Ostsee* und *Naturschutz gestern, heute, morgen.*

AN EINEM regnerischen Frühlingstag Ende April hatten der Hauswart und sein Sohn in der Rykestraße Besuch bekommen. Der Besucher befragte ihn in seiner Eigenschaft als *Hausbuchbeauftragter* ohne Umschweife nach Jens und Marie. Der Hauswart beantwortete ihm alle Fragen.

Der Mann schrieb sich die Namen und die Besuchszeiten von Anke und anderen Studenten, die bei Jens übernachtet hatten, aus dem Hausbuch ab. Er notierte, dass Jens seine Gäste erst bei der Abreise ins Hausbuch eingetragen habe. Dabei habe Jens gegrinst, berichtete der Hauswart, und *frech wie Rotz bemerkt, dass ihn nun keiner eines Verstoßes gegen irgendwelche Ordnungen bezichtigen könne.* Sein Sohn ergänzte, dass sich *des Öfteren fünf bis sechs Personen im Alter von etwa 22 Jahren, wahrscheinlich alle aus dem Westen, in der Wohnung aufgehalten hatten.*

Er notierte ferner, dass Jens *morgens mit dem Fahrrad das Haus verlässt und abends spät zurückkehrt.* Dass die Wohnung und auch das Äußere von Jens den Schluss zuließen, dass er *finanziell nicht in gesicherten Verhältnissen lebe.* Dass er seine Tätigkeit im Hausbuch neuerdings als *freiberuflich* eingetragen habe, aber weder der Hauswart noch dessen Sohn wussten, was genau das bedeute.

Der Hauswart antwortete nicht nur auf die Fragen, auf die er antworten musste, sondern schloss dem Besucher auch noch die Arbeitsräume von Jens im Seitenflügel auf. Dabei redete er ununterbrochen weiter über Jens, für den er nicht viel übrig hatte.

Zu mir hatter gesacht, er benöticht den Raum, um staubfrei arbeten zu können. Er sachte, er würd' nur ein paar Sachen rinstellen und wenn ick eenen Mieter hätte, würde er die Räume sofort freijeben. Ick sach zu ihm, det is illegal. Det is rechtswidrig. Und er nu wieder: Det regel ick mit der KWV. Nüscht is passiert. Die Anjelegenheit ist bis heute nich jeregelt. Ich sach ihm, det Abschließen der Wohnungstür ist zu unterlassen. Wat machter? Baut sich'n Schloss ein. Und wat nu? Vor drei Wochen war'n Wasserschaden im Stock drüber, also muss ick det hier ufbrechen.

Erst hatter jemeint, er belegt den Raum nur mit einigen Sachen. Nu kieke, inne Küche Kohlen, en Schreibtisch, Stuhl, ne Lampe, jede Menge Stapel unjerahmte Dias. Jetzt jet er mir dauernd aus'n Weg, weiler Angst hat, ick frag ihn nach'm Mietvertrag. Aber ick schwör, det mach ick bei nächster Jelegenheit.

Fünf Seiten mit Informationen über Jens notierte sich der Besucher, dann ging er so unauffällig, wie er gekommen war.

DAS WETTER hatte sich gebessert und lockte Marie und Jens hinaus. Sie machten einen Ausflug mit ihren Fahrrädern in die Umgebung der Stadt. Am Rande des Dorfes Karow gab es einige Tümpel und Teiche, dorthin wollte Jens, denn vor einem Jahr hatte er mitgeholfen, dieses Feuchtbiotop zu retten. Gemeinsam mit seiner Umweltgruppe hatte er jede Menge Schrott und anderen Unrat aus dem Wasser gefischt, den Schilfgürtel gesäubert und die Wiesen entrümpelt.

Nun wollte er sehen, wie sich das Gelände entwickelt hatte, denn es war ein wichtiges Laichgebiet für Amphibien. In den verschmutzten Teichen waren allerdings kaum noch Frösche und Molche zu finden gewesen.

Als die beiden mit ihren Rädern dort ankamen, hörten sie schon von weitem ein lautstarkes Gequake. Es mussten Hunderte von Fröschen sein.

Jens hatte für beide Gummistiefel eingepackt. Er wusste sofort Bescheid und rief Marie zu:

Hör mal, das sind Moorfrösche! Es ist Paarungszeit!

Marie und Jens gingen vorsichtig einige Schritte durchs Schilf ins seichte Wasser hinein.

Es gibt viel mehr Männchen als Weibchen. Die Männchen springen auf alles, was sich bewegt.

Im Nu hatte Marie hellblaue Moorfroschmännchen auf ihren Gummistiefeln kleben. Nebeneinander und übereinander, von allen Seiten sprangen die Frösche auf Marie.

Ist das nicht gruselig, rief sie, *jetzt haben die armen Weibchen den ganzen Winter geschlafen und dann so was.*

Jens drehte sich zu ihr um: *Dauert aber nur wenige Tage!*

Sie füllten etwas Froschlaich in ein Wasserglas, um auf dem Fensterbrett in der Küche Kaulquappen schlüpfen zu lassen.

Als sie auf dem Rückweg an einem Spargelfeld entlangfuhren, erzählte Marie von einem Erlebnis, das sie im vergangenen Frühjahr mit ihrer Freundin Conny gehabt hatte. Da waren sie auch an einem großen Spargelfeld vorbeigekommen. Das warme Frühjahr hatte dazu beigetragen, dass sich schon die ersten Spitzen zeigten. Spargel war selten zu kriegen und obendrein teuer. So konnten die beiden der Versuchung nicht widerstehen, stellten ihre Fahrräder bei einem Haus ab und gingen zu Fuß über das

Feld, um sich ein paar Stangen mitzunehmen. Hier und da leuchteten die weißen Köpfe aus der sandigen Erde. Marie hatte ein Taschenmesser dabei, und schnell hatten sie zwei Hände voll Spargel beisammen.

Als sie vom Feld zurückkehrten, sahen sie schon von weitem, dass ihre Fahrräder verschwunden waren. Conny legte die Beute in einer Furche ab und deckte sie mit abgerupftem Unkraut zu.

Als sie sich dem Haus näherten, kam ihnen die peinliche Erkenntnis: Hier musste wohl der Spargelbauer wohnen. Vorsichtig schauten sie in die Hofeinfahrt. Ihre Fahrräder standen an eine Wand gelehnt und um sie herum der Bauer mit seiner Familie. Sie waren ertappt worden und gaben sofort zu, dass sie Spargel hatten klauen wollen. Das stimmte den Bauern milder, er gab ihnen die Fahrräder zurück und sie machten sich aus dem Staub.

Nachdem sie ein Stückchen geradelt waren, wollte Conny doch noch einmal umkehren und den Spargel holen. Sie machte sich allein auf den Weg, Marie wartete. Doch Conny kam mit leeren Händen zurück. Der Bauer war ihnen offenbar zuvorgekommen.

EINIGE TAGE SPÄTER sollte Jens seinen Vortrag über den Baikalsee für die Urania halten. Er freute sich auf die Veranstaltung. Sie würde wieder vor großem Publikum in der Berliner Stadtbibliothek in der Breiten Straße stattfinden.

Die Frauen, mit denen er seine Veranstaltungen seit langem absprach, hatten Jens gebeten, vorher bei ihnen im Verwaltungsbüro vorbeizukommen. Nachdem sie ihn begrüßt hatten, führte eine der beiden ihn gleich in ein Nebenzimmer und setzte sich mit Jens an einen kleinen Tisch voller Broschüren.

Sie schaute ihn an, fing an zu sprechen, schluckte und begann erneut.

Da waren zwei Herrn im grauen Anzug hier. Die haben Fragen über Sie gestellt. Sie wissen schon.

Sie sah ihn verlegen an. Jens ahnte, worauf dieses Gespräch hinauslaufen würde.

Sie dürfen nicht mehr im großen Saal auftreten.

Jetzt war es Jens, der schlucken musste, sein Bart verbarg, wie er die Lippen zusammenpresste. Es ging um ihn und seine Zukunft hier. Damit war die Möglichkeit, Vorträge zu halten und auf diese Weise Geld zu verdienen, nun also auch verbaut. Und er konnte nichts dagegen machen.

ALS ER ZURÜCK in die Rykestraße kam, war Marie nicht da. Auf dem Küchentisch lag ein Zettel:

Du findest mich bei Conny oder abends dann hier. Bin so glücklich und sehne mich nach Dir!

Er ging in der leeren Wohnung langsam auf und ab. Sein Blick fiel auf die Landkarte über dem Bett.

Auf dem Fußboden stand die schwarze Schreibmaschine, die er auf dem Garagenhof in Pankow entdeckt hatte. Auf den kleinen Typenhebeln waren kyrillische Buchstaben.

Jens hob die Maschine auf den Schreibtisch, spannte ein leicht vergilbtes Blatt Papier ein und begann, ein paar Buchstaben zu tippen.

Er holte die Einladung mit dem längst abgelaufenen Datum wieder hervor, die er von Hannes an der Müritz erhalten hatte. Darin lud eine wissenschaftliche Mitarbeiterin der Pflanzenproduktionskooperative *Ainak Bajanchongor* zu einem Biologentreffen in die Mongolei ein. Jens war Biologe. Für ihn könnte so eine Einladung zu einem Visum für die Mongolei reichen. Er wollte es in seiner Heimatstadt beantragen, wo er noch gemeldet war. Für Marie würde das nicht funktionieren, aber er hatte von einer anderen sehr erfolgversprechenden Möglichkeit gehört, die würde für sie beide passen.

Jens legte auf der alten Schreibmaschine los und verfasste eine weitere Einladung in die Mongolei. Ein mongolischer Bergsteigerverein bat zu einer Hochgebirgsexpedition in das Altaigebirge. Man würde sich auf Jens und Marie als Teilnehmer der alpinistischen Exkursion sehr freuen. Es sei dem Verein eine Ehre.

Jens war tatsächlich schon lange Mitglied im *sozialistischen Bergsteigerverein*. Marie war auf seinen Rat hin ebenfalls eingetreten.

Drei Versuche brauchte Jens, dann war er mit dem Ergebnis zufrieden. Was ihm noch fehlte, war ein Stempel, der das Papier offizieller erscheinen lassen würde. Dazu suchte er nach einer größeren Rubelmünze, die er von einem Aufenthalt in der Sowjetunion übrig hatte.

Er machte zunächst einige Probedrucke mit roter Stempelfarbe. Natürlich sah man, dass die Schrift spiegelverkehrt war, wenn er die Münze auf das Papier gedrückt hatte. Dann kam er auf die Idee, sie ganz leicht zu drehen. Das verwischte die russische Schrift, während die kommunistischen Symbole deutlich genug blieben. Das Ergebnis sah nun überzeugend aus, und als Marie zur Tür hereinkam, strahlte er sie an und hielt ihr das hausgemachte Dokument entgegen.

Da ist unsere Einladung in die Mongolei!

Marie war beeindruckt.

Dann geht es also bald los?

Jens verkündete, damit zur Volkspolizeiinspektion Prenzlauer Berg zu gehen. Vom Ende seiner Vortragstätigkeit wollte er Marie erst später berichten.

Die Volkspolizeiinspektion Prenzlauer Berg am Senefelder Platz war beeindruckt von der Einladung, die Jens den Beamten vorlegte. Aufgrund ihrer Schulrussischkenntnisse hatten sie auch keine Zweifel an der Echtheit des Schreibens. Sie fanden allerdings, dass sie nicht zuständig seien.

Nee, da sind Sie ja Sportler! Als Bergsteiger sind Sie hier völlig falsch. Da müssen Sie zum Olympia-Stützpunkt Weißensee gehen!

Am nächsten Tag machte Jens sich auf den Weg. Er wusste nicht so recht, was jetzt passieren würde.

IM GEBÄUDE der Sportschule Weißensee roch es nach altem Linoleum. Nachdem er lange Flure durchschritten hatte, fand er die *Internationale Protokoll- und Reisestelle*. Das Schild an der Tür des unscheinbaren Verwaltungszimmers besagte, dass sie nur zweimal in der Woche für wenige Stunden geöffnet hatte.

Jens nahm allen Mut zusammen und betrat vorsichtig den Raum.

Die Meldestelle der Volkspolizei hat gesagt, ich müsse mich an Sie wenden, weil das eine internationale Einladung für Sportler ist.

Die Mitarbeiterin nahm die Einladung, las sie durch und sagte: *So ein Ding habe ich noch nie gesehen.*

Jens redete weiter, bevor die Frau zu lange ins Grübeln kam.

Soll ich Ihnen meinen Personalausweis hier lassen, oder wie läuft das?

Die Dame legte das Blatt Papier in eine Mappe und schüttelte den Kopf.

*Bei uns ist das nicht so wie bei Ihrer Meldestelle, Sie krie-
gen hier einen Reisepass mit eingestempelten Visum. Haben
Sie die Passbilder dabei?*

Jens machte eine entschuldigende Geste.

Das schaffe ich aber heute nicht mehr.

Na, Donnerstag ist wieder auf.

Jens lieferte die gewünschten Passbilder pünktlich ab.

DER MANN, der in der Rykestraße beim Hauswart gewesen war, hatte auch mit den Damen der Urania gesprochen.
Jetzt saß er über einem Aktenvermerk, nachdem ihm ein
anderer Mitarbeiter soeben per Telefon Informationen
über die beiden Konten von Jens geliefert hatte. Eines, bei
der Berliner Volksbank, hatte ein Guthaben von 210 Mark,
der Stand des zweiten Kontos betrug 87 Mark. Er verglich
die Kontoeingänge in den zurückliegenden Jahren mit den
Steuererklärungen, die Jens eingereicht hatte, und kam
zu dem Ergebnis, dass Jens nur über geringe Einnahmen
verfügte. Daraus ließe sich doch vielleicht ein Vorwurf
konstruieren. Denn nach Ansicht des Staates gefährdete
jeder, der keiner geregelten Arbeit nachging, die öffentliche Ordnung. Auf dieser Grundlage könnte man Jens'
Aufenthalt auf Berlin beschränken oder ihn sogar mit bis
zu zwei Jahren Gefängnis bestrafen.

Dann notierte er am Schluss des Vermerkes seinen Vorschlag:

*Möglich ist, das Amt für Arbeit davon in Kenntnis zu set-
zen und ihm die Erlaubnis für die Tätigkeit als freiberuflicher
Referent zu entziehen.*

Am nächsten Morgen fertigte der Mann in seinem Dienst-
zimmer der Bezirksverwaltung Berlin des Ministeriums für
Staatssicherheit einen Fragenkatalog zur Vorbereitung auf

ein *direktes Gespräch* mit Jens an. Es sollte noch am selben Tag stattfinden. Die Vorladung *zur Klärung eines Sachverhalts* hatte er schon in die Rykestraße 5 geschickt.

Der Offizier des Geheimdienstes hatte 18 Fragen vorbereitet, die er Jens eine nach der anderen vorhielt:

Sie geben als Ihre Tätigkeit »freiberuflicher Referent« an. Was genau ist darunter zu verstehen?

Bei anderer Gelegenheit hatten Sie angegeben »freischaffender Fotograf« zu sein. Wo, wann, womit sind Sie nun für wen tätig?

Welchen Charakter haben Ihre Reisen? 1983 waren Sie in Ungarn und Bulgarien. 1984 erneut in Bulgarien. 1985 in Rumänien und der Sowjetunion. 1986 in der Sowjetunion. Wie bringen Sie die Mittel für die Reisen auf?

1986 hatten Sie Kontakt mit den sowjetischen Sicherheitsorganen, Sie wurden aufgegriffen. Äußern Sie sich dazu!

Am 23. Januar 1987 gestalteten Sie einen Farbdiavortrag über eine Exkursion in den Kaukasus, wie kamen Sie zu dieser Exkursion?

Welche Vorstellungen haben Sie von Ihrer weiteren beruflichen Zukunft?

Zwei BRD-Bürger weilten am vergangenen Wochenende bei Ihnen. Was war der Zweck der Reise zu Ihnen? Wie lernten Sie die BRD-Bürger kennen? Wer ist Anke ...? Welches Verhältnis haben Sie zu ihr? Was ist der Verwendungszweck der bei ihr bestellten topografischen Landkarten? Was ist Ihre Gegenleistung für diese wertvollen Karten? Wo sind diese Landkarten jetzt?

Wie sehen Ihre Pläne bezüglich Ihrer bevorstehenden Reise aus?

Das Protokoll über die Begegnung mit Jens, das in seine Akte kam, verfasste der Stasi-Offizier später äußerst penibel:

Am Freitag, dem 8. Mai 1987, wurde in der Zeit von 17.10 Uhr bis 18.45 Uhr in der Volkspolizei-Inspektion Prenzlauer Berg, Zimmer 121, durch die Genossen Oberleutnant Jurascheck und Leutnant Küpper der Bürger einer Befragung unterzogen. Die beiden Genossen des Ministeriums für Staatssicherheit gaben sich als Angehörige der Deutschen Volkspolizei aus.

JENS WUSSTE, dass von diesem Gespräch vielleicht alles abhing. Er hatte den Studienplatz verloren und durfte keine Vorträge bei der Urania mehr halten. Jetzt verwehrte man ihm womöglich auch noch für immer Reisen Richtung Osten.

Er versuchte, freundlich und auskunftswillig zu sein. Er erklärte den beiden Mitarbeitern der Stasi geduldig alles, was sie wissen wollten. Er bemühte sich, Widersprüche aufzulösen. Er interessiere sich seit seiner Kindheit für Vögel, Naturschutz, Biologie und die Begegnung mit anderen Menschen und Kulturen, notierte der protokollierende Stasi-Mann.

Der Bürger äußerte in diesem Zusammenhang die Meinung, dass solche Begegnungen auf unterer Ebene ebenso zum Frieden beitragen würden wie Politikertreffen.

Jens erzählte den beiden Herren von seiner vorübergehenden Festnahme bei einer Reise durch die Sowjetunion, als er am Kaspischen Meer versehentlich in ein Sperrgebiet nahe der Stadt Krasnowodsk geraten war. Am Ende hatte alles in einer geselligen Essenseinladung mit dem leitenden Offizier des KGB am Ort geendet. Der habe Verständnis für Leute wie ihn gehabt und viel über Berlin wissen wollen, denn er hatte noch nie mit jemandem aus Berlin gesprochen. Er habe gefragt, wie es denn dort sei, dort solle ja eine Mauer mitten durch die Stadt gehen. Er habe davon erzählt. Am nächsten Tag habe der Offizier Jens dann bei seiner Reise weitergeholfen und ihn sogar zum Bahnhof gebracht.

Der Vorhalt, dass die Westberliner Bekannte mit zwei topografischen Karten mit Grenzgebietsausschnitten beim Zoll der DDR aufgefallen war, beeindruckte den Bürger zunächst. Daraufhin angesprochen erklärte er, dass er nicht im Besitz dieser Karten sei.

Dass Länderkarten Grenzgebiete enthielten, so versuchte Jens ihnen zu erklären, sei üblich.

Zum Schluss fragten die falschen Volkspolizisten noch, für wen Jens arbeite und wovon er in Zukunft leben wolle. Jens erwiderte, er wolle Fotografien verkaufen und als freiberuflicher Referent arbeiten und in Vorträgen über seine Reisen erzählen, wie es in den fremden Ländern zugehe, und über Kultur, Natur, Sitten und Gebräuche berichten. Dazu brauche er keinen akademischen Grad oder Titel. Das Geld reiche zum Leben und sogar für seine Reisen. Er bekomme obendrein von seinen Zuhörern ausreichend Achtung und Anerkennung. Daher interessierten ihn Länder wie die Mongolei, China oder Vietnam, die bekanntlich alle kommunistische Bruderländer seien.

Jens habe sich *in dem Gespräch in einer gewissen Abwehrstellung befunden*, stand später im geheimen Protokoll.

Zu Einzelheiten seiner Reise oder zu anderen Personen machte er keine Angaben. Ausdrücklich erklärte er, dass er über seine Bekanntschaften aus dem Westen und die Mitglieder seiner Umweltgruppe nicht sprechen wolle. Er ist redegewandt und versuchte, bei allen Vorhalten und Fragen, ausgehend von seinen individualistischen Anschauungen, die Sachverhalte global und unkonkret zu behandeln. Befand er sich in der Defensive und musste er sich zu verschiedenen

Fragen rechtfertigen, versuchte er, durch Gegenfragen das Thema zu wechseln.

Aufgewühlt verließ Jens die Volkspolizei-Inspektion. Die Befragung war überstanden, versetzte Jens jedoch in Alarmstimmung. Später saß er allein in der Wohnung in der Rykestraße und dachte über das Geschehene nach.

War jetzt die große Reise mit Marie in Gefahr? Andererseits hatten ihm die beiden Männer kein sofortiges Reiseverbot erteilt. Zum Schluss hatten sie ihn lediglich ermahnt, sich bei seinen zukünftigen Reisen stets an die Gesetze des Gastlandes zu halten. Aber was, wenn sie ihm seinen Personalausweis wegnehmen und durch einen vorläufigen PM-12-Ausweis ersetzen würden, wie es auch anderen politisch Missliebigen ergangen war? Damit verbunden war eine Aufenthaltsbeschränkung auf das Gebiet der DDR oder gar nur Berlins, ein Leben auf Sparflamme.

Jens wollte Marie nicht beunruhigen, sie so wenig wie möglich in seinen Konflikt mit dem Staat hineinziehen. Er würde es ihr später erzählen. Jetzt stand erst einmal anderes an. In zwei Tagen würde er in der Reisestelle der Sporthochschule das beantragte Visum für die Mongolei abholen können. So hatte es die Mitarbeiterin dort in Aussicht gestellt. Dann würde er ja sehen, ob sich durch die Herren, die ihm so viele Vorhalte gemacht hatten, etwas zu seinem Nachteil verändert hatte. Er hoffte allerdings, dass die Polizisten nicht wirklich so schnell und vernetzt arbeiteten.

ZWEI TAGE SPÄTER fuhr Jens vom Prenzlauer Berg zur Passstelle nach Weißensee. Er klopfte an die Tür und trat ein. Er musste nicht warten, hier kam wohl nur selten jemand vorbei. Diesmal saß eine andere Frau als bei seinem letzten Besuch im Zimmer. Nachdem er sein Anliegen vorgetragen hatte, ging sie an einen stählernen Akten-schrank und wollte ihn aufschließen, hatte aber nicht den passenden Schlüssel. Sie suchte in den Schubladen des Schreibtisches ihrer abwesenden Kollegin.

Es dauerte eine Weile, bis sie endlich die Türen des Schrankes geöffnet hatte. Jens wartete gespannt. Dann passierte etwas Überraschendes. Die Mitarbeiterin drückte ihm zwei Reisepässe der DDR mit eingestempeltem Visum für die Mongolei in die Hand. Dazu ein Dienstvisum für die Sowjetunion.

Das brauchen Sie für die Durchreise!

Jens glaubte zu träumen, aber er versuchte, sich nichts anmerken zu lassen. Er hatte bestenfalls mit einem Visum für die Mongolei gerechnet. Das wäre ein Zettel als Anlage zum Personalausweis gewesen, der als Reisedokument diente. Aber nun hielt er zwei Pässe in der Hand. Richtige Pässe. Einer wie er bekam normalerweise keinen Reisepass. Rentner bekamen ihn, die auch in den Westen reisen durf-ten, aber sonst war der Pass ein außerordentliches Privileg für nur wenige aus Sicht des Staates zuverlässige Künst-ler, Wissenschaftler und Sportler. Nachdem er mit seiner Unterschrift den ordnungsgemäßen Empfang der Pässe im Ausgabebuch quittiert hatte, beeilte er sich, wieder aus dem Gebäude herauszukommen. Als er in der Rykestraße die Wohnungstür aufschloss, war die Wohnung leer. Ein Zettel lag auf dem Fußboden.

Bin bei den kleinen Raubvögeln!

Jens stürmte die Treppenstufen hinauf zum Dachboden.

Marie saß auf dem Dach. Sie hatte die Augen geschlos-sen und hielt ihr Gesicht in die Sonne. Neben ihr lagen ein paar Zeichnungen, die Dachlandschaften zeigten.

Kapitel 9 **Der Aufbruch**

Marie schlug ihre Augen auf und blinzelte in die Sonne. Jens hielt ihr die beiden Pässe entgegen.

Da steht drin: Gültig für alle Länder, einschließlich Berlin (West).

Er ließ sich neben Marie aufs warme Dach fallen und drückte ihr die Reisedokumente in die Hand.

Damit eröffnen sich ganz neue Möglichkeiten für uns!

Marie sah ihn überrascht an.

Aber mit dem Pass alleine kommt man ohne Visum doch nirgendwohin?

Er nahm ihren Pass und zeigte ihr den Visumstempel für die Mongolei.

Aber eins ist schon mal drin! Zielland: Монгольская Народная, Mongolskaja Narodnaja Respublika. Transit: Polen – Sowjetunion – Gültig für sechs Monate. Ab sofort.

Marie umarmte Jens, sah sich ihren Pass immer wieder an, ungläubig in den leeren Seiten blätternd, auf denen so viel Platz war für weitere Einreisestempel. Sie freute sich auf das Abenteuer Mongolei, aber Jens hatte angesichts der Pässe gleich noch eine Idee:

Wenn wir es zusammen bis in die Mongolei schaffen, könnten wir in Ulan Bator versuchen, in der chinesischen Botschaft auch noch ein Visum für China zu bekommen, dann könnten wir auch dort noch überall herumreisen, bis nach Peking, das ist eine einmalige Gelegenheit. Vielleicht schaffen wir es dann doch noch zur Chinesischen Mauer?

Daran hatte Marie bisher noch gar nicht gedacht. Sie hatte auch noch nie von jemandem gehört, dem das gelungen war. Aber sie musste nicht lange überlegen.

Da bin ich dabei!

Jens sprach weiter. Natürlich sei China für sie verboten. Ein Visum für China zu bekommen sei in Ost-Berlin selbst mit diesen Reisepässen unmöglich, denn sicher würden die chinesischen Beamten vorher bei den deutschen Behörden nachfragen. Dann würde auffliegen, dass ihnen eigentlich kein Reisepass zustand. Aber Ulan Bator sei weit genug weg, dort könne man es probieren, von dort rufe bestimmt keiner in Ost-Berlin an.

Was steht in deinem alten Buch über die Mongolei? Unsere Beharrlichkeit, auch die des Wünschens, hat magische Kräfte.

Marie nickte.

Allerdings wird es unterwegs Probleme genug geben.

Sie werden uns immer und überall nach »Dokumenty« fragen. Dann dürfen wir auf keinen Fall gleich unsere Pässe hergeben.

Jens hatte diese Erfahrung schon bei früheren Reisen durch Russland gemacht. Da hatte er zwar keinen Pass gehabt, und sein Personalausweis war das einzige wirklich wertvolle Dokument gewesen. Bei Kontrollen, das hatte er gehört, behielten die Uniformierten die Papiere schon mal ein. Und das konnte das Ende der Reise bedeuten. Daher war es klug, andere, ausweisähnliche Dokumente dabeizuhaben, die man bei plötzlichen Überprüfungen, in die man bei aller Vorsicht doch geriet, anstelle des Ausweises abgeben konnte.

Jens musste lachen, als er Marie davon erzählte.

Wurde ich mit Reinhard angehalten, war immer die Frage: Was zeigen wir jetzt? Den Pionierausweis? Den Angelausweis? Den Ausweis der Deutsch-Sowjetischen Freundschaft?

Besonders geeignet schien ihm der Sozialversicherungsausweis zu sein. Er hatte die Größe eines Reisepasses, einen grünen Umschlag, viele Seiten, die jeweils ein Wasserzeichen zierte, das den Ährenkranz mit Hammer und Zirkel zeigte. Für jede Blutspende gab es einen dicken roten Stempel. Jens hatte schon oft Blut gespendet. Sein Ausweis, fand Marie, sah beeindruckend aus.

Wir müssen erfinderisch sein. Es geht darum, ob unser Traum schon nach ein paar Tagen zu Ende ist oder ob wir weiter und durch die gesamte Mongolei kommen.

Die beiden blieben noch eine Weile auf dem Dach sitzen und redeten darüber, was noch zu tun war vor der Reise, zu der sie lieber heute als morgen aufbrechen wollten.

Noch am selben Abend begannen sie mit der Arbeit.

Jens klebte ein Passbild in seinen Sozialversicherungsausweis, und weil das Dokument ihm noch nicht offiziell genug aussah, hatte er plötzlich noch eine Idee. *Weißt du was, unsere riesige Fünf-Mark-Münze hat doch eine tolle Prägung mit Hammer, Zirkel und Ährenkranz.*

Am Rand seines Passbildes prangte bald das Symbol der Arbeiter- und Bauernmacht, das sicher jeden Kontrolleur in der zum sowjetischen Einflussbereich gehörenden Mongolei beeindrucken würde.

Marie sah ihn fragend an.

Jetzt kannst du ihn doch gar nicht mehr weiterbenutzen, wenn du zurückkommst?

Jens antwortete ihr etwas zögernd.

Dann sag' ich einfach, ich hab' ihn verloren.

Marie fasste ihn am Arm.

Oder willst du gar nicht wiederkommen?
Jens drehte sich ihr zu.
Es geht doch jedem durch den Kopf, irgendwann wegzugehen. Ich wollte es nie. Aber jetzt…
Marie ließ ihn los.
Ich weiß nicht.

DIE BEIDEN suchten all ihre Ausweise zusammen. Das Dokument vom Verband Bildender Künstler der Deutschen Demokratischen Republik war ebenfalls mit Passbild, Stempel und einer harten, grauen Ausweishülle versehen.

Die Studentenausweise eigneten sich genauso wie die Bibliotheksausweise und das Mitgliedsbuch der Gesellschaft für Deutsch-Sowjetische Freundschaft mit der bunten Flagge auf der Aufnahmemarke. Als Jens das Jugendfoto von Marie auf der »Sichtkarte für Bus und Straßenbahn« sah, auf dem sie ein so braves Gesicht machte, grinste er. Sie sah das aus den Augenwinkeln und boxte ihn gegen die Schulter.

Am nächsten Tag gingen Marie und Jens ins Reisebüro am Alexanderplatz und kauften sich nach Vorlage des Visums Bahnfahrkarten nach Moskau sowie ein Flugticket von dort nach Irkutsk. Von Irkutsk wollten sie mit der Transsibirischen Eisenbahn weiter bis in die Mongolei fahren.

Marie und Jens fehlten noch feste Schuhe. Bergsteigerschuhe waren nur selten zu finden. Jens hatte deswegen schon fast ein Jahr lang jede Woche in einem Sportgeschäft am Frankfurter Tor nachgefragt. Nie gab es welche. Er hatte die Verkäuferinnen aber so weit überzeugt, ihm zwei Paar zurückzulegen, falls eine Lieferung eintreffe.

Nun waren wohl gerade welche angekommen. Sie gingen zusammen dorthin und hatten Glück. Die Schuhe waren da und passten. Marie behielt ihre gleich an. Um sie einzulaufen, ging sie damit in den letzten Tagen des Semesters zu Fuß von der Wohnung in Prenzlauer Berg zur Kunsthochschule Weißensee und wieder zurück. Marie hatte es gerade noch geschafft, ihre Arbeit für die Ausstellung zum Tag der offenen Tür vor Semesterende abzugeben. Ihr Vater hatte tatsächlich mit großer Energie geholfen, ein Holzmodell des Bühnenbilds für die *Verkaufte Braut* zu bauen. Er hatte Miniaturmarktstände aus kleinen Tischen gebastelt, auf denen gut gefüllte Obst- und Gemüsekisten standen.

Um nicht schon an der Kleidung auf den ersten Blick als Touristen erkannt zu werden, besorgten sich Marie und Jens weiße Malerhosen, die sie in einem großen Einmachtopf in der Küche bräunlich einfärbten. Viele Kleidungsstücke konnten sie nicht einpacken, denn im Rucksack war der Platz knapp bemessen. Für das Übernachten im Freien war eine derbe grüne Regenplane viel wichtiger. Als Moskitoschutz nahmen sie von einer alten Gardine zwei große Stücke mit.

Jens wollte noch einmal seine Eltern sprechen. Er fuhr zu ihnen nach Leipzig und erzählte, dass er mit Marie wohl länger weg sein würde, dass sie in wenigen Tagen Richtung Mongolei aufbrächen und sie sich wie immer keine Sorgen machen müssten. Er würde ihnen Postkarten schreiben.

Passt bloß auf euch beide auf, sagte ihm sein Vater zum Abschied.

JENS HATTE über Bergsteigerfreunde einen neuen Rucksack in der Tschechoslowakei besorgt. Er hatte sie im Kaukasus kennengelernt und war eigens zu ihnen nach Libe-
rec gefahren. Denn sie hatten eine Schusternähmaschine
und – noch wichtiger – robusten Stoff für die Außenhaut.
Tagelang saßen sie zusammen und nähten. Der Rucksack
war schlicht, hatte aber zu wenige Außentaschen. In den
letzten Stunden vor der Abfahrt des Zuges eilte Marie
deshalb mit Jens' Fahrrad am Nachmittag noch nach
Berlin-Mitte zu Conny, die eine Nähmaschine besaß. Sie
wusste nicht, ob sie ihre Freundin antreffen würde.

Marie war erleichtert, als die Tür aufging. Es roch nach
Ölfarbe, Conny war gerade dabei, ein Stillleben zu malen.

Die beiden setzten sich in Connys Küche, von der aus
man einen Blick in einen Hinterhof der Auguststraße
hatte, und nähten abnehmbare Seitentaschen für die beiden Rucksäcke von Jens und Marie. Die Arbeit war auf-
wendig, das zog sich hin.

Conny studierte Malerei an der Kunsthochschule und
war die treue Begleiterin Maries bei früheren Tramptou-
ren gewesen. Sie machte sich ein wenig lustig, wie viel
Gepäck Jens und Marie nun mitnehmen wollten.

*In Bulgarien hatten wir kein Zelt mit, nur unsere Schlaf-
säcke, etwas Kleidung und unseren Zeichenblock. Weißt du
noch, Marie, wie leicht und schnell wir immer mitgenommen
wurden?*

Marie lachte.

*Und wie schwer es dann aber war, die Fahrer wieder los-
zuwerden?*

Conny fragte ihre Freundin, wie es mit Jens werden
würde. Marie erzählte, wie genau er die Reise vorbereitet
hatte und dass sie sich mit ihm sicher fühle.

*Du kennst mich, Conny, ich lasse mich am liebsten treiben,
er dagegen weiß, was er finden will.*

Als es dämmerte, eilte Marie zurück in die Rykestraße.
Als sie die Wohnung betrat, war Jens damit beschäftigt, die Dinge, die sie für die Reise brauchten, auf dem
Fußboden zu sammeln: Kugelschreiberminen, die selbst
gemachten Brustbeutel, die braune Plastetasse, Plastikbeu-
tel, die als Regenschutz gedacht waren, Milchpulver für
die »Bergsteigersuppe« aus Getreideflocken, Nussschoko-
lade, Trockenobst und leere, ausgewaschene Milchtüten.
In den Tüten wollten sie unterwegs gekaufte Lebensmittel
aufbewahren. Jens hatte außerdem jede Menge Rollfilme
gekauft: 144 Schwarz-Weiß- und 100 Farbdiafilme, das
reichte für mindestens 3000 Aufnahmen. Seine Fotoausrüstung kam in eine eigene Tasche. Sie allein war zwölf
Kilo schwer.

DIE SELBST GEFERTIGTEN TASCHEN waren angenäht,
alle Sachen eingepackt, es war dunkel, als sie ihre Rucksäcke schulterten.

Marie trat noch einmal vor den Spiegel und betrachtete
ihr Gesicht. Sie sah eine entschlossene, abenteuerlustige
junge Frau. Sie war nicht mehr das Mädchen, das gerade
aus dem Vorort in der großen Stadt angekommen ist. Vielleicht waren ihr Berlin, der Prenzlauer Berg, die Kunsthochschule sogar schon zu klein geworden. Sie hatte ein
gutes Gefühl, als sie von allem Abschied nahm.

Jens hatte die Wohnung aufgeräumt und stellte sich
hinter sie. Die Augen des jungen Paares trafen sich im
Spiegel. Marie drehte sich um und küsste Jens.

Dann verließen die beiden ihre Wohnung, das Haus
und die Rykestraße. Ihr Blick fiel noch einmal auf den

Wasserturm. Durch die leeren Straßen machten sie sich zu Fuß auf den Weg zum Berliner Ostbahnhof.

Es hatte geregnet, auf den Gehwegen spiegelten sich die Gaslaternen in den großen Pfützen. Ihr Bild löste sich auf, wenn Marie mit ihren neuen Wanderschuhen übermütig hineintrat.

KURZ VOR MITTERNACHT stiegen sie in den Nachtexpress nach Moskau. Eine Stunde später waren sie bereits an der Grenze zu Polen. Der Zug blieb stehen, Abteiltüren wurden aufgezogen, die erste Kontrolle.

Marie war aufgeregt. Wie Jens reichte sie ihren Reisepass einem Uniformierten, der vor seinem Bauch eine Art kleinen Klappkoffer trug. Von ihrem Platz aus konnte sie nur sehen, dass er lange in einem dicken Buch vor- und zurückblätterte, das in dem Koffer lag, die aufgeschlagenen Reisepässe vor sich.

Marie und Jens wurden aufgefordert, das Abteil zu verlassen. Die ostdeutschen Grenzbeamten wollten ihr Gepäck durchsuchen. Einer blieb mit den beiden im Gang des Waggons stehen, zwei andere widmeten sich im Abteil ihren Rucksäcken. Es dauerte. Marie und Jens konnten nicht sehen, was die Männer mit ihrem Gepäck machten.

Dann erhielten sie endlich ihre Pässe zurück. Die Beamten stiegen aus, und der Zug setzte sich in Bewegung, um kurz darauf wieder anzuhalten.

Die polnische Grenzkontrolle ging erheblich schneller vor sich. *Przepraszam, paszport – Verzeihen Sie, Passkontrolle*. Die Beamten sahen nur kurz in die Reisepässe und wünschten eine gute Fahrt.

Marie und Jens konnten in dieser Nacht nicht einschlafen. Die Fahrt durch Polen dauerte fast einen Tag.

In Brest kamen sie an die russische Grenze.

Graniza, graniza! Hier gab es den obligatorischen Spurwechsel, weil die russischen Eisenbahngleise achteinhalb Zentimeter breiter sind als die polnischen und mitteleuropäischen Gleise. Arbeiter in verschmierter Kluft begannen routiniert mit dem Wechseln der Räder: Alle Waggons wurden der Reihe nach angehoben, dann die Radsätze herausgeschoben und durch russische Fahrgestelle ersetzt. Das Aufeinanderschlagen schwerer Metallteile und lautes Quietschen vermischten sich mit den Rufen der Arbeiter für Marie zu einem Klang, der stärker als die erste Etappe, die hinter ihnen lag, deutlich machte, dass es jetzt weit weg gehen würde.

AM NÄCHSTEN ABEND kamen sie übermüdet im Zentrum von Moskau an, am Bahnhof »Moskva Belorusskaja«. Sie liefen über den Roten Platz. Die Kremltürme wurden von starken Scheinwerfern angestrahlt und leuchteten bunt gegen den schwarzen Himmel.

Jens hatte die Adresse eines jungen Russen, den er bei einer früheren Reise kennengelernt hatte. Bei ihm konnten sie übernachten. Jens kannte einige Studenten aus Moskau, doch er hatte sich nie von ihnen einladen lassen, um eine Reiseerlaubnis für Russland zu bekommen. Denn er hätte mit einer solchen Einladung Moskau nicht verlassen dürfen. Hätte man ihn außerhalb der Stadt oder gar am Baikalsee aufgegriffen, wären sein Bekannter und dessen Familie verhört und sicher bestraft worden. Das schien ihm zu riskant, er wollte andere nicht gefährden, bloß weil es ihn zum Baikalsee zog.

Marie legte sich in einem Zimmer der Wohnung auf das Lager, das sie und Jens mit ihren Schlafsäcken auf dem Fußboden hergerichtet hatten. Sie hörte, gedämpft durch die Tür, wie sich Jens mit seinem Bekannten und dessen Freunden auf Russisch unterhielt und wie sie ihn immer wieder zum Trinken aufforderten. Er versuchte, ihnen zu erklären, dass der neue Präsident Michail Gorbatschow doch gerade gesagt habe, man solle nicht mehr so viel Wodka trinken. Ob es ihm gelang, seine Freunde vom neuen politischen Kurs zu überzeugen, hörte Marie nicht mehr, denn sie schlief bei lautstarker Heiterkeit im Nebenzimmer irgendwann ein.

Früh am nächsten Morgen fuhren sie in einem überfüllten Bus zum Flughafen. Sie stellten sich in die Schlange der Wartenden und gaben ihr Gepäck auf. Die Dame am Abfertigungsschalter reichte ihnen nach kurzer Überprüfung der Reisedokumente die Bordkarten, auch die Zoll- und Passkontrolle dauerte nicht lange.

Marie wunderte sich, wie einfach plötzlich das Reisen war, wenn man die richtigen Papiere besaß. *Ein kleiner Zettel, und das war's*, dachte sie. Schon bestiegen sie das Flugzeug und hoben ab.

Nach kurzer Zeit durchbrachen sie die Wolkendecke und die Morgensonne strahlte in die Kabine hinein. Marie und Jens legten ihre Hände ineinander. Sie redeten kaum miteinander, schweigend betrachteten sie unter sich die Flüsse und Bergketten der Sowjetunion, die scheinbar endlosen Wälder und riesigen Seen.

Als sie wieder ein Gebirge überflogen, erzählte Jens, was er bei einer Bergtour zwei Jahre zuvor erlebt hatte. Beim Abstieg von einem Sechstausender gab es einen Wetterumschwung, er war allein, wegen Durchfalls stark geschwächt und musste sich an einem Bergsee in viertausend Meter Höhe unter einen überhängenden Felsen zurückziehen, um sich auszuruhen. Er hatte genug Essen dabei, eingeschweißte Suppen, Notrationen. Aber fast eine Woche lang konnte er sich kaum aus seinem Schlafsack herausbewegen. Immer wieder habe er sich da gefragt, was ihn antreibe: *Warum tu ich mir das an? Warum will ich allein auf solche Berge? Jeder normale Mensch bleibt zu Hause, warum brauche ich das, um glücklich zu sein?*

Ein kleiner Pfeifhase sei der einzige Besucher gewesen. Mit jedem Tag sei er wie ein Murmeltier immer zahmer geworden und habe nach Jens gesehen. *Ich habe ihn fotografiert. Als wir vertrauter wurden, habe ich Porträtaufnahmen gemacht. Ich hab' ihm die Rinde gegeben von dem Brot, das ich auf dem Benzinkocher selbst gebacken hab'.*

Als es mir wieder besser ging und ich mich einer zufällig vorbeikommenden Gruppe russischer Bergsteiger anschließen konnte, an dem Morgen war er nicht mehr gekommen.

KURZ VOR der Landung in Irkutsk sah Marie durch das kleine Fenster der Tupolew direkt unter sich ein abgestürztes, zerbrochenes Flugzeug am Boden. Es schien dort schon eine Weile zu liegen.

Ни за что взглянуть – *Auf keinen Fall hinsehen!*, riet ihr ein Sitznachbar.

Auch in Irkutsk blieben sie nur ein paar Stunden. Der Baikalsee lag zwar nur sechzig Kilometer entfernt, doch sie wollten so rasch wie möglich in die Mongolei. Jens besorgte die Fahrkarten, und sie nahmen den nächsten Zug der Transsibirischen Eisenbahn.

Für die rund tausend Kilometer nach Ulan Bator, in die Hauptstadt der Mongolei, benötigten sie noch über einen Tag. Ihr Waggon hatte zwei Zugbegleiter, einen *Prowodnik* und eine *Prowodniza*. Immer wenn der Zug hielt, setzte einer der beiden die Uniformmütze auf und öffnete die Waggontür. Während der Fahrt trugen sie unentwegt heißen Tee in die Abteile und füllten die in Metall gefassten Teegläser nach, die vor dem Zugfenster standen, aus dem Marie und Jens eine Zeit lang das südliche Ende des Baikalsees sehen konnten. Das monotone Rütteln des Zuges und das helle Klingeln der aneinanderstoßenden Teegläser mit den schweren Metalllöffeln drin begleitete sie bis in die Mongolei. Wenn Marie und Jens aus dem Fenster schauten, sahen sie eine wilde, weitgehend unbewohnte Landschaft vorbeiziehen. Manchmal fuhr der Zug direkt am großen Flusslauf der Selenga entlang, dem er lange folgte, manchmal dicht an Felswänden. Unterwegs hielt er in Ulan-Ude.

Ein paar Namen und Adressen, die ihnen in dieser Gegend nützlich sein könnten, hatte Jens in seinem Notizbuch stehen. Etwa die von Mischa, einem ehemaligen Kampfpiloten der Roten Armee. Im vergangenen Sommer, als Jens unterwegs zum Baikalsee gewesen war, war der russische Offizier irgendwann nachts in das Schlafwagenabteil der Transsibirischen Eisenbahn zugestiegen.

Wir fuhren durch die endlose Landschaft, schauten aus dem Zugfenster und hatten Zeit. Dann am Morgen habe ich für uns beide Tee geholt und das Frühstück ausgepackt. Der Mann rührte eine Art Marmelade in sein Teeglas. Grund genug für ein Gespräch. Wie heißt du, woher kommst du, wohin fährst du. Mischa kam aus Tschita, der Hauptstadt einer kleinen autonomen Region am Baikalsee.

Ich habe ihm gesagt, da gebe es doch den beeindruckenden Nationalpark mit dem sibirischen Tiger. Da hat er gestaunt und gesagt: Nicht schlecht. Woher kennt jemand aus Berlin meine Heimatstadt? Einen Tag später, wir waren immer noch im selben Abteil zusammen, hab' ich allen Mut zusammengenommen und ihm erzählt, wohin ich gerne einmal will, wenn ich in die Mongolei kommen sollte, um die bisher unbekannten Brutorte einer seltenen Vogelart zu suchen.

Wie manch anderer Uniformierter auf dieser Reise hatte sich Mischa nicht als Feind, sondern als Freund erwiesen.

Weißt du was, ich kann dir helfen, ich mache regelmäßig Versorgungsflüge für unsere Geologen.

Mischa hatte Jens Ortsnamen genannt, dorthin könne er ihn mit seinem Flugzeug bringen.

Dienstags und freitags, je nachdem, wie das Wetter ist. Geh einfach auf den Flughafen von Ulan Bator, geh an den Sperren vorbei, lauf über das Rollfeld und frag nach Mischa. Warte ruhig auf mich, wenn ich nicht da sein sollte.

Kapitel 10 Ankunft in Ulan Bator

An der Grenze zur Mongolei blieb der Zug lange stehen. Mindestens zwei Stunden passierte nichts. Es wurde schon langsam hell, als neben den Gleisen russische Soldaten erschienen, die jeden Waggon von unten genau inspizierten. Sogar eine Luke im Gang hoben sie hoch. Die Kontrolle aller Reisenden zog sich hin.

Marie und Jens mussten ihre Pässe abgeben, sie staunten allerdings darüber, dass es nicht allzu lange dauerte, bis ein Uniformierter sie ihnen zurückgab und auf Russisch eine gute Reise wünschte. Dann ging die Fahrt wieder lange Zeit durch kaum bewohntes Gebiet. Ab und zu sahen Marie und Jens in der Ferne weiße Punkte. Das mussten die Jurten der Nomaden sein.

DER BAHNHOF von Ulan Bator war nicht besonders groß. Es war kühl und regnete. Jens erspähte am Bahnhofsgebäude ein öffentliches Telefon. Er hatte sich von seinem Onkel aus dem Forsthaus bei Templin die Nummer von Galsan Tschinag geben lassen, einem mongolischen Schriftsteller, der in Leipzig studiert hatte und fließend Deutsch sprach.

Sein Onkel hatte ihn zufällig drei Jahre zuvor kennengelernt, als er sich mit einer Delegation des Kulturbundes zu einem offiziellen Besuch in Ulan Bator aufgehalten hatte.

Er fand damals ein Gebäude am Rand der Stadt besonders schön und fotografierte es. Kaum hatte er sich umgedreht, war er von Uniformierten umringt und mitten auf der Straße gestellt worden. Er hatte nicht gewusst, dass das Gebäude ausgerechnet die sowjetische Botschaft war. Sie wollten ihn verhaften. In diesem Moment kam ein Passant dazu, es war Galsan. Er bot sich als Dolmetscher an, fuhr mit auf das Polizeirevier und konnte die Situation entschärfen.

Jens hatte Glück, vom Telefon am Bahnhof aus erreichte er Galsan. Der versprach, ohne zu zögern, die fremden Besucher aus Deutschland am Bahnhof abzuholen. Er werde mit dem Bus kommen, das dauere nicht lange, die Straßen seien ja leer. Marie und Jens suchten sich mit ihren Rucksäcken einen Platz zum Warten. Sie gingen in das Bahnhofsrestaurant und bestellten Tee. Was sie bekamen, sah eher aus wie eine heiße Brühe. Auf der milchig-braunen Flüssigkeit schwammen Fettaugen. Marie probierte vorsichtig und verzog das Gesicht. Der Tee war salzig, und sie fand ihn furchtbar, Jens ebenfalls. Ihre Schalen wurden nicht leer.

Kurz darauf kam ein gut gelaunter Mensch auf sie zu. Galsans Augen strahlten im sonnengegerbten Gesicht. Marie mochte ihn vom ersten Moment an. Galsan sah sich die beiden Deutschen an und fand sie klein und schmächtig, ihre Rucksäcke aber viel zu groß. Sie wirkten auf ihn durchgefroren und ausgehungert.

Sie nahmen den nächsten Bus zurück zu Galsans Wohnung. Von der Haltestelle bis zu seiner Wohnung mussten sie durch einen heftigen Schauer laufen, sodass sie ganz durchnässt wurden.

Galsan lebte mit seiner Familie in einem Wohnblock, der fünf Stockwerke hoch und modern war im Vergleich zu den provisorischen Wohnunterkünften, die Marie aufgefallen waren, als der Zug in die Stadt hineingefahren war. Am Stadtrand wohnten die Mongolen, die ihr Nomadenleben aufgegeben hatten, in kleinen Steinhäusern mit blauen, roten und grünen Wellblechdächern oder in eng zusammenstehenden Jurten, die zum Teil schon mit Steinen und Holzanbauten befestigt worden waren. Um die rechteckigen Grundstücke herum stand jeweils ein grob behauener Palisadenzaun. Dass die Nomaden derart zusammengepfercht lebten, war das Ergebnis einer politisch gewollten Landflucht.

Als sie endlich bei Galsan in der Wohnung standen, hatte der Regen aufgehört, und im Schotter vor dem Haus spielten Kinder mit einem Hund in den Pfützen.

Seid meine Gäste, fühlt euch, als wäret ihr selbst hier zu Hause, sagte der Mongole, fast ohne Akzent, mit seiner ruhigen, warm klingenden Stimme. Drei Zimmer hatte er für seine Familie, Frau und vier Kinder, große Fenster gaben den Blick auf den Hof frei.

Galsan und seine Frau Haasa baten die beiden, die nasse Kleidung gegen trockene auszutauschen. Jens hatte zwar was zum Wechseln im Rucksack, doch der Hausherr bot Jens eine braune Hose an, die er einmal in Leipzig gekauft hatte. Obwohl auch er schlank wirkte, war Galsans Hose für Jens viel zu weit. Galsan schenkte ihm noch einen Schlips dazu, der als Gürtel seinen Dienst erfüllte.

Die Gastfreundschaft ist uns Mongolen heilig.

Seine Frau setzte in der Küche einen Tee auf. Jens blickte ihr über die Schulter, als sie dem Tee-Aufguss noch Milch, Salz und etwas Butter zufügte.

Galsan bemerkte seinen Blick und erklärte, was sie da zubereitete.

*Der Milchtee, wir nennen ihn Süütei tsai, gibt Lebens-
kraft. Er stillt den Durst und wärmt und sättigt. Das ist sehr
nützlich, wenn man lange in der Steppe unterwegs ist. Er ist
Nahrung, Flüssigkeit und soziales Ritual, alles in einem, er
ist ein wichtiger Bestandteil unseres nomadischen Lebens.
Außerdem hilft er wunderbar bei aufgesprungenen Lippen.*

Wieder lachte Galsan freundlich. Jens fasste sich an den
Mund und bemerkte, dass seine Lippen in der Tat trocken
und rissig waren. Er nahm einen kräftigen Schluck aus
der Schale. Nach dieser Erklärung schmeckte das Getränk
schon deutlich besser.

Haasa war eine schöne Frau mit freundlichen Zügen
und einem bunten Tuch auf dem Kopf, das ihre dunkel-
braunen Haare aus dem Gesicht hielt. Ihr Blick traf den
von Marie, und sie lächelte. Ihr taten die beiden verfro-
renen Geschöpfe leid, deshalb trat sie an den Küchen-
ofen und fing an, ein warmes Essen mit Fleisch und
Nudeln zuzubereiten. Ihr Mann führte seine Gäste ins
Wohnzimmer.

Dort fiel Marie das große Bücherregal ins Auge, ein
vertrauter Anblick. Sie entdeckte Bücher, die auch ihre
Freunde daheim im Regal hatten.

Galsan goss aus einer bunten Blechkanne mehr von dem
schweren, gräulichweißen Tee in die Schalen.

*Ich erinnere mich noch gut an deinen Onkel. Er hat begeis-
tert von seinem Neffen erzählt, der in Berlin Biologie studiert.
Ich habe vorhin, als du vom Bahnhof angerufen hattest, zu
Haasa gesagt: Diese beiden Deutschen verlassen ihre Familien, um zu uns ans Ende der Welt zu kommen. Es muss
einen guten Grund dafür geben.*

Jens schaute erst zu Marie und dann zu Galsan.

Wir wollen dein Land kennenlernen. Wir haben Einladun-

gen, aber die sind nicht echt. Eine war ursprünglich für einen anderen Biologen aus meinem Land, aber die Volkspolizisten haben es nicht bemerkt.

Sie mussten alle lachen.

Ich würde gerne nach einer kaum bekannten Vogelart im Westen der Mongolei suchen, die müsste dort vorkommen. Da will ich hin.

Galsan nickte.

In der Mongolei ist die Staatsgewalt ziemlich versprengt, das Land ist zu groß und zu dünn besiedelt, um es systematisch kontrollieren zu können.

Marie und Jens hörten zu, sie wollten so viel wie möglich von ihm über das Land und seine Menschen erfahren.

Die Mongolen haben ein ausgeprägtes Wir-Gefühl. Damit meine ich etwas anderes als das kollektive Denken des Sozialismus, das ich bei euch kennengelernt habe und das die Russen seit Jahrzehnten auch bei uns durchsetzen wollen. Nomaden waren schon immer auf andere Menschen angewiesen und sind es noch immer. Man braucht einander von früh bis spät, um die Dinge machen zu können, die lebensnotwendig sind. Es geht dabei nicht nur um menschliche Partner. Auch die Natur wird zu einem Verbündeten, auf den man sich verlassen muss. Das Pferd, das man reitet, ebenso wie die Berge, die den Himmel zerteilen, und der Baum, neben dem du deine Jurte aufbaust.

Galsan machte eine Pause, dann wandte er sich an Jens:

Was ist mit deiner Berufung zu Hause, in Deutschland? Arbeitest du schon als Biologe?

Jens zögerte. Er erzählte von seiner Begeisterung für die Biologie und sprach dann von den Schwierigkeiten an der Universität, seinem Rauswurf und dass die Vorträge, von denen er gelebt hatte, nun auch den politischen Verhältnissen zum Opfer gefallen waren. Galsan erwiderte darauf, dass auch er sich nicht staatskonform verhalten und seinen Lehrauftrag an der mongolischen Staatsuniversität schon vor gut zehn Jahren verloren habe – wegen politischer Unzuverlässigkeit, wie es offiziell hieß. Die Kontrollorgane des unter dem Einfluss der Sowjetunion stehenden Staates hätten ihn verhört, weil er den Sozialismus kritisiert habe.

Er sei bis heute parteilos geblieben. Seiner Frau habe das nicht geschadet, sie habe es sogar bis zur Chefköchin im Haus des Politbüros gebracht. Inzwischen schreibe er für die Gewerkschaftszeitung »Hü Dyl Mür«, was so viel wie »Arbeit« bedeute. Außerdem habe er die Möglichkeit, deutsche Schriften ins Mongolische zu übersetzen, das bereite ihm viel Freude.

Aber ich sehne mich immer wieder nach den Weiten der Steppe und nach der Ruhe, die dort in der Luft liegt. Die Regeln des Gemeinschaftslebens dort draußen sind sehr alt, so wie der Schamanismus und der Glaube an die Götter der Natur.

Marie, die vor allem zuhörte, sagte, wie gern auch sie sich in der Natur aufhalte, und fragte ihn dann nach seiner Zeit als Student in Leipzig und wie er Deutschland erlebt habe. Galsan antwortete:

Leute aus unseren Behörden haben mir damals erzählt, die deutsche Kultur sei ein großes Vorbild für die primitive Lebensweise der Mongolen. Als ich in Deutschland ankam, dachte ich zuerst, sie hätten recht. Ich habe tatsächlich lernen müssen, mit Messer und Gabel zu essen. Zunächst hatte ich also wirklich das Gefühl, kulturlos zu sein. Später habe ich das etwas anders gesehen.

Jens pflichtete ihm bei.

Viele Leute bei uns zu Hause sind so eng in ihrem Denken.
Nicht nur in Leipzig. Darum bin ich jetzt so gerne hier.

Für einen Augenblick war es still zwischen ihnen. Galsan stand auf und ging aus dem Zimmer. Sie hörten, wie in der Küche ein Messer gewetzt wurde. Kurz darauf erschien Galsan in der Tür, einen Blechteller mit Teigfladen und getrockneter Pferdewurst in der Hand, sah zu Jens und sagte:

Lebendig sein heißt, in Bewegung zu sein, und wenn deine Welt eingezäunt ist, dann liegt es nahe, dass du diese Grenzen überwinden willst.

Wenig später kam auch Haasa, sie brachte Nudeln und eine riesige Portion gesottenes Fleisch.

Galsan erzählte von der Zeit, als er mit achtzehn Jahren am Berliner Ostbahnhof angekommen war.

Was mir zuerst auffiel: Alles war genormt und geregelt. Die Bäume waren geschnitten, die Straßen und Plätze, die Häuser, alles, was ich mit den Augen sah, hatte geometrische Formen. Mir fehlte das Runde, das Fließende. Und so schien mir auch das Leben vorgeformt, ausgeschildert und gestempelt. Die ersten Vokabeln, die ich lernte, standen groß auf den Schildern, sie hießen »nicht« und »verboten«.

Und dann lernte ich, dass die Menschen immer keine Zeit hatten. Das kannte ich nicht. Als der Himmel die Zeit schuf, hat er doch davon genug geschaffen. Wir finden, es gibt unendlich viel Zeit. Ihr glaubt, ihr hättet überhaupt keine Zeit, und jagt ihr bis zum Tod hinterher. Das ganze Leben ist verplant, voller Termine, da bleibt vom eigentlichen Leben wenig.

Wenn ihr in die Steppe kommt, setzt euch hin, auf die Erde, wie ich es auch immer wieder mache. Nein, besser, ihr legt euch auf die Erde. Seht in den Himmel über euch und spürt in der Weite der Steppe diese große Ruhe.

Nach dem Essen stand Jens auf, ging in den Flur und öffnete eine Seitentasche an seinem Rucksack. Er zog die topografische Karte der US Air Force heraus und zeigte sie Galsan. Der beugte sich erstaunt über die wirren Linien, die Berge, Flüsse und wenigen Straßen in der mongolischen Wildnis.

Daran wollt ihr euch orientieren?

Jens nickte, es habe ihn einige Mühen gekostet, diese Karte zu bekommen.

Warum haltet ihr euch nicht an den Lauf der Sonne? Ich habe großen Respekt vor dem Wagnis, das vor euch liegt, aber es ist nicht ungefährlich, sich ohne Kenntnis der Region im Land zu bewegen.

Es gibt unzählige Möglichkeiten, sich zu verirren, es gibt Bären und Wölfe im Norden des Landes, und es gibt doch auch einige Kontrolleure des Staates, die Natschalniks, die Sumonchefs, vor denen solltet ihr euch in Acht nehmen. Aber mein Volk, die Tuwa, sind herzliche Menschen, auch die anderen Stämme tragen Neugier und Freude im Herzen. Wenn ihr geht, ist es gut, ohne Angst zu gehen.

Jens und Marie versicherten ihrem Gastgeber, dass sie wilde Tiere nicht schrecken würden und dass sie für den Fall von Kontrollen alle notwendigen Ausweise dabeihätten. Sie hätten Zeit genug, sich im Land treiben zu lassen. Jens habe sogar die Adresse eines Studenten aus der Mongolei dabei, den sie besuchen könnten.

Marie wollte noch etwas anderes wissen.

Wir wollen am Rande der Stadt zelten und das Naadam-Fest erleben.

Galsan nickte erfreut.

Es ist das größte Volksfest der Mongolei, es ist ein großes Kräftemessen, ihr dürft es nicht versäumen.

Er bot den beiden an, während des Festes bei seiner Familie zu wohnen, statt womöglich im Regen ihr Zelt aufzubauen.

GALSAN UND seine Frau mussten am nächsten Morgen sehr zeitig das Haus verlassen und die Kinder mussten zur Schule, deshalb gingen alle früh ins Bett. Marie und Jens rollten ihre Matten im Wohnzimmer aus. Kurz vor dem Einschlafen hörte Marie noch, wie Haasa den Kindern ein Lied vorsang. Sie fragte Jens:

Warum hast Du ihm nicht gesagt, dass wir noch nach China wollen?

Jens antwortete durch das Dunkel:

Galsan glaubt nicht einmal wirklich, dass wir es durch die Mongolei schaffen. Ich bin sicher, dass wir beide auf der Chinesischen Mauer stehen werden. Wir haben es ja auch bis hierhin geschafft. Wenn wir aber jetzt schon von China reden und zur chinesischen Botschaft gehen, fliegen wir vielleicht auf, und dann würden wir ganz sicher nach Hause geschickt. Also lass uns erst durch die Mongolei reisen, dann versuchen wir, nach China zu kommen.

AM NÄCHSTEN MORGEN sahen sich Marie und Jens Ulan Bator an. Obwohl es die Hauptstadt des Landes war, gab es selbst im Stadtzentrum kaum hohe Häuser. Auffällig waren allenfalls ein paar relativ schmucklose Betonbauten für Behörden, die in den vergangenen Jahrzehnten nach sowjetischem Vorbild errichtet worden waren.

Sie spazierten stundenlang durch die Stadt. Auf den großzügig angelegten Straßen waren wenige Autos und Lkws unterwegs, sie bewegten sich beinahe noch gleichberechtigt zwischen Reitern und Viehkarren. Marie und Jens besichtigten einen kleinen buddhistischen Tempel mit einer goldenen Buddhastatue und besuchten das Nationalmuseum, wo neben vielen anderen Dingen auch die Waffen der Krieger von Dschingis Khan gezeigt wurden. Sie betraten Geschäfte, in denen es nur wenig zu kaufen gab, sahen Regale, in denen lediglich Mehl, Zucker und Dauerbackwaren standen. Sie probierten in Fett gebackene süße Klöße. Marie erschrak über einen großen Metallkorb voller gehäuteter Ziegenköpfe, deren geöffnete Augen sie anstarrten.

Als die beiden zurück in Galsan Tschinags Wohnung waren, machte Jens am Fenster ein Bild vom Sonnenuntergang über der Stadt. Unten im Hof sah er noch etwas anderes, das seine Aufmerksamkeit auf sich zog. Ein Polizist sprach zu einer Gruppe von Hausbewohnern, die im Halbkreis um ihn herum standen. Jens drückte auf den Auslöser. Einen Moment später blickte der Polizist hoch. Es dauerte nicht lange, da klingelte es an der Wohnungstür. Galsan öffnete, es war der Uniformierte. Sie redeten ein paar Minuten miteinander, und Jens hatte den Eindruck, dass der Wortwechsel dabei heftiger wurde.

Dann kam Galsan zurück ins Wohnzimmer.

Es ist alles in Ordnung. Er wollte wissen, ob ich Besuch aus dem Ausland hätte. Jeder Ausländer brauche eine Einladung. Ich habe ihm erzählt, dass ihr nur auf der Durchreise seid und zu einer Delegation gehört.

Jens dachte an das Papier, das er selbst getippt hatte. Was in der Volkspolizeidirektion in Prenzlauer Berg geklappt hatte, dass die Einladung für echt gehalten wurde, würde hier in der Mongolei kaum funktionieren, wenn Kontrolleure sich das Schreiben einmal genauer ansahen. Hoffentlich war es nicht zu riskant, bis zum Ende des Naadam-Festes in der Stadt zu bleiben.

GALSAN HATTE ihnen erzählt, dass dieses sportliche Kräftemessen traditionell immer dann stattfand, wenn eine größere Anzahl von Nomaden verschiedener Klans an einem Ort zusammentraf. Ringen, Reiten und Bogenschießen – diese drei Nationalsportarten standen im Mittelpunkt des Festes.

Man sagt, dass die Tradition der Naadam-Spiele bis in die Zeit Dschingis Khans zurückreicht, der seine Krieger in Schaukämpfen gegeneinander antreten ließ. Als das Fest in Ulan Bator zu einer festen jährlichen Instanz wurde, legte man seinen Beginn auf den 11. Juli, den mongolischen Nationalfeiertag. Das ist der Tag, an dem wir die Unabhängigkeit von China feiern.

Am ersten Tag des Naadam-Festes schien die Sonne in das Wohnzimmer, in dem Jens und Marie auf ihren Matten lagen. Galsan hatte das Haus schon verlassen, er traf sich mit einem Kollegen von der Gewerkschaftszeitung.

Normalerweise arbeitet niemand während des Naadams, aber die Zeitung muss pünktlich erscheinen.

Marie und Jens zogen allein los, um sich die feierliche Parade zur Eröffnung des Festes anzusehen. Die Temperatur war angenehmer als am Tag ihrer Ankunft. Es war noch nicht zu warm, Marie hatte sich eine dünne blaue Jacke übergezogen. Ohne den genauen Ablauf zu kennen, ließen sie sich in Richtung Stadtzentrum treiben. In der sonst eher ruhigen Stadt waren viele Menschen unterwegs, Sportler und Zuschauer strömten durch die Straßen.

Auf dem quadratischen Süchbaatar-Platz mit der Statue des Revolutionshelden Damdin Süchbaatar auf einem

Pferd und dem großen Denkmal Dschingis Kahns direkt vor dem Parlamentsgebäude fand die Eröffnungsparade statt. Marie zwängte sich in der Menge nach vorn, um besser sehen zu können. Vor dem Süchbaatar-Denkmal ritten Soldaten auf geschmückten Pferden in ihrer traditionellen blau-roten Tracht vorbei. Die Soldaten trugen die spitzen Hüte, von denen Galsan gesagt hatte, das seien persönliche und wertvolle Gegenstände. Auch die Sportler, die in der Parade mitliefen, trugen farbenprächtige Mäntel und ebenfalls spitze Hüte. Zwischen den Athleten sah man Mönche in roten Kutten.

Auch viele der Zuschauer hatten ihre festliche Tracht angelegt, sodass es schwerfiel, sie von den Teilnehmern zu unterscheiden. Fotos dieser Kleider hatte Jens bei seinen Reisevorbereitungen in Büchern gesehen. Auf einigen der Gewänder, den sogenannten Deels, erkannte Marie die runden Muster wieder, die ihr am Vortag im Nationalmuseum aufgefallen waren.

Ein anderer Teil der Zuschauer trug aus der Mode gekommene europäische Anzüge und Hüte, ihre Frauen ebenso altmodische Röcke und Strickjacken. Sie sahen Greise mit krummen Beinen, eingefallenen Gesichtern, in deren Mündern Zähne fehlten. Auch sie trugen stolz ihre glänzenden Deels, darunter lugten kniehohe Stiefel hervor: Großväter, die mit ihren Enkeln zum Naadam zogen.

Jens und Marie waren überwältigt von so viel Farbe, den unbekannten Klängen.

Vielleicht schaffen wir es ja, einen Platz im Stadion zu bekommen, rief Jens, *lass uns losgehen.*

NACHMITTAGS standen sie im dichten Gedränge vor dem Naadam-Stadion, einem schmucklosen sandfarbenen Sowjet-Bau, den man durch drei schmale Türen unter weiß gestrichenen Bögen betreten konnte. Ohne Probleme gelangten sie hinein.

Marie lachte und rief Jens zu:

Wieso haben wir bloß gedacht, es gibt Eintrittskarten?

Das Fest hatte begonnen, und obwohl draußen immer noch Tausende Menschen zu stehen schienen, sah es aus, als sei das Stadion bereits komplett überfüllt. Auf der Rasenfläche zwischen den Tribünen kämpften mehrere Ringerpaare gleichzeitig. Die Wettkämpfer trugen Stiefel, eng anliegende blaue, kurze Hosen und dazu rote Leibchen über ihren massigen nackten Oberkörpern. Nach einer Weile begriff Marie, dass ein Kampf beendet war, wenn einer der Ringer den Boden mit einem anderen Körperteil als Hand oder Fuß berührte und damit verloren hatte. Der Gewinner vollführte den sogenannten Adlertanz und lief mit ausgestreckten Armen, die er wie ein Vogel langsam schwingend bewegte, über den Kampfplatz.

Neben Jens stand ein vielleicht vierzehnjähriger Junge, der ihn neugierig ansah und breit lächelte. Eine Frau verkaufte ihnen Teigtaschen mit Hackfleischfüllung.

Am frühen Abend sahen sie noch den Frauen beim Bogenschießen zu. Aus etwa fünfzig Meter Entfernung zielten die Wettkämpferinnen auf eine vier Meter lange Wand aus übereinandergestapelten Körben. Ziel war es offenbar, mit einer festgelegten Anzahl an Pfeilen möglichst viele dieser Körbe zu treffen. Die Leute sangen und feuerten die Sportlerinnen an. Jens konnte sich nicht sattsehen an den Roben der Zuschauer und an der Freude, die über allem zu liegen schien.

Es dämmerte schon, als sie sich auf den Weg zurück zu Galsans Wohnung machten.

ALS AM NÄCHSTEN MORGEN die Sonne aufging, hupte es draußen laut im Hof. Es war Galsans Nachbar Batu, ein alter Herr mit faltigem Gesicht, der mit seinem klapprigen russischen Jeep vor dem Haus wartete. Jens und Marie liefen die Treppen hinunter. Auf der Ladefläche des Jeeps saßen bereits zwei Männer, drei Frauen und fünf Kinder. Jens stieg vorne auf den Beifahrersitz, Marie auf die Ladefläche, und langsam setzte sich der Transport in Bewegung. Marie nickte den Mitfahrern zu und sie grüßten zurück. Ein kleines Mädchen schaute sie mit großen Augen an und versteckte ihren Kopf im Mantel der Mutter.

Bald ließen sie die Stadt hinter sich. Vereinzelt fuhren Autos den gleichen Weg, die meisten Besucher waren jedoch auf Pferden oder zu Fuß unterwegs. Eine lange Karawane zog in die Steppe nordwestlich von Ulan Bator. Dort fand das Pferderennen statt, bei dem die Hirtenkinder sich miteinander messen konnten. Am Horizont der Steppe sahen Marie und Jens eine sanfte Hügellandschaft.

Batu parkte den Jeep abseits des Geländes, die Gruppe ging zu Fuß zu den anderen Zuschauern.

Viele werden auch erst später kommen. Es geht gar nicht darum, das ganze Rennen zu sehen, sondern gemeinsam Zeit zu verbringen und dem Gewinner Respekt zu zollen, erklärte Batu.

Ein gutes Abschneiden bei dem Rennen war wichtig für die Pferdezüchter. Sie erzielten bessere Preise für ihre siegreichen Pferde und vermehrten damit nicht nur ihr Einkommen, sondern gewannen auch an Ansehen.

Marie war müde von der Fahrt und froh darüber, dass Jens sich unterhielt, während sie mit dem kleinen Mädchen spielen konnte, das am Anfang der Fahrt zwar scheu gewesen, inzwischen aber recht neugierig geworden war. Sie nahmen einfach Steine vom Boden auf und versuchten einen Kreis zu treffen, den sie in den Lehm gezeichnet hatten. Irgendwann griff das Mädchen zögerlich nach Maries Hand und wich von diesem Moment an nicht wieder von ihrer Seite.

Vom Rennen selbst bekamen sie nur dessen Ende so richtig mit. Die Reiter waren dreißig Kilometer entfernt losgeritten, und erst nach langem Warten begann der Boden zu vibrieren. Aus der Ferne, zwischen den sanften Hügeln, tauchten schemenhaft die kleinen Reiter auf, als sie ihre Pferde mit den Zügeln aus Seil ins Ziel trieben.

Ein kleiner Junge namens Tunur habe das Rennen gewonnen, erzählte ihnen Batu auf der Rückfahrt.

Sie verbrachten noch einmal einen langen Abend mit Galsan und seiner Familie. Er erklärte ihnen einige Traditionen, die es in den Jurten der Mongolen gab, in die sie sicher eingeladen würden.

Ihr müsst mir versprechen, am Ende eurer Reise wieder zu mir zu kommen.

Das versprachen sie.

Dann gab er ihnen noch etwas mit auf den Weg.

Ich wollte auch immer das Ende der Welt sehen und ritt mit dem Pferd bis zu ihrem Rand, der die Erde vom Himmel trennt. Aber jedes Mal, wenn ich dort angekommen war, sah ich, dass es einen anderen Rand der Erde, einen neuen Horizont gab, den ich erreichen wollte. Im Laufe der Zeit merkte ich, in jedem von uns liegt gleichzeitig eine große innere Welt brach, genau wie die äußere, die uns umgibt.

So lebt diese Sehnsucht, weiter und weiter zu kommen, immer in mir.
Darum verstehe ich euch gut.
Ich wünsche euch Glück auf all euren Wegen.

AM NÄCHSTEN TAG brachen sie auf. Jens wollte auf das Versprechen von Mischa, dem russischen Piloten, zurückkommen. Marie und er nahmen einen Bus bis zum Flughafen von Ulan Bator. Dieser Flughafen war nicht zu vergleichen mit denen, die sie zuvor kennengelernt hatten. Es gab kein Empfangsgebäude und nicht einmal einen Zaun um das Gelände. Eine graugrün gestrichene Baracke musste wohl der militärische Teil sein, von dem Mischa damals gesprochen hatte. Sie liefen mit ihren Rucksäcken über das Rollfeld und klopften an die Tür. Es roch nach Kerosin.

Jens fragte den Uniformierten, der ihnen öffnete, nach Mischa. Sie seien Freunde. Der Mann stellte keine weiteren Fragen und brüllte durch die Baracke. Es dauerte nicht lange, da tauchte aus einem Nebenraum tatsächlich Mischa auf. Er erkannte Jens sofort wieder und schlug ihm zur Begrüßung heftig auf die Schultern.

Es stellte sich heraus, dass er gegen Mittag einen Versorgungsflug zu seinem Heimatort, dreihundert Kilometer in Richtung Norden, machen musste, da sei es kein Problem, die beiden mitzunehmen. Jens zeigte ihm seine Landkarte, auf der er Orte angekreuzt hatte, die er besuchen wollte. Mischa fand, es seien recht viele Orte, und nicht immer seien Flugplätze in der Nähe. Aber es gebe auch kleinere Agrarflieger, die gegen geringe Bezahlung den einen oder anderen Fluggast mitnehmen würden. Deren Maschinen könnten fast überall landen.

Einige Zeit später bestiegen sie seine alte AN2, einen Doppeldecker, dessen gelb-blauer Lack bereits abblätterte, dann hoben sie ab.

Unter sich sahen Jens und Marie karge Berge und Steppen dahingleiten. In der Frontscheibe war ein Riss, und Mischa schimpfte, dass die Reparatur in Ulan Bator wieder mal nicht geklappt hatte. Als sich eine Gewitterfront näherte, musste Mischa dem Regen weiträumig ausweichen. Die Maschine war nicht besonders schnell, doch nach einer Weile verschwanden die schwarzen Wolken, die Sonne brach wieder durch und Mischa setzte zur Landung an.

Kapitel 11 **Die Steppe**

Mischa flog mit Marie und Jens nach Erdenet, seiner neuen mongolischen Heimatstadt. Eigentlich stammte er ja aus dem sowjetrussischen Tschita, östlich des Baikalsees.

Als sie sich Erdenet näherten, erzählte der Pilot, dass die Siedlung erst vor zwölf Jahren gegründet worden war, nachdem man in der Nähe große Kupfervorkommen entdeckt hatte. Jetzt war Erdenet schon die zweitgrößte Stadt der Mongolei, und mindestens die Hälfte der Bewohner seien Russen, so wie er.

Marie blickte aus dem Fenster und fand den Ort recht klein. Schön war er nicht, ohne ein erkennbares Zentrum standen Häuser in einem Tal zwischen grün bewachsenen Bergen. Marie sah schnell errichtete Wohnblocks und breite Fahrpisten, auf denen Lastwagen Staubfahnen hinter sich herzogen. Die Pisten führten offenbar zu den Minen außerhalb der Stadt.

Der Flugplatz, auf dem Mischa die Maschine holpernd aufsetzte, war noch kleiner als der in Ulan Bator. Er bestand nur aus einer schmalen, nicht befestigten Landepiste, einer Holzbaracke und einem kleinem Plattenbau, der als Hotel für russische Ingenieure diente.

Mischa bot an, sie könnten eine Nacht bei ihm bleiben, er bewohne mit seiner Frau zwei Zimmer, da sei genug Platz. Am nächsten Morgen müsse er wieder zurück nach

Ulan Bator fliegen, doch er kenne einen Lkw-Fahrer, der sie in Richtung Murun mitnehmen könne. Von dort wollten Marie und Jens zu ihrem ersten Ziel, dem großen See Chöwsgöl Nuur.

Die Nacht war kurz, denn Mischa weckte sie schon um fünf Uhr früh. Er brachte ihnen zwei Becher mit heiß dampfendem, schwarzem Kaffee. So trinken ihn die Russen gern, erklärte er.

In einer halben Stunde müsst ihr unten an der Straßenkreuzung sein. Dort wird euch Alexej in seinen Wagen einsteigen lassen.

Jens schenkte ihm zum Abschied eines von seinen Taschenmessern. Mischa freute sich und umarmte ihn brüderlich.

Die Sonne war gerade aufgegangen, als sich ein Lkw unten der Kreuzung näherte.

Alexej war wortkarg. Seine Augen lagen in tiefen, dunklen Höhlen, er wirkte müde. Marie lächelte ihn an. Statt das Lächeln zu erwidern, signalisierte er mit einer Geste, dass sie sich ins Führerhaus setzen sollten. Dann ging es los. Nach kurzer Fahrt erreichten sie den Stadtrand. Alexej hielt vor einem Schlagbaum, an dessen Seite ein kleineres Haus stand.

Ein Wachposten trat aus der Tür, kam auf den Lkw zu und redete mit Alexej durch die offene Fensterscheibe. Marie verstand nichts, aber sie merkte, wie Jens unruhig wurde. Nach den letzten Worten des Polizisten machte Alexej seinen beiden ausländischen Mitfahrern mit einer Handbewegung klar, dass sie aussteigen müssten. Er ließ sich auf keine Diskussionen mit ihnen ein, und so kletterten Jens und Marie aus dem Führerhaus und stellten sich mit ihrem Gepäck an den Straßenrand. Der Polizist öffnete die Schranke, Alexej ließ den Motor aufheulen und verschwand mit seinem Lastwagen in den Morgen. Der Wachposten forderte die beiden auf, ihm ins Haus zu folgen.

Sie mussten sich an einen Tisch setzen. Was sie denn hier machten, woher sie kämen, wohin sie wollten, fragte der Mann. Sie zeigten ihm ihre Visa für die Mongolei. Er musterte eine Weile die Papiere und gab sie ihnen wieder zurück.

Jens erzählte, dass er zu einer Gruppe von Ornithologen gehöre, die am Chöwsgöl Nuur seltene Vögel beobachten wolle. Er zeigte dem Mann seinen Ausweis mit dem Stempel der Humboldt-Universitätsbibliothek. Doch das Wetter sei so schlecht, fuhr er fort, dass der größte Teil der Delegation noch in Ulan Bator geblieben sei. Sie beide seien vorgeschickt worden, um die beste Route für die Expedition zu erkunden und alles vorzubereiten. Es wäre schön, wenn die Polizei ihm und seiner internationalen Forschergruppe dabei helfen könnte. Da der Beamte unbewegt dreinsah und immer nur wiederholte, er müsse sie nach Ulan Bator zurückschicken, nahm Jens zur weiteren Untermauerung der Legende sein Vogelbestimmungsbuch und Fernglas heraus.

Nun stimmte der Polizist Jens immerhin zu, dass das Wetter in der letzten Zeit wirklich sehr schlecht gewesen sei, und blätterte in dem Buch. Aber eine Entscheidung wollte er nicht treffen. Er ließ Marie und Jens erst einmal warten. Er saß an seinem Tisch, tippte langsam auf der Schreibmaschine, machte sich Notizen und widmete den beiden keinen Blick.

IST DAS HIER schon das Ende unserer Reise durch die Mongolei?, fragte sich Marie. Sie ließ sich von Jens beruhigen. Auf seinen Reisen durch Russland hatte er schon Kontrollen überstanden, die fast einen ganzen Tag gedauert hatten.

Der Polizist ging seiner Arbeit an der Schranke nach. Dann schien es Zeit zu sein für seine Ablösung, und plötzlich hatte er es ganz eilig. Er wollte die beiden – und damit sein Problem – einfach nur noch loswerden, bevor sein Feierabend begann. Er teilte Jens auf Russisch mit, alles sei endlich geklärt, sie könnten nun weiterziehen.

Doch obwohl der Polizist nun sogar mit ihnen hinausging und Lkw-Fahrer an der Schranke fragte, ob sie die beiden in Richtung Bulgan mitnehmen könnten, war keiner dazu bereit. Marie versprach, sie würden sich angesichts der fortgeschrittenen Tageszeit selbst um die nächste Unterkunft kümmern. Als der Polizist für längere Zeit im Haus verschwand, machten sie sich einfach zu Fuß auf den Weg.

Sie liefen, bis hinter ihnen nichts mehr von der Stadt zu hören und zu sehen war. Nachdem sie einen kleinen Wald durchquert hatten, dämmerte es schon. Sie sahen keine Straße, keine Leitungsmasten mehr, nur noch ein weites, grünes Tal, umsäumt von sanften Bergen.

In einer Mulde, nahe einem kleinen Bachlauf, schlugen sie ihr hellblaues Zelt auf. Die Temperatur war seit dem Mittag wohl um fast zwanzig Grad gefallen. Es waren jetzt kaum noch zehn Grad. Hitze am Tag und klirrende Kälte, sogar Frost in der Nacht waren in dieser Jahreszeit in der Mongolei nicht selten. Es war ihre erste Nacht im Freien, am Rande der Steppe. Eng umschlungen schliefen sie ein.

Im Zuge der Kollektivierung war ein trostlos aussehendes Nomadenghetto am Ortsrand entstanden. Jurte neben Jurte, durch Holzzäune auf
engstem Raum abgetrennt.

Bald stoppten sie erneut, diesmal unplanmäßig. Der Motor versagte seinen Dienst, mitten in der Wüste. Das Warten wurde lang, heiß und ungewiss.

Auf den letzten Kilometern vor der Oase machten sie noch einmal
Halt bei Kamelzüchtern. Die lebten an einer kleinen Wasserstelle, um
die einige spärliche Sträucher und Gräser wuchsen.

Als die Sonne hoch am Himmel stand, krochen die Passagiere unter den Lkw, wo es den einzigen Schatten weit und breit gab. Bis zum Horizont erstreckte sich eine weite und ebene Wüstensteppe.

Sie machten es sich mit ihren Rucksäcken bequem. Marie fütterte
die beiden Agamen, die sie wie Haustiere mitgenommen hatte,
mit Ameisen.

*Wenn wir es zusammen bis in die Mongolei schaffen, könnten
wir in Ulan Bator versuchen, in der chinesischen Botschaft ein Visum
für China zu bekommen, dann könnten wir auch dort noch überall
herumreisen.*

Hohhot lag in einem langgestreckten Tal. Vom Zentrum aus sahen sie die schwarzen Rauchwolken des Kraftwerks und der Fabriken am Stadtrand, die bis über die Wohnhäuser wehten.

Für ein paar chinesische Yen mieteten sie sich in einer Herberge,
die nicht für Ausländer gedacht war, gemeinsam ein Bett.

Diese fremde Welt, von der sie keine Vorstellung gehabt hatte,
faszinierte Marie und machte sie gleichzeitig traurig.

Wohin sie auch kamen, drängten sich die Menschen um sie. Sie waren neugierig und freundlich.

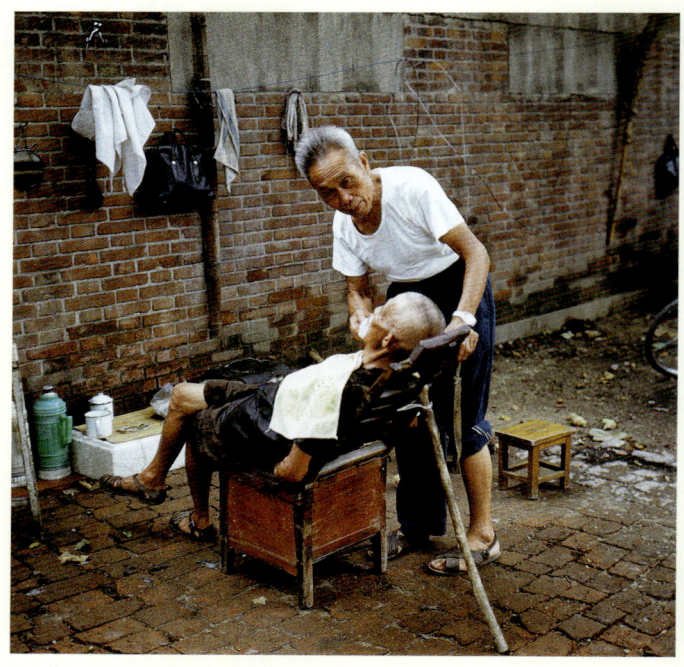

An einer langen Ziegelmauer stießen sie auf einen Friseur, der
sein Handwerk im Freien ausübte. Seine Werkzeuge hingen an
der Mauer, seine Kunden saßen auf einer Kiste, darin ließ der Mann
nach getaner Arbeit seinen kompletten »Laden« verschwinden.

Als sie in eine Gasse einbogen, sahen sie vor jedem Hauseingang einen aus Ziegelsteinen gemauerten Ofen. In die kleinen Häuser, in denen Großfamilien zusammenwohnten, passte kein Ofen, die Leute kochten im Freien.

Esel zogen hoch beladene Karren hinter sich her, Marie und Jens
folgten ihnen, bis sie auf einem Marktplatz standen. Dort wurden auch
Katzen, Hunde, Schildkröten und andere Tiere, die in engen Käfigen
verstaut waren, verkauft.

In einer Straße waren gerade mehrere Lastwagen mit dicken, grünen Melonen entladen worden, die auf dem Boden zu Pyramiden aufgetürmt und zum Verkauf angeboten wurden.

Am Flussufer direkt unterhalb der Siedlungen mündeten die Abwasserkanäle in den Strom. Neben den Rohren spielten Kinder mit luftgefüllten
Gummischläuchen im Wasser, ein paar Meter weiter trieben Bauern
ihre Rinder zum Fluss.

Die zur Straße hin gelegenen Räume waren wegen der großen
Hitze völlig offen. Sie wurden als Werkstätten genutzt

Ein paar Schritte weiter sahen sie einen Laden, dessen Regal
vor allem mit Konserven gefüllt war.

In den langen Tagen, den langen Nächten der Reise habe ich im Umgang mit dieser anderen Art von Menschen mehr gelernt von den Kräften und Spannungen, die unsere Welt bewegen, als aus hundert Büchern.

AM NÄCHSTEN MORGEN weckte sie das Zwitschern von Regenpfeifern. Jens öffnete das Zelt und erspähte nicht weit entfernt eine Herde Pferde beim Grasen. Er erkannte durch sein Fernglas, dass ihre Mähnen nicht von Hirten oder Züchtern getrimmt worden waren. Die Rücken der stämmigen Tiere waren hellbraun, die Flanken sandfarben, ihre Bäuche leuchteten weiß. Jens näherte sich ihnen vorsichtig und fotografierte, wie einige der Pferde Wasser aus dem Bach tranken. Ein besonders kräftiges Tier, offenbar der Leithengst, bemerkte ihn und galoppierte mit seinen Stuten in der Ebene davon.

Jens lief ein Stück den Bach entlang, blieb stehen und zog sich aus. Weit und breit war niemand zu sehen. Er warf das eiskalte Wasser hoch in die Luft, um sich nass-zumachen. Marie war ihm gefolgt. Sie nahm die herum-liegende Kamera und drückte auf den Auslöser.

Auf einem kleinen Kocher erhitzten sie Wasser aus dem Bach, jeder trank einen Becher Tee, um die Kälte der Nacht zu vertreiben. Dazu gab es ein paar Kekse, die sie in einem russischen *Magasin* gekauft hatten. Nachdem sie ihr Lager abgebrochen hatten, liefen sie zur Straße zurück. Nach einer Weile hielt ein Lkw und nahm sie mit.

Jens sprach mit dem Fahrer auf Russisch, Marie sah aus dem Fenster ein von Blumen und Kräutern durchsetztes Grasland, kaum Sträucher, nur wenige Bäume. In größerer Entfernung, vor den Ausläufern der Berge, sah sie mehrere weiße Flecken, aus denen Rauch aufstieg: die Jurten der Nomaden.

Die Straße war längst zu einer wilden Piste geworden, die Fahrt ging über steinigen Grund. Ab und zu tauchte in der Ferne eine Schafherde auf. Es gab immer wieder Einschnitte in der felsigen Landschaft, in denen Bäume wuchsen. Durch ihr Fernglas erkannte Marie Ziegen oder Yaks, die mit ihren langen, spitzen Hörnern und dem zotteligen braunen Fell für sie wie eine Urform der Rinder aussahen.

Marie schaute auf ein Land ohne Zäune, ohne Hochspannungsleitungen, ohne rechtwinklige Felder. Das Land lag offen bis zum Horizont ausgebreitet unter einem blauen Himmel. In dieser freien Landschaft suchten sich auch die Flüsse und Bäche ungezähmt ihren Lauf. Wenn es nach ihr gegangen wäre, hätte der Wagen immer wieder anhalten müssen, und sie wäre ausgestiegen, einfach nur, um zu schauen und herumzulaufen. Wie eine Reisende im Weltraum, deren Schiff auf einem fremden Planeten gelandet war.

Jens hatte während der Fahrt eine seiner Landkarten auf den Knien liegen, auf die er immer wieder blickte, um den Weg auf der Karte zu verfolgen. Er wollte bis in die Nähe von Murun kommen, sein Ziel war eine Geologenbasis, von der ihm Mischa erzählt hatte. Von dieser Basis aus könnten sie möglicherweise mit einem weiteren Flugzeug bis zu einem Naturschutzgebiet am Ufer des Chöwsgöl Nuur fliegen, einem der größten Süßwasserseen der Welt. Dort wollten sie eine Zeit lang bleiben, und Jens hoffte, Vögel beobachten zu können.

DA DER LKW-FAHRER nach Murun hineinfuhr und sie an diesem Tag nicht schon wieder in eine Kontrolle geraten wollten, gab Jens dem Drängen von Marie nach und sie stiegen nachmittags schon vor der Stadt an einem Platz mit alten Weiden aus, der an einem kleinen Flüsschen gelegen war. Der Ort war wie geschaffen für ein Lager.

Marie bastelte sich aus einem langen Ast eine Angel,

Jens baute einen Ofen aus Steinen und Erde, um Brot zu backen. Aus abgestorbenen Ästen entfachte er ein Feuer. Während es loderte und die Steine erhitzte, bereitete Jens einen Teig aus den Vorräten in seinem Rucksack.

Nach einer Weile gab Marie das Angeln auf.

Ich habe keinen einzigen Fisch gefangen.

Er schaute sie belustigt an.

Dafür ist das Brot fertig!

Jens nahm das flache Brot von den Steinen, es war noch heiß, aber er brach davon ein großes Stück für Marie ab. Sie hielt es vor ihr Gesicht.

Es riecht wunderbar! Und morgen gibt es auch Fisch dazu.

Sie bekamen Besuch.

Neugierig näherten sich zwei kleine Jungen auf ihren Pferden.

Seit Ulan Bator hatte Jens mit den Menschen nur Russisch gesprochen, nun wollte er endlich aus seinem Wortschatz von etwa hundertfünfzig mongolischer Vokabeln schöpfen, aber gerade jetzt fielen ihm nicht die richtigen ein. Die beiden Jungen probierten das Brot. *Talh,* sagte der ältere, als Jens es ihnen entgegenstreckte. Sie nahmen es, und Jens wiederholte das mongolische Wort für Brot, bei ihm klang es nur ganz anders.

Russisch ist die Sprache der Machthaber im Land, hatte Jens sich überlegt, weshalb er in Berlin angefangen hatte, mongolische Wörter zu lernen. Jedes Wort, das er nun aus seinem Gedächtnis hervorkramen konnte, löste Begeisterung bei den Jungen aus. Sie waren vielleicht zehn oder zwölf Jahre alt.

Sie stellten sich vor, indem sie mit dem Zeigefinger auf sich zeigten und ihre Namen sagten: Bajar und Bahadur.

Die beiden freuten sich darüber, dass Marie Interesse an

ihren Pferden zeigte. Bahadur, der ältere Junge mit ganz kurz geschnittenen Haaren, legte Marie das Ende seiner Zügel in die Hand. Marie nahm das Angebot aufzusteigen sofort an.

Der mongolische Holzsattel war gewöhnungsbedürftig, und Marie hatte schon lange nicht mehr auf einem Pferd gesessen. Die Jungen feuerten sie an: *Urgscha! – Vorwärts!*

Marie trabte eine große Runde und kam lachend zurück.

Inzwischen hatte Bajar sein Pferd Jens überlassen. Der saß mit nacktem Oberkörper ohne Sattel auf dem Rücken des kräftigen kleinen Pferds. Jens hielt mit einer Hand die Zügel und streckte den anderen Arm nach vorn, zeigte in die Steppe und rief zu Marie: *Urgscha!*

Beide ritten nebeneinander los, geradeaus in die Weite.

Bahadur hatte unterdessen Maries provisorische Angel entdeckt, besah sie sich genauer, brachte einen aus dem Uferschlamm gegrabenen Wurm am Haken an und hielt die Angel ins Wasser. Dazu blieb er nicht wie Marie am Ufer stehen, sondern watete mit seinen Filzlatschen in den Bach hinein. Bajar, der Jüngere, ging ebenfalls ins Wasser und tat so, als ob er den Fischen stromabwärts den Weg versperren würde. Rasch entwickelte sich nach der Rückkehr vom Ausritt ein Spiel mit Jens, der ihm ins Wasser gefolgt war. Am Ende war immer noch kein Fisch gefangen, nur Bajar hatte viel Wasser in die Nase bekommen und schnappte nach Luft. Er schnaubte in den Ärmel seines Hemdes. Marie musste kichern. Sie kam sich fast ein bisschen blöd vor, dass sie nach einem Taschentuch gesucht hatte.

Am nächsten Morgen kehrten die Jungen zurück, diesmal mit ihren Kühen. Sie molken eine von ihnen und schenkten Marie die frische Milch. Jens bereitete zum ersten Mal in seinem Leben auf seinem Kocher mongolischen Milchtee zu. Er hatte den vorwiegend aus dünnen Zweigen und kaum aus Teeblättern gepressten Block Ziegeltee in Ulan Bator gekauft. Nun mischte er den Sud mit etwas Butter, Salz und der frischen Milch.

Sie tranken ihn gemeinsam zum Abschied.

Bevor die beiden Kinder verschwanden und die Kühe forttrieben, verspritzten sie die letzten Schlucke Tee in Richtung Jens und Marie, Zelt und Rucksäcke. Jens verstand nur eines der Worte: »Glück«.

PER ANHALTER erreichten Marie und Jens bald darauf Murun. Sie waren nun sechshundert Kilometer von Ulan Bator entfernt. Murun bestand, wie die meisten Siedlungen im Norden der Mongolei, aus einer Ansammlung von Holzhäusern und einigen wenigen Steingebäuden, in denen eine Schule oder eine staatliche Behörde untergebracht war. Außerdem gab es hier noch eine Zapfsäule, an der man Diesel tanken konnte, und zwei kleine Geschäfte.

Während der Lkw-Fahrer nachtankte, kauften Marie und Jens Butter, Eier, Backpflaumen, Käse und Marmelade ein. Dann war es nur noch ein kleines Stück bis zur Geologenbasis.

Die Basis entpuppte sich als sowjetische Bohrstation, die ganz in der Nähe des Ortes auf einem Hügel lag. Die Geologen suchten hier ausschließlich nach Bodenschätzen.

Als Marie und Jens eintrafen, hatten die Männer gerade eine Steinprobe aus ihrem Bohrloch an die Oberfläche geholt. Die beiden Russen erkannten in Jens, dem Biologen, einen, wenn auch entfernten, wissenschaftlichen Verwandten und führten ihn und Marie durch ihre Anlage. Anhand des Bohrkerns erklärten sie ihren Besuchern den

Aufbau des Gebirges. Was er davon verstehen konnte, übersetzte Jens für Marie.

Die Geologen fanden es nicht besonders verwunderlich, dass ein deutscher Forscher, ein Ornithologe, sich auf eine so weite Reise gemacht hatte, um seine wissenschaftlichen Kenntnisse zu vertiefen. Auch sie lebten hier in der Wildnis, Tausende von Kilometern von ihren Familien entfernt, und fühlten sich als Pioniere.

AM NÄCHSTEN MORGEN ging Jens in Murun zum Natschalnik. Diesen Posten hatten die Sowjets in jedem Distrikt eingeführt, es handelte sich um eine Art Bürgermeister oder Ortsvorsteher. Nicht unbedingt der beste, sondern aus sowjetischer Sicht der politisch zuverlässigste Mann bekam den Posten. Ausländer mussten sich bei dem Natschalnik eines Ortes anmelden. Jens brauchte außerdem seine Hilfe.

Er erzählte ihm seine Geschichte von der in Ulan Bator wartenden Ornithologen-Gruppe und fragte nach der nächsten Mitfluggelegenheit zum Reservat am Chöwsgöl Nuur. Der See war kaum eine Flugstunde entfernt, aber nur schwer mit Fahrzeugen zu erreichen. Der Natschalnik half gern, es schien sich um eine wichtige Sache zu handeln. Schon am nächsten Tag sollten Marie und Jens in einer kleinen Maschine mitfliegen können.

Morgens kamen die beiden rechtzeitig zum vereinbarten Ort und staunten, als sie das Propellerflugzeug am Rande eines Geländes entdeckten, das kaum als Flugplatz zu erkennen war. Um den Motor der Maschine war noch eine vergilbte Abdeckplane befestigt. Jens erklomm eine der Tragflächen, um einen Blick durch das Kabinenfenster zu werfen.

Nach einer Weile trafen der Pilot und einige weitere Personen ein. Der Pilot ging mehrfach um die Maschine herum, klopfte hier, klopfte dort. Doch als es endlich losgehen sollte, gab es nur noch einen freien Sitz.

Der Natschalnik, der auch gekommen war, überzeugte einen der Einheimischen, auf seinen Platz zu verzichten, damit Marie und Jens mitsamt ihrem Gepäck mitfliegen konnten. Marie wollte dem Natschalnik klarmachen, dass sie doch recht schmal sei und sich womöglich einen Platz mit Jens teilen könne, doch der Natschalnik wollte nichts davon wissen. Der Motor stotterte beim Anlassen und rumpelte zur Startbahn und Marie fragte sich kurz, ob es nicht doch besser gewesen wäre, der Einheimische hätte seinen Platz behalten.

EIN LÄRCHENWALD reichte bis ans Ufer des Chöwsgöl Nuur. Der tiefblaue See war von Steinen umsäumt, die in der Sonne leuchteten. Skelette von Bäumen und Wurzeln, von Wind und Sonne gebleicht, ragten aus dem Wasser. Das Flugzeug hatte die beiden nahe einer Bohrstation in der Nähe des Sees abgesetzt und war mit den anderen Passagieren weiter gen Norden gestartet.

Sie hatten nun alle Zeit der Welt, das war ihr Gefühl. Hier wollten sie vorerst bleiben.

Jens wusste, dass der riesige See auf Deutsch auch »Mongolisches Meer« genannt wurde, er fand den Namen nun, da er ihn sah, sehr berechtigt. Der See samt den hohen Bergen, die ihn umrahmten, wirkte auf ihn majestätisch.

Das Wasser des Chöwsgöl Nuur, hatte er gelesen, wurde auch im Sommer kaum wärmer als zehn Grad. Knapp fünfzig Flüsse mündeten in den See, aber nur einer fließe wieder heraus, erzählte er Marie. Und in jedem Winter friere er vollständig zu, auf dem meterdicken Eis kürzten dann schwer beladene Lastwagen ihre Wege ab. Eine solche Tour würde er zu gerne einmal mitmachen.

Jens wusste auch, dass aufgrund der niedrigen Wassertemperatur keine Algen entstehen konnten. Er sah nun mit eigenen Augen, dass das vom Ufer aus blau schimmernde Wasser wirklich glasklar war und man viele Meter in die Tiefe schauen konnte.

Sie bauten ihr Lager am Ufer zwischen den Lärchen auf. Durch Risse und Wunden in der rauen Rinde der Lärchen waren an vielen Stellen bernsteinfarbene Tropfen ausgetreten, und es umgab sie ein wunderbar würziger Duft von Baumharz.

Jens wollte die Vögel beobachten, deren Rufe von allen Seiten ertönten. Er hatte ein kleines Netz dabei, um sie zu fangen, zu begutachten und wieder freizulassen. Er spannte es zwischen zwei Bäumen auf.

Marie hatte Lust bekommen zu zeichnen und setzte sich auf einen Baum, der mehr lag als stand und seinen Wipfel schräg in den Himmel reckte. Im eiskalten Wasser schwammen Hunderte Enten.

Nachts wurde Marie von einem Rascheln an der Zeltwand wach. Jens rührte sich nicht. Sie öffnete vorsichtig das Zelt und schlüpfte durch die Öffnung nach draußen.

Es war eine Vollmondnacht. Marie staunte, wie hell es um ihren Lagerplatz herum war. Das Wasser des Sees glänzte, die Lärchen warfen lange Schatten. Es war etwas windig, sie fröstelte, doch die klare Nacht lockte sie weiterzugehen. Neben dem leichten Schlagen der Wellen, das sie jetzt deutlicher als am Tag hörte, drangen tiefer aus dem Wald noch andere Geräusche, die sie nicht einordnen konnte.

In einem der Bäume entdeckte Marie ein orange leuchtendes Augenpaar, dessen Besitzer seinen Kopf leicht bewegte. Sie erinnerte sich nicht daran, jemals eine so große Eule gesehen zu haben. Vielleicht war es ein Uhu? Jens hätte es sicher gewusst. Mit einem kräftigen Flügelschlag erhob sich das Tier, stürzte sich auf eine lichte Stelle am Uferstreifen, um dort etwas zu erbeuten, und verschwand im Wald.

Am nächsten Morgen waren nur Fledermäuse im Fangnetz verstrickt. Beim Versuch, sich zu befreien, hatte sich eine davon besonders schlimm verwickelt. Marie knüpfte sie behutsam heraus, die Fledermaus war erschöpft, und Marie, die noch nie ein solches Tier von Nahem gesehen und berührt hatte, konnte sie noch eine Weile in der Hand halten und betrachten, ihr weiches Bauchfell und die kleinen Finger mit Daumen, die dünne Flughaut.

Marie hatte Jens von ihrer nächtlichen Begegnung berichtet, und Jens erklärte ihr, dass sie tatsächlich einen Uhu, der orangefarbene Augen habe, gesehen haben müsse und dass der Uhu in der Mongolei beinahe ausgerottet worden sei, obwohl er als heiliger Vogel galt. Die früheren mongolischen Anführer hätten sich seine Federn an ihren Hut gesteckt in der Hoffnung, dass die Kraft und Scharfsicht des Vogels auf sie übergehe. Darum habe man Jagd auf ihr Gefieder gemacht.

Er beneidete Marie um ihr Erlebnis.

Mit seinem Fernglas suchte Jens Bäume und Himmel nach Vögeln ab. Mehr als drei Dutzend verschiedene Arten trug er in sein Buch ein.

So weit entfernt von der Zivilisation änderte das Leben seinen Takt. Marie und Jens blieben am Chöwsgöl Nuur, ohne die Tage zu zählen. Marie überkam das seltene

Gefühl, einfach da zu sein und sich ganz und gar treiben lassen zu können.

Mittags war es heiß, um die dreißig Grad, nachts konnte die Temperatur auf wenige Grad über null absinken. Jens blickte in der Nachmittagssonne schläfrig auf den See und beobachtete Marie. Sie hatte sich bis zu den Knien ins Wasser des blau schimmernden Sees gewagt. Ihr Rücken hatte inzwischen die gleiche ockerbraune Farbe wie die Steppe, die sie durchfahren hatten. Marie schöpfte sich mit der Hand das Wasser über die Schultern. Es war wirklich glasklar, kalt und erfrischend, doch lange baden konnte man darin nicht.

Jens machte vom Ufer aus ein Foto, blinzelte und schloss dann die Augen. Er ließ sich zurücksinken. Er spürte die harten Grashalme unter seinem Rücken.

Chöwsgöl Nuur, inzwischen war der Klang dieses Namens ihm vertraut. Als sich Marie neben ihn legte, spürte er, wie kalt ihre Haut vom Baden war.

Was ist, wenn wir die letzten Menschen auf dieser Erde sind?

Jens musste lachen: *Wie meinst du das?*

Na, stell dir doch mal vor, es gäbe niemanden mehr außer uns. So wie hier. Und wir könnten tun und lassen, was wir wollen. Wir könnten doch für immer hier an diesem blauen See liegen.

Jens küsste sie.

Na, dann wäre das Leben wahrscheinlich irgendwann ganz schön langweilig.

Sie lächelte und tat erbost.

Na warte... mit dir reise ich noch mal ans Ende der Welt.

Er wurde wieder ernst, sah sie an und sagte:

Ich bin froh, dass bis hierhin alles so gut geklappt hat.

Und wie schön, dass du mit mir hier bist. Ich kann mir nichts Besseres vorstellen.

Jens machte eine Pause. Marie schwieg.

Du willst für immer hier bleiben? Mich zieht auch nichts zurück. Ich kann es mir nicht mehr vorstellen, wieder so eingeengt zu leben.

Sie lagen lange einfach nur da, es war fast windstill, außer dem leisen Rufen der Sandregenpfeifer war nichts zu hören. Der See schien unbewegt, wie eine spiegelglatte blaue Fläche lag er in der Landschaft.

Marie summte ein Lied und sagte dann:

Seitdem ich hier mit dir am See bin, Jens, habe ich die Sehnsucht, einer der Vögel hier zu sein und da landen zu können, wo es gut für mich ist …

Sie dachte an ihre Schwester und ihre Eltern und daran, was sie in diesem Moment wohl machten. Schnell schob sie diesen Gedanken zur Seite.

… und ich bräuchte gar nicht über solche Fragen nachzudenken und könnte überall hinfliegen und bleiben, wo ich will.

Jens ging ein paar Schritte zum Feuer, auf dem eine Suppe aus Steinpilzen und Kräutern köchelte.

Aber das können wir doch jetzt, Marie!

Er hatte eine Bank und einen kleinen Tisch aus Ästen gezimmert, darauf stellte er zwei Teller. Es war, als wohnten sie jetzt hier.

DIE TAGE VERGINGEN. Marie zeichnete und schrieb in ihrem Tagebuch, Jens suchte Pilze, beobachtete Vögel und trug alles über sie in ein kleines Heft ein. An einem Nachmittag saßen beide am Ufer des Sees und sahen zu, wie sich am Himmel die Wolken auftürmten. Es wurde seltsam still um sie herum. Selbst die Vögel waren verstummt.

Die Sonne verschwand und ein starker Wind kam auf. Über die Berge, die den See einrahmten, trieben blauschwarze Wolken mit hohem Tempo auf sie zu. Es wetterleuchtete. Plötzlich fiel eine weiße Kugel neben Marie ins Gras. Pflaumengroße Eisstücke schlugen am Ufer auf die Steine und zersprangen. Einen Moment lang blickten die beiden dem Schauspiel fasziniert zu, dann griff Jens Maries Hand.

Los, komm!, rief er und zog sie in ihr Lager.

Der Hagelschauer würde ihr Zelt zerreißen, fürchteten sie.

Dann war es wieder ganz still.

Marie öffnete das Zelt.

Kapitel 12 **In der Jurte**

Genauso schnell, wie der Hagelsturm gekommen war, genauso schnell hatte er sich wieder gelegt. Als Marie aus dem Zelt sah, schien bereits wieder die Sonne, nur eine weiße Schicht aus Eiskörnern bedeckte noch hier und da den Boden am Ufer des Sees.

Die Zeit für den Aufbruch war gekommen, und sie verließen ihr Lager am Chöwsgöl Nuur. Von der nahe gelegenen Geologenstation gelangten sie mit einem der selten verkehrenden Lkws zurück nach Murun. Dort erfuhren sie von einem Flug, der am nächsten Tag über einige Stationen nach Chowd gehen sollte, eine Distrikthauptstadt etwa achthundert Kilometer entfernt im Westen der Mongolei.

In Chowd wollten sie zu einem jungen Mann namens Tanju, den Jens bei einer früheren Reise durch Russland im Zugabteil kennengelernt hatte. Sie hofften, nach den einsamen Tagen am See nun etwas vom Leben der Nomaden kennenzulernen.

Marie und Jens übernachteten in der Nähe von Murun. Ihr Zelt hatten sie diesmal viel zu nah an einer Straße aufgeschlagen, sie wurden immer wieder vom Lärm einzelner Fahrzeuge wach und waren am früher Morgen sehr müde. Sie verschliefen fast die Abflugzeit, packten schnell ihr Zelt zusammen und eilten zum Flugplatz. Sie wollten den Flug keinesfalls verpassen.

Sie waren pünktlich und trotzdem viel zu früh. Niemand war da. Kein Flugzeug weit und breit, es flog einfach nicht zur versprochenen Zeit. Sie mussten warten.

Es machte ihnen inzwischen immer weniger aus, wenn sie warten mussten. Sie hatten längst verstanden, dass ihr Zeitgefühl nichts mit dem der Mongolen zu tun hatte. Die Uhr spielt in diesem Land keine große Rolle. Man kommt, wenn man so weit ist, man geht, wenn man alles gesagt oder getan hat. Wichtiger als die Uhrzeit ist die Stimmung, in der man sich trifft oder auseinandergeht. Marie und Jens lernten abzuwarten, was sich entwickeln würde. Die Leute hier waren auf ihre Art zuverlässig, am Ende wurde ein Problem stets gelöst.

Es klappte auch diesmal. Ein Frachtflugzeug landete, der Pilot ließ sie umsonst mitfliegen. Sie stiegen vom Heck her mit sechs anderen Passagieren in die riesige russische Maschine ein. Sämtliches Gepäck wurde in der Mitte des Frachtraumes gestapelt und festgezurrt, Marie und Jens bekamen jeder einen Fensterplatz auf einer schmalen Bank.

Als sie über die Ausläufer der Wüste Gobi flogen, war der Himmel wolkenlos. Sie überquerten das lange Band der Chongorin Els, einer der größten Wanderdünen der Welt. An ihrem Fuß schlängelte sich ein Fluss entlang, an dem hin und wieder kleine Oasen zu sehen waren. Während sie darüber hinwegflogen, änderte die Düne ihre Farbe, erst schimmerte sie gelb, dann leuchtete sie silbern zu ihnen hinauf. Jens bedauerte, dass sie im Flugzeug nicht das singende Geräusch der nachrutschenden Sandkörner hören konnten, von dem er gelesen hatte.

Nach einem Zwischenstopp ging es weiter Richtung Nordwesten nach Chowd, stundenlang über menschenleeres Land. Hin und wieder entdeckte Marie tief unter ihrem Fenster glitzernde Wasserflächen mitten in der Wüste.

Auch davon hatte Jens gelesen.

Gobi bedeutet Welt ohne Wasser. Aber nur ein kleiner Teil der Wüste besteht aus reinem Sand. Es gibt die Steppen- und die Steinwüste. Das da unten sind gefrorene Dünenfelder. Im Winter geht die Temperatur in der Gobi auf minus fünfzig Grad runter, und im Sommer tauen manche Ecken nicht auf. Durch den Dauerfrost in den Bodenmulden kann der Regen, wenn er fällt, nicht versickern. Darum sind dort Salzseen entstanden.

Marie fragte sich, ob es in der Mongolei irgendetwas gab, worauf Jens sich nicht vorbereitet hatte. Sie war überrascht, wie viele Seen unterschiedlicher Größe mitten in der Wüste existierten, ohne grüne Ufer, ohne Bäume oder Sträucher, direkt umgeben von Trockenheit.

Bald darauf wandelte sich die Landschaft wieder. Jens fotografierte, obwohl es der russische Pilot verboten hatte, das Flussdelta des Chowd Gol mit seinen vielen kleinen Flussarmen inmitten von grünen Weideflächen und mit den kahlen Bergen im Hintergrund. Weit verstreut im Grün leuchteten die weißen Jurten der Nomaden, der einzigen Bewohner, die selbst in der Gobi noch genug zum Leben fanden.

Der Fluss, der dort unten türkisfarben schimmerte, mündete in den Süßwassersee Char-Us-Nuur, den schwarzen Steppensee, der besonders groß und dabei sehr flach war, kaum tiefer als vier Meter. Der See hatte Jens schon lange fasziniert. Hier machten Vögel Hunderter verschiedener Arten Rast, wenn sie nach Süden flogen. Ein Traum für Ornithologen. Er hatte bei seinen Besuchen in der Stadtbibliothek einen Artikel über den See in der »Großen

Sowjetischen Enzyklopädie« gefunden. Der See war ein unter Wissenschaftlern weltweit berühmtes Naturschutzgebiet. Nun flog er selbst darüber hinweg, bald würde er in dessen Nähe landen.

Die Stadt Chowd war umrahmt von den schneebedeckten Höhen des Altaigebirges, ein Schnittpunkt uralter Handelswege. In diesem Teil der Mongolei regnete es öfter mal. Die Kleinstadt empfing sie mit viel Grün, es gab Bäume, Sträucher und Felder, auf denen Zuckermelonen angebaut wurden. Die meisten der gut zehntausend Bewohner hatten im Ort ihre Jurten eng zusammengestellt und lebten immer noch von der Viehzucht. Manche hatten Steinmauern um das kleine Grundstück errichtet, auf dem ihre Jurte stand, andere lebten in mehrstöckigen Steinbauten. In einem einfachen Flachbau gab es auch eine kleine Universität.

Sie fanden den Ort überschaubar und suchten die Adresse, die sich Jens notiert hatte, in einem kleinen Viertel mit Wohnblocks. Tanjus Wohnung war dennoch schwer zu finden. Marie wunderte sich, dass es nirgendwo Namen auf den Klingelschildern gab, lediglich Nummern. Sie lachte beim Gedanken, dass Nomaden und Klingelknöpfe ja auch schwer zueinanderpassten.

Als Jens einen Mann ansprach und den Namen sagte, wusste der sofort, wo der junge Mongole lebte.

Tanju freute sich darüber, Jens wiederzusehen. Er hatte zwei Jahre lang Geologie und Tiefbohrung in der DDR studiert. Damals hatte er Jens auf der Rückreise in seine mongolische Heimat getroffen und den bärtigen deutschen Studenten gleich eingeladen, seine Sippe kennenzulernen. Vielleicht, meinte Tanju, könnte man zusammen in die Berge des Hoch-Altai steigen.

Tanju hatte in Halle recht gut Deutsch gelernt und war froh, die fremde Sprache wieder einmal sprechen zu können.

Sie machten einen Streifzug durch die Stadt. Auf dem Markt fielen Marie die vielen Stände der Melonen- und Gemüseverkäufer auf. Sie hatte gehört, dass die Mongolen nur Fleisch und niemals Gemüse essen. Tanju sagte ihr, dass die Händler Kasachen seien, für die der Anbau von Gemüse üblich sei.

Sie haben keine Nomadentradition wie wir. Ackerbau ist nicht die Sache der Tuwa, meines Stammes. Wir sind Viehzüchter, das liegt auch an unseren religiösen Traditionen. Wir haben Respekt vor der Mutter Erde. Sie darf nicht mit dem Pflug oder der Hacke verletzt werden. Nicht mal meine Schuhspitze soll den Boden beschädigen, darum die hochgebogenen Stiefelspitzen. Und deshalb schaufeln wir auch für unsere Toten keine Gräber.

Hier in Chowd ist aber alles etwas anders als sonst in der Mongolei, hier lebt eine Mischung verschiedener Völker, und wir kommen alle gut miteinander aus.

Sie kauften eine Wassermelone, setzten sich in den Schatten eines Baumes und zerteilten sie.

Marie wollte mehr über die Tuwa wissen. Tanju führte sie zu einer Ausstellung in der Hauptstraße, die über die zehn Volksstämme im Distrikt von Chowd informierte. Jens staunte, dass die Zugehörigkeit zu einem Stamm sogar in den Personalausweisen vermerkt wurde. Marie interessierte sich für die alten Musikinstrumente der Nomaden, Geigen, die wie ein Cello zwischen die Beine geklemmt werden, mit einem langen Hals, dessen Ende ein aus Holz geschnitzter Pferdekopf zierte. Nach dem Besuch drängelte Tanju, sie hätten genug Zeit in der Stadt verbracht, er wolle ihnen endlich seine Familie vorstellen.

Meine Eltern leben noch ganz traditionell in ihrer Jurte etwas außerhalb der Stadt in der Steppe. Dort gibt es auch noch mehr Verwandte, einige sind Pferdezüchter, andere haben Schafherden. Sie werden sich freuen, wenn ich so ungewöhnliche Gäste mitbringe.

Ein Freund Tanjus fuhr sie mit einem uralten Kleintransporter in Richtung Berge hinaus. Marie und Jens schauten von der Ladefläche aus zu, wie Chowd kleiner und kleiner wurde.

Ihr Wagen war schon von weitem bemerkt worden und Tanjus Verwandte hatten die kläffenden Hunde angebunden. Nahe der Jurte waren Schafe hinter einem Holzgatter eingepfercht, an einem zwischen zwei Pflöcken gespannten Draht waren einige Pferde so angeleint, dass sie sich noch gut bewegen konnten. Etwas weiter weg graste eine kleine Herde Ziegen, die lieferten die begehrte Kaschmirwolle.

Tanjus Eltern standen vor dem Eingang ihrer Jurte, Tanju sprang von der Ladefläche herab, begrüßte sie und stellte ihnen seine Besucher vor. Aus den anderen Jurten kamen Onkel, Tante, Cousinen und ein paar jüngere Neffen und Nichten, um die Besucher zu betrachten.

Tanjus Vater stellte Fragen. Wie alt sie seien und wie viele Kinder sie schon hätten. Dann wollte er von Jens wissen, wie viele Tage man mit dem Pferd von hier bis zur Wohnung in seiner Heimatstadt brauche.

Es war das erste Mal, dass Jens nicht sofort eine Antwort wusste. Marie lachte. Sie konnte sich gut vorstellen, den Ritt mit Jens zu wagen.

Nun bat Tanjus Vater alle in sein Zelt hinein.

Worauf sie beim Betreten einer Jurte achten sollten, hatte ihnen schon Galsan in Ulan Bator erzählt. Jens duckte sich, um durch die niedrige, bunt bemalte Tür zu kommen. Er machte einen großen Schritt, um nicht auf die Schwelle zu treten, denn dort, so glauben die meisten Mongolen, wohnen die guten Geister, die die Behausung schützen und die man nicht durch Tritte beleidigen dürfe, sonst bringe es Unglück.

Wir Kinder durften auch nie auf der Schwelle sitzen, erinnerte sich Tanju. *Heute gibt es offenbar neue Geister, die achten auf so etwas wohl nicht mehr. Denn die Enkelkinder dürfen es, ohne dass meine Eltern sie ermahnen oder wegscheuchen.*

Marie steckte ihren Kopf durch die Tür, blickte kurz um sich und trat dann mit ihrem rechten Fuß ein, ohne die Schwelle zu berühren.

Ihr seid schon richtige Mongolen geworden, sagte Tanju. Jens folgte ihm und dem Hausherrn in die linke, die Männerseite der Jurte. Marie blieb unschlüssig stehen, bis die Hausherrin jeweils einen kleinen Holzhocker auf die Männer und die Frauenseite stellte. Marie und Jens nahmen die ihnen zugewiesenen Plätze ein.

Tanju setzte sich Marie gegenüber und erzählte.

Es ist nicht nur bei den Tuwa so, dass die Sitzordnung seit alters her genau geregelt ist und jeder Gast nach Alter, Rang und Wertschätzung seinen Platz einnehmen darf. Die Frauen rechts, die Männer links. Gegenüber dem Eingang sitzt der Hausherr, direkt neben ihm ist der ehrenvollste Platz. Dort steht auch der Hausaltar mit den Ahnenfiguren, heute ist da meist ein Schrank mit Familienfotos. Die alten Regeln sind noch immer in den Köpfen, werden aber nicht mehr überall befolgt.

Kaum saßen die beiden, bekamen sie auch schon die obligatorische Schale frisch gebrühten Ziegeltee mit Salz und Milch in die Hand. Aus Höflichkeit stützte Tanjus Mutter dabei mit ihrer linken Hand den rechten Arm und goss mit der Glück bringenden rechten Hand den Tee in die Schale. Als alle Schalen gefüllt waren, tauchte die alte Tante einen Finger der rechten Hand in den Tee und schnipste ein paar Spritzer Richtung Herd.

Für den Herdgeist, flüsterte Tanju.

Diese Geste gefiel Marie, die alles aufmerksam beobachtete. Sie nahm mit beiden Händen die Schale entgegen. Jens bekam höfliche Fragen gestellt: *Seid ihr wohlauf?* Er bemühte sich, noch höflicher darauf zu antworten: *Wir sind wohlauf und wir sind sehr glücklich, hier zu sein.* Jens wusste, dass eine Begrüßung ein Ritual ist, bei dem besonders blumige und freundliche Worte gewechselt werden. Wer etwas vom anderen will oder gar ein Problem ansprechen muss, tut dies erst später in einem passenden Moment der Unterhaltung. So tauschte er Floskeln über Schönheit und Wetter der Mongolei sowie die Aufmerksamkeit der Gastgeber aus. Tanju übersetzte. Marie sah sich um.

In der Mitte stand ein eiserner Herd, dessen langes Ofenrohr in einer runden, metergroßen Öffnung im Dach der Jurte verschwand. Neben dem Ofen stand ein Korb mit getrockneten Kuhfladen als Brennstoff. Weder roch es merkwürdig, noch räucherte der Ofen. Auf dem Boden der Jurte lagen bunt geknüpfte Teppiche übereinander, es gab eine bemalte Truhe, ein Schränkchen, Regalbretter, einen Sattel und Zaumzeug. Die dicke Filzhaut der Jurte wurde von einem Gitter aus biegsamem Holz gestützt, das sich beim Transport leicht zusammenschieben ließ. Eine

Wohnung, die einen nicht festhält, dachte Marie, mit der man immer leicht weiterziehen kann. Wehmut stieg in ihr hoch.

Tanjus Mutter brachte Nudeltaschen, gefüllt mit Hammelfleisch, Plätzchen aus getrocknetem Quark und Brot aus Weizenmehl, das in einer Pfanne mit Fett knusprig ausgebacken worden war. Die Tante knetete einen Teig, den sie flach auswalzte und in schmale Streifen schnitt. Sie kamen als Nudeln in die Suppe mit dem fetten Fleisch.

Zu trinken gab es dazu Airag, vergorene Stutenmilch, ein milchiges, wässriges Getränk, säuerlich und kribbelnd, mit dem Alkoholgehalt von Starkbier. Das machte sich in ihren Beinen bemerkbar, als Jens und Marie schwerfällig aufstanden, um noch vor der Dämmerung ihr Zelt aufzubauen. Die jüngsten Nomadenkinder begleiteten sie und sahen zu, wie sie ihre Schlafstätte errichteten.

Als sie in die Jurte zurückkamen, war ein neuer Besucher erschienen. Sein Motorrad hatte er draußen abgestellt und drinnen den Platz neben dem Hausherrn eingenommen. Er war mit Tee, Tabak und Pfeife begrüßt worden. Alle schauten auf den Hausherrn und den anderen Mann. Auch die Kinder spielten nicht mehr herum, sondern saßen still und beobachteten die Szene.

Der Hausherr lächelte, aber ganz offensichtlich gab es ein Problem. Marie und Jens verstanden nicht, worum es ging. Doch nicht etwa um sie? Jens verstand nur einzelne Worte, aber die fielen immer wieder: *Heur german – zwei Deutsche.*

Tanju erklärte ihnen leise, der Besucher sei der Chef des Sumons, eine Art Gemeindevorsteher, der – von den Behörden eingesetzt – für die in dieser Gegend lebenden Nomaden zuständig sei. Er war gekommen, weil er gehört habe, es gebe Besuch von Ausländern, die sich nicht angemeldet hätten.

Die Augen von Sumonchef und Hausherr richteten sich beim Sprechen auch immer wieder auf Marie und Jens. Die beiden merkten, wie eine Spannung in ihnen hochstieg, die sie lange nicht mehr gefühlt hatten. Sie hatten beinahe vergessen, wie es zu Hause gewesen war, wenn dort ein Vertreter der Obrigkeit auftauchte. Aber sie mussten sich in diesem Moment nicht selbst verteidigen, Jens musste keine Geschichte erfinden. Der Hausherr führte die Verhandlung, und selbst wenn sie ihn nicht verstanden, so sahen sie ihn doch schmunzeln und spürten seine Ruhe und Unbeirrtheit.

Ab und zu übersetzte ihnen Tanju etwas vom Gespräch.

Der Sumonchef forderte Tanjus Vater auf, die Ausländer fortzuschicken, doch der Vater schüttelte den Kopf. Er wartete ab, bis eine der Frauen Tee nachgeschenkt hatte.

Dann fragte er den örtlichen Vertreter der Staatsmacht:
Wem gehört die Jurte, in der du mit uns Tee trinkst?
Er antwortete selbst.

Das ist meine Jurte! Und ich allein bestimme, wer bleibt und wer geht!

Der Sumonchef gab sich noch nicht geschlagen.

Jeder Besucher muss vorher gemeldet werden, so ist nun mal die Vorschrift.

Der Hausherr schmunzelte erneut und zeigte auf das Loch in der Mitte der Jurte, wo man ein kleines Stück vom Himmel sehen konnte.

Der Abend ist doch schon angebrochen, und morgen ist bestimmt immer noch ein guter Tag für die Anmeldung.

So ging es eine Weile hin und her, die Auseinandersetzung war ein Kräftemessen zwischen den beiden Männern.

Um die Situation zu entspannen, holte Marie aus dem Zelt die Visa und Ausweise. Jetzt mischten sich die beiden in das Gespräch ein, zeigten dem Sumonchef ihre Papiere und versprachen, sich morgen zu melden.

Damit war der von den Behörden eingesetzte Aufpasser entlastet. Er rauchte noch eine letzte Pfeife mit dem Hausherrn, bevor er mit seinem Motorrad in die Nacht davonfuhr. Marie und Jens bekamen frisch gebrühten Tee nachgeschenkt.

Ihnen war klar, dass nicht jeder sich angesichts eines Vertreters der Obrigkeit so selbstbewusst verhielt wie ihr heutiger Gastgeber, der unangemeldete Besucher in die Jurte seiner Familie einlud, mit Tee und Essen bewirtete und ihnen erlaubte, die Nacht dort zu verbringen. Tanju freute sich, dass sich die nomadische Unabhängigkeit der Tuwa durchgesetzt hatte.

Solch ein Verhalten hätte ich mir öfter von Leuten bei uns daheim gewünscht, sagte Jens später im Zelt zu Marie.

Sich nicht immer gängeln lassen, wenn die Macht kleinlich ausgeübt wird. Mehr Mut gegenüber selbst ernannten Autoritäten. Ich kann jedenfalls nicht vergessen, wie selbst der Professor, der für mich ein Vorbild war und der mich und meine Art, freier zu studieren, wirklich schätzte, im entscheidenden Moment geschwiegen und sich nicht für mich eingesetzt hat.

Marie antwortete, sie habe die Menschen in der DDR auch anders erlebt.

Weißt du noch, als ein Polizist meine Freundin Steffi und mich in dem Ostseebad kontrollieren und verjagen wollte? Wir hatten den ganzen Tag am Strand Scherenschnitte von den Urlaubern gemacht und sie verkauft, um uns Geld für die nächste Reise zu verdienen. Die konnten die Leute dann als Urlaubsgruß verschicken. Wir waren da spontan hin-

gefahren und hatten nicht mal ein Zelt dabei oder was zum Schlafen. Wir wussten ja auch nicht, ob es klappen würde. Aber im Laufe des Tages wurde die Traube um uns herum immer größer. Das hat die Volkspolizei wohl beunruhigt. Sie wollten unsere Ausweise und den Erlaubnisschein sehen. Da sind wildfremde Leute für uns dazwischen gegangen, und der Polizist musste wieder abziehen, so wie der Sumonchef gerade.

Sie vertraue darauf, dass es auch zu Hause genug mutige Menschen gebe, sagte Marie.

Menschen, die sich nicht alles gefallen lassen wollen und dementsprechend handeln.

Jens starrte auf die Zeltwand.

Das hab' ich früher auch gedacht. Aber davon hab' ich zu wenige kennengelernt.

AM NÄCHSTEN TAG ließen sie sich von Tanjus Freunden zum Wüstensee Char-Us-Nuur fahren. Ihm und seiner Familie wollten sie weitere Probleme durch ihre Anwesenheit ersparen und sich selbst Anmeldung, Ausweiskontrollen und Befragungen. Nach der Aufregung am Abend war Marie froh, erneut in die Einsamkeit der freien Landschaft aufzubrechen, ohne genau zu wissen, wo sie am Ende des Tages ihr Lager aufschlagen würden. Geschützt im Auto konnten sie mehrere Gewitter am Horizont beobachten.

Der Wagen fuhr lange durch unwegsames Gelände, und erst am Nachmittag kamen sie am See an. Ihr Fahrer riet ihnen, ihr Zelt nicht in der Nähe der Büsche aufzubauen, weil sich unter ihnen die Mücken aufhielten. Sie folgten seinem Rat, doch kaum begannen sie ihre Sachen auszupacken und das Zelt zu errichten, griffen Zehntausende der unangenehmen Blutsauger an, und sie krochen rasch hinein, sobald das Zelt stand. Nun war nur noch das Surren bedrohlich. Erst als es kühler wurde und etwas Wind aufkam, der die Insekten vertrieb, wagten sie sich wieder aus dem Zelt heraus.

In der Abenddämmerung gingen sie am seichten Seeufer entlang. Eine Schar Steppenhühner zog mit pfeifendem Fluggeräusch über ihre Köpfe hinweg. Jens hatte diese Art noch nie gesehen, er war begeistert. Es waren noch mehr Vögel unterwegs, Wiedehopfe und Steinschmätze, er versuchte, so viele wie möglich zu zählen, und trug ihre Namen in sein Notizbuch ein. Zu seiner großen Freude entdeckte er endlich auch die seltene Vogelart, die er zuvor im Donaudelta gesehen hatte.

Marie fing zwei Agamen, kleine drachenähnliche Echsen, die sie in eine Plastikdose sperrte, in die sie Luftlöcher stach. Am nächsten Morgen setzte sie die beiden ins Zelt, damit sie tagsüber alle Insekten vertilgten. Sie waren aufgrund ihrer Tarnfarbe, die dem Erdboden der Steinwüste glich, kaum zu sehen, wenn sie reglos ihren Kopf hochstreckten. Abends, bevor sie mit Jens das Zelt bezog, quartierte sie die Agamen wieder in die Dose ein, die sie nachts draußen abstellte.

Kapitel 13 **Die Wüste**

Ihr nächstes Ziel war die Oase Echin Gol. Bis dahin waren
es rund tausend Kilometer durch die Gobi-Wüste, die
sie per Anhalter hinter sich bringen wollten. Über Altain,
Bajanchongor und Shinejinst sollte es gehen, diese Orte
hatte sich Jens auf der Karte markiert, die er immer wieder auseinanderfaltete und studierte.

Der erste Lkw, der aus Chowd kommend die Piste in
der Nähe des Sees entlangfuhr, nahm sie gleich mit. Sie
merkten aber bald, dass es besser war, den Fahrern nichts
von ihrem weit entfernten Ziel und ihrer Fahrtroute zu
sagen. Denn eine solche Tramptour konnte sich keiner
vorstellen. Die Männer hielten das für einen gefährlichen
Irrsinn unwissender Fremder.

Wenn sie erwähnten, dass sie nur ein Stück weit mitfahren
wollten, bis zu irgendeiner Kreuzung von Wüstenpisten,
wollte sie dort keiner absetzen. Der nächste Lastwagen
komme an dieser Stelle sicher erst in drei Tagen vorbei, sagte
einer der Fahrer. Ein anderer ließ sich ihre Wasserflaschen
zeigen und kontrollierte, ob sie wirklich noch gut gefüllt
waren. Sie mussten fast darum kämpfen, aussteigen zu dürfen. Es gelang ihnen dennoch, auf der Strecke bis Echin
Gol mehr als ein Dutzend Mal das Fahrzeug zu wechseln.

An einer Kreuzung mussten sie wirklich länger als einen
halben Tag warten, bis der nächste Lkw hielt, um sie auf-

zunehmen. Zum Glück war es ein trüber Tag ohne Sonne, und der Wasservorrat reichte aus.

Als die Straße nach einigen Stunden Fahrt gegen Mittag breiter wurde und einige einzeln stehende Steinhäuser auftauchten, hielt der Fahrer an einem karg bewachsenen Platz an und die Fahrgäste stiegen aus. Es war grau und düster. Von den dreißig Mitreisenden kam einer auf sie zu, der ihnen bis dahin nicht aufgefallen war. Er trug Schlips und Anzug und wollte wissen, was sie hier in der Gegend machten. Jens erzählte wieder einmal die Geschichte von den Ornithologen und dass sie ihrer Gruppe vorausfahren würden.

Marie interessierte sich währenddessen für die dampfende Garküche am Straßenrand, auf die alle zusteuerten. Wie eine Raststätte, dachte sie, nur mitten in der Wüste.

Um einen mit Holz befeuerten Ofen, aus dessen Mitte sich ein dickes Rohr erhob, wirbelten mehrere junge Mädchen. Zuerst gab es Weißbrot mit Zucker bestreut, eine für diese Gegend übliche Vorspeise, dann gefüllte Teigtaschen und Nudelsuppe mit Hammelfleisch. Marie hätte gern fotografiert, war aber unsicher, ob man nicht protestieren würde.

Nach ausgiebiger Rast ging die Fahrt weiter. Marie und Jens ließen sich nach einiger Zeit an einer Kreuzung im Nirgendwo absetzen.

Sie machten es sich mit ihren Rucksäcken bequem. Marie fütterte die beiden Agamen, die sie wie Haustiere mitgenommen hatte, mit Ameisen.

Weißt du was, Jens? Die beiden kleinen Drachen brauchen einen Namen. Was hältst du von Pantalone und Arlecchino? Aus der Commedia dell'Arte?

Jens hatte die Augen geschlossen und döste in der drückenden Mittagshitze.

Am Nachmittag hielt ein Lkw. Sie quetschten sich zu den Einheimischen auf die Ladefläche, auf harte Säcke voller Salz.

Der Wind brauste ihnen um die Ohren, sie sahen über die steinige Steppe weit bis zu den schneebedeckten Bergen des Altai. Dort oben gab es Schneeleoparden, irgendwo in der Wüste hier lebte noch der legendäre Gobibär, es gab die letzten Herden von Wildeseln, die man aber nur selten zu Gesicht bekam.

Der Fahrer hatte einen leicht eiernden Kassettenrekorder im Führerhaus und nach hinten raus, zur Ladefläche hin, hatte er einen Lautsprecher angebracht. In seiner Kabine drängten sich fünf Männer, und zu ihnen auf die Ladefläche stiegen immer wieder neue Passagiere. Jeder machte noch Platz, die Kinder schmiegten sich eng an ihre Mütter. Fast alle trugen Lederstiefel mit nach oben gebogenen Spitzen und einfache, bunt bestickte Deels, manche Frauen hatten sich um die Hüften einen orangefarbenen Seidenschal gewickelt. Die Steine und Furchen in der Fahrrinne ließen den Wagen wie ein Schiff hin- und herschaukeln.

Die Männer und Frauen sangen die volkstümlichen Melodien, die aus dem Lautsprecher erklangen, begeistert mit. Marie erfreute ihre Sitznachbarn, wenn sie versuchte, die mongolischen Lieder mitzusingen.

Die Berge wurden kleiner, bald war nur noch karge Steppe um sie herum. Die Sonne brach wieder durch, und über ihnen zogen scharenweise Vögel wie selbstverständliche Begleiter des Lkws.

Die weite Steppe, der Gesang der Fahrgemeinschaft, die Vögel am Himmel – für Marie und Jens hätte die Fahrt ewig weitergehen können.

DAS OFFENE LAND der Wüstensteppe ermöglichte es dem Fahrer, andere Fahrzeuge schon von weitem auszumachen. Er beschleunigte die Fahrt, als er sah, dass sich zwei Lkws von rechts näherten, um sie an der nächsten Pistenkreuzung zu treffen.

Marie beschloss, dass es hier günstig wäre umzusteigen. Sie verabschiedeten sich und bemühten sich mit ihrem Gepäck um einen Platz in einem der anderen Wagen, die ebenfalls voll besetzt und dazu noch hoch beladen waren. Ein Fleckchen auf einer Ladeplane, neben einem festgebundenen Ziegenbock, war noch frei.

Der zweite Wagen hatte eine komplette Jurte geladen. Offenbar waren sie jetzt im Treck einer Nomadenfamilie gelandet, die gerade dabei war umzuziehen.

Jens versuchte sich mit seinen paar Brocken Mongolisch zu verständigen. Marie grüßte: *Sayn bayna uu! – Guten Tag!* Das sorgte für freundliche Gesichter. So fuhren sie weiter bis in den Abend. Der Tag verabschiedete sich mit einem prächtigen Farbenspiel des Sonnenuntergangs.

Noch in der einsetzenden Dämmerung wurde mitten in der Steppe Rast gemacht. Auch der Ziegenbock wurde vom Lkw gehoben, Marie freute sich, dass ihm ebenfalls eine Pause gegönnt wurde.

Die Männer holten einen kleinen Metallofen von der Ladefläche, stellten ihn neben den Lkw und heizten ihn mit getrockneten Kuhfladen an, um darauf den salzigen Milchtee zu kochen. Die Kinder spielten mit den trockenen Fladen. Sie bauten Türme damit oder ließen sie als Fahrzeuge Spuren im Sand machen.

Marie hörte hinter sich ein kratzendes, metallisches Geräusch. Ein älterer Mann wetzte zwei Messer. *Für den Ziegenbock war es also die letzte Fahrt*, dachte sie.

Sie hatte noch nie erlebt, wie ein Tier geschlachtet wurde, kannte aber die Bilder aus Schlachthöfen, auf denen sie den Stress und die Angst der Tiere gesehen hatte. Jetzt war sie erstaunt, wie selbstverständlich und leicht hier, mitten in der Wüste, dem Leben der ahnungslosen Ziege ein Ende gesetzt wurde.

Einer der Männer umarmte die Ziege fest mit einem Arm und sprach mit ihr. In der anderen Hand hielt er das geschärfte Messer und glitt damit zu ihrem Bauch herunter.

Marie wunderte sich darüber, wie ruhig das Tier blieb.

Der Mann machte am Bauch einen Schnitt in die Haut. Er griff in das Tier hinein und schloss seine Hand für einen Moment fest um das Herz. Es hörte auf zu schlagen. Die Ziege war sofort ohne Bewusstsein. Dann zertrennte er mit den Fingern die Hauptschlagader.

Er ritzte kleine Linien mit dem Messer in die Haut und zog das Fell mit bloßen Händen ab. Aus dem Bauch entnahmen zwei Frauen die Innereien, legten sie auf das Fell und warfen einen Teil davon in einen großen Topf mit Wasser, das inzwischen auf dem Ofen zum Sieden gebracht worden war. Die Frau des Fahrers begann, in einer Schüssel die Därme der Ziege auszuwaschen, ihre Tochter schöpfte das Blut, das in den Bauchraum gelaufen war, in eine Schale. Sie achtete darauf, dass kein Tropfen davon auf die Erde fiel.

In einem offenen Feuer, das die Männer entfacht hatten, wurden kleine und größere Steine erhitzt. Stücke des klein geschnittenen Fleischs, das Herz, die Nieren und die Lunge wurden Schicht für Schicht abwechselnd mit den heißen Steinen in eine leere Milchkanne gelegt, dann wurde etwas Wasser dazugegeben und die Kanne verschlossen, damit das Fleisch im eigenen Saft garen konnte.

Alles ging ganz ruhig vor sich. Marie war zu ihrem eigenen Erstaunen nicht entsetzt über das Schlachten des Tieres. So konnte sie es akzeptieren. Sie war fasziniert davon, dass nichts außer dem Inhalt von Magen und Darm weggeworfen wurde. Die ganze Ziege fand Verwendung. Wie sie später beim Essen im Scheinwerferlicht des Wagens feststellen musste, sogar die Augen.

Jens, dem ein Auge angeboten wurde, machte mit einer Geste deutlich, dass er doch noch genug an seinem Ziegenknochen in der Hand zu nagen habe, und Marie nahm lieber vom angebotenen mongolischen Brot und von der süß gewürzten Brühe mit gekochter Leber. In ihrem Teller landete dann doch ein Ziegenauge. Sie lächelte tapfer die wohlmeinende Köchin an und raunte Jens zu:

Ich kann das nicht essen.

Er lächelte zurück und antwortete:

Wenn du es im Mund hast, dann hol dir doch schnell eine Jacke aus dem Rucksack.

Zum Glück half die Dunkelheit, das Problem zu lösen.

DIE IMMER noch warmen, glatten Steine aus der Milchkanne, zwischen denen das Fleisch gegart worden war, dienten nun reihum als Handwärmer in der kühlen Nacht.

Marie und Jens saßen dicht nebeneinander, mitten in der Wüste, zwischen den Menschen, die sie so zufällig getroffen hatten. Über ihnen leuchteten, brillanter als sie es je zuvor gesehen hatten, die Sterne. Ein orangefarbener Mond war über der Gobi aufgegangen, eine Landschaft, die den beiden endlos vorkam.

Jens dachte an die Worte von Galsan, *dass es hinter dem Rand der Erde stets einen neuen Horizont gibt, den man erreichen kann.*

Die Reise ging noch vor Mitternacht weiter. Auf der Plane hatten sie nun, nachdem die Ziege verspeist worden war, etwas mehr Platz, sie versuchten sich mit dem harten Stoff so gut es ging vor der Kälte zu schützen, und das Schaukeln und Motorbrummen ließ sie bald einschlafen.

Gegen drei Uhr morgens klopfte der Fahrer auf die Seitenplanken des Lkws. Der zweite Wagen hatte einen platten Reifen, und aus seinem Kühler dampfte und zischte es. Ein anderer Lastwagen hatte ihren Weg gekreuzt, die Fahrer standen um das defekte Fahrzeug herum.

Da ihre beiden Lkws länger stehen bleiben würden, vermittelte die Familie Marie und Jens die Weiterfahrt im anderen Lastwagen. Dessen Fahrer schien übermüdet zu sein. Nach zwei Stunden Fahrt durch die Nacht hielt er mitten in der Ebene an. Alle fielen sofort in tiefen Schlaf. Jens klemmte zusammengerollt im Fußraum des Führerhauses, Marie lag auf ihm, darüber hingen halb auf der Sitzbank der Fahrer und zwei weitere Männer.

Schließlich weckte die Sonne alle auf, und es ging weiter.

Bei Tagesanbruch waren sie völlig geschafft da angekommen, wo Jens nie hingewollt hatte. In einer Art Lkw-Fahrer- und Reparaturzentrale, die von einem Russen geleitet wurde. Sie lag in einer kleinen Ortschaft. Jens erkundigte sich, wann es weitergehen würde, und erhielt als Antwort:

Sie müssen warten!

Das klang nach Schwierigkeiten. Sie wollten unbedingt vermeiden, kontrolliert zu werden, und die Gefahr bestand in einer Ortschaft eher als in der Wildnis. Um der Miliz zu entgehen, schulterten sie unauffällig ihre Rucksäcke und liefen aus dem Ort hinaus, bis sie auf einer Piste waren, die sie für die Straße hielten. Hier fühlten sie sich wieder frei. Ein Lkw hielt an, sie warfen ihr Gepäck auf die Ladefläche und setzten sich zum Fahrer ins Führerhaus.

Sie wurden durch tiefe Schlaglöcher auf der Strecke noch mehr als bisher durchgerüttelt, aber der Blick durch die Windschutzscheibe entschädigte sie für alles. In der Ferne grasten Kamelherden, halbwilde Pferde galoppierten in der Ebene mit dem Wagen um die Wette, auf der sonnenverbrannten Erde blühten hier und dort an die Trockenheit angepasste Gräser und leuchtend violett eine Thymiansorte. Immer wieder sahen sie ausgebleichte Tierschädel, Knochen und Rippen von Kühen, Ziegen oder Schafen. Steinfelder warfen in der tiefstehenden Sonne lange Schatten, was der Landschaft einen eigentümlichen Reiz verlieh.

Auch die Fahrpiste veränderte sich ständig. Glich sie anfangs einer Straße, auf der die Autos hintereinander fuhren, verbreiterte sie sich später so, dass die Fahrzeuge eher nebeneinander fuhren. Marie zählte bis zu fünfunddreißig Fahrspuren gleichzeitig. An Brücken oder vor Flüssen, die man durch eine Furt queren musste, vereinigten sich alle Spuren wieder zu einer einzigen.

Dort war auch die beste Gelegenheit, vorbeikommende Fahrzeuge zu kontrollieren. Für Marie und Jens, die beiden Ausländer ohne Reisegruppe, mit einer gefälschten Einladung in die Mongolei in der Tasche, waren dies gefährliche Orte.

Eine solche Brücke mit Kontrollstation sahen sie nun plötzlich auf sich zukommen, als es fast zu spät war. Marie stieß Jens an, sie saßen im Führerhaus und würden sicher kontrolliert werden. Eine Möglichkeit war, sich zwischen den Nomaden hinten auf der Ladefläche zu verbergen. Der

Fahrer verstand nicht, warum sie wollten, dass er anhielt, aber schließlich tat er ihnen den Gefallen. Marie und Jens kletterten nach hinten, zogen eine Plane über sich und kamen ungesehen über die Brücke. Der Kontrollposten interessierte sich allein für den Fahrer und warf nur einen flüchtigen Blick zu den Nomaden auf der Ladefläche, die sich wegen der beiden Ausländer nichts anmerken ließen, sie mochten Kontrollen der Miliz auch nicht.

Auf der anderen Seite der Brücke hielt der Lastwagen. Jens und Marie sahen einige Jurten verstreut in der Steppe stehen, sie beschlossen, auf einem Hügel in der Nähe ihr Zelt aufzubauen, stiegen ab, sahen sich um, ob jemand sie beobachtete, und liefen los.

Verdammt, fluchte Jens plötzlich, *ich habe unsere Regenplane auf dem Lkw vergessen. Ich muss noch einmal zum Wagen zurück.*

Der Lastwagen stand glücklicherweise immer noch an der Brücke, und er fand sofort, was er suchte. Mit der Plane in der Hand lief er jedoch einem der Posten in die Arme, der ihn sogleich aufhielt. Jens hatte nichts dabei, keine Papiere, kein Geld. Er wunderte sich später darüber, aber diesmal half offensichtlich sein lautes Lamentieren, vielleicht lag es aber auch nur am einsetzenden Regen. Der Posten ließ ihn jedenfalls laufen, und Jens kehrte zu Marie zurück.

In sicherer Entfernung errichteten sie ihr Nachtlager. Bald brannte ein Feuer, Marie fütterte Arlecchino und Pantalone mit Ameisen und freute sich über ihr munteres Fressen.

Es regnete die ganze Nacht. Marie war längst eingeschlafen, Jens lag wach und grübelte. Ihre Abreise aus Ost-Berlin lag schon viele Wochen zurück. Sie hatten sich bisher in der Mongolei ziemlich frei bewegen können. Aber mit jedem Tag wuchs die Gefahr, bei einer Kontrolle erwischt und zurückgeschickt zu werden. Er wollte nicht mehr zurück. Der Pass, den sie bekommen hatten, war eine einmalige Chance. *Es ist Zeit, nach China aufzubrechen,* dachte er.

In Ulan Bator könnten sie jetzt den Versuch wagen, ein Visum für China zu bekommen. Dazu war keine gefälschte Einladung nötig, für China reichte es, einen Pass zu haben. Marie hatte ihm zugesichert, mit nach China zu kommen. Mehr nicht.

Aber wenn sie es bis nach China hinein schaffen würden, warum sollte dann alles zu Ende sein? In Peking könnten sie sich in der westdeutschen Botschaft problemlos einen West-Pass geben lassen. Er war dazu bereit, doch Jens wusste, dass Marie diesem Teil seines Plans nicht folgen wollte. Er hoffte, dass sie ihre Ansicht noch ändern würde. Mit dem West-Pass in der Tasche könnten sie nach Japan, Australien oder Peru fahren. Diese Länder würden ihn nach China auch sehr interessieren. Aber wieder zurück nach Ost-Berlin? Was sollte er dort noch? Er hatte nichts mehr, was ihn dort hielt. Und Marie?

Jens lauschte den Regentropfen auf der Zeltplane und schlief irgendwann ein.

Am nächsten Tag nahm sie ein Nomade in seinem Jeep mit. Er sprach erstaunlich viel Russisch und bot ihnen zum Frühstück ein paar steinharte, getrocknete Scheiben *Aruul* an. Sie hatten die weißen Scheiben aus Quark auf einigen Jurtendächern gesehen, wo sie zum Trocknen auslagen. Durch die Sonne wird der Käse hart und lagerungsfähig. Sehr hart. Marie lutschte eher an den säuerlichen Stückchen, als davon abzubeißen. Der ungewürzte Käse schmeckte ihr überhaupt nicht, aber sie wollte dem Fahrer die gute Laune nicht verderben.

Die Wüste war steinig, weit verstreut zeigten sich ein paar vertrocknete Grasbüschel. Als sie eine Kuppe mit Blick auf ein Tal erreichten, hielten sie bei einem *Owoo*, einem heiligen Steinhaufen, an.

Der Fahrer stieg aus, umrundete ihn dreimal und legte noch drei Steine dazu. Marie und Jens machte es ihm nach. Die Steinhaufen hatten auch die kommunistischen Machthaber nicht beseitigen können und mit ihnen auch nicht den Glauben der Menschen an Schamanismus und die Naturgötter, denen man Opfer bringen muss.

Viele *Owoos*, so erzählte der Fahrer, seien als Zeichen des Aberglaubens zerstört worden, genau wie die buddhistischen Klöster überall in der Mongolei.

Die Kommunisten haben fast alle Tempel und Klöster niedergerissen und Tausende Mönche getötet. Sie haben ihre Kultgegenstände, die uralten Statuen, Glocken, Gewänder, Gebetstrommeln und sämtliche religiösen Schriften für immer vernichtet.

Als Marie genauer hinsah, entdeckte sie einen ausgebleichten Ast, der zwischen die Steine gesteckt war. Daran hatte jemand Pferdehaare gebunden, vielleicht von seinem besten Hengst geopfert, um die Götter gnädig zu stimmen, damit sie ihn beschützten.

Der Fahrer erklärte, dass es früher üblich war, auch Speisen, Münzen oder Tierschädel bei den Steinhaufen abzulegen. Jeder Berg, jedes Tal, jeder Weidegrund habe seinen Geist, die Steinhaufen seien eine Art Altar, auf dem man ihnen die Ehre erweise.

Marie, in deren Elternhaus Religion keine Rolle gespielt hatte, fand dies einleuchtend und sympathisch. Sie hatten schließlich selbst erlebt, wie schnell die Witterung umschlagen konnte. Bei einem der häufigen Gewitter war die Gefahr, vom Blitz getroffen zu werden, groß. Marie verstand den Trost, der in den Steinhaufen lag, den Schutz, den sie versprachen.

Der Fahrer hatte ihnen Tee eingeschenkt und verspritzte nun die letzten Tropfen aus seiner Kanne über die Steine und rief ihnen lachend zu:

Ich wünsche mir besseres Wetter und euch eine gute Reise!

DER WEG brachte sie zum kleinen Ort Bajanchongor. Ein paar Steinhäuser und Jurten mitten in der Wüste. Am Eingang des Ortes spielten Kinder mit alten Autoreifen. Der Fahrer setzte Marie und Jens direkt an einer Baracke ab. Die sandige Piste daneben sollte wohl eine Start- und Landebahn sein.

Sie erfuhren, dass sie am nächsten Tag versuchen könnten, bis Shinejinst mitzufliegen, dann seien es nur noch einhundertzwanzig Kilometer bis zur Oase Echin Gol. Das Flugzeug sei allerdings sehr klein und habe kaum Stauraum. Sie könnten nur das Notwendigste mitnehmen. Es gehe aber bald ein Lkw, der bringe ihnen das Gepäck einfach hinterher.

Das seltsame Angebot überzeugte sie, ein weiterer Flug über die Wüste Gobi klang verlockend. Sie schlugen ihr Zelt am Rande der Piste auf, und ohne weitere Komplikationen starteten sie am nächsten Morgen in den blauen Himmel.

In Shinejinst campierten sie außerhalb der Häuseransammlung auf einem Felsen, von dem sie besonders gut den Sonnenaufgang beobachten konnten. Er färbte die Steine und ihre Gesichter orangerot, als sie frühmorgens wach geworden waren und sich in der Morgenkühle an den Rand des kleinen Felsvorsprungs gesetzt hatten.

Außer ihrem Zelt und den Schlafsäcken hatten sie nicht viel mitnehmen können. Jens lief täglich in den Ort hinunter, um Brot und andere Lebensmittel zu kaufen und sich zu erkundigen, ob ein Lkw angekommen sei. Der traf tatsächlich nach drei Tagen Warten ein und brachte ihr Gepäck mit, in dem sie auch die Fotoausrüstung hatten zurücklassen müssen.

Jetzt machten sie sich mit den Fotoapparaten auf den Weg und durchstreiften Shinejinst. Sie erschraken darüber, wie konsequent die kommunistischen Machthaber ihren Plan, die Nomaden sesshaft zu machen, in die Tat umgesetzt hatten. Im Zuge der Kollektivierung war ein trostlos aussehendes Nomadenghetto am Ortsrand entstanden. Jurte neben Jurte, durch Holzzäune auf engstem Raum abgetrennt. Was für ein Bild vom Ende einer langen Freiheit, dachte Jens, als er durch den Lichtschachtsucher seiner Kamera schaute.

SIE BEKAMEN noch am selben Tag die Gelegenheit, mit einem Postauto weiter zur Oase Echin Gol zu fahren. Die Fahrt ging in die Nacht hinein. Im Fahrzeug war es eng, die anderen Menschen hatten viele Gepäckstücke dabei. Kurz nach Mitternacht stoppte der Fahrer mitten in der Wüste vor dicht beieinanderstehenden Jurten.

Marie und Jens wunderten sich, dass offenbar sämtliche Bewohner noch hellwach waren. Vielleicht lag es daran, dass mitten in der Nacht die Temperaturen viel erträglicher waren als am Tage, vielleicht aber auch daran, dass nur selten Gäste vorbeikamen. Eine aufgeregte Kinderschar lief auf das Postauto zu. Die Hunde kläfften und zerrten an ihren Leinen. Die Bewohner der Jurten freuten sich über den Besuch. Sie baten sämtliche Fahrgäste in die größte Jurte hinein, es gab salzigen Milchtee und Kekse aus getrocknetem Quark mit einem intensiven Molkegeschmack. Auf dem Schrank mit den Familienfotos stand ein Bild des Dalai Lama, davor brannte ein aus Schafwolle gedrehter Docht in einem Gefäß mit flüssiger Butter.

Marie bewunderte die alten Truhen, sie waren kräftig rot und blau bemalt. Auch alle Eingangstüren, die sie gesehen hatte, waren stets bunt bemalt, die dicken Filzmatten, die in mehreren Lagen als Wand und Dach der Jurten dienten, leuchteten dagegen immer weiß.

Marie interessierte die Bedeutung der Farben. Blau, erfuhr sie, stand für den Himmel, für Beständigkeit und Aufrichtigkeit. Rot, die Farbe der Sonne, für Freude, Glück und Sieg. Gelb und Weiß für Liebe und Reinheit. Das gefiel ihr.

Jens musste die Frage eines der Kinder beantworten, woher er denn komme. Er lachte und antwortete, man müsse wohl mehr als ein Jahr mit dem Pferd dorthin reiten. Dann zeigte er sein Bestimmungsbuch mit den vielen Bildern von Vögeln und hatte rasch eine Traube von kleinen Kindern um sich, die ihm von Vögeln, die sie erkannten, die mongolischen Namen zuriefen. Er versuchte, die Namen zu wiederholen, was zur Heiterkeit der Kinder beitrug. Ein besonders Vorwitziger in der Gruppe zupfte an seinem Bart. Ob es ein Junge oder Mädchen war, vermochte Jens kaum zu sagen, denn auch die kleinen Jungen trugen geflochtene Zöpfe.

Niemand schien den Kindern hier wegen der späten Stunde Vorschriften zu machen, sie würden später mit den Eltern zur gleichen Zeit in einem Bett schlafen und am Morgen mit den Erwachsenen aufstehen, erfuhr Jens.

ERST ALS DER TAG ANBRACH, ging die Fahrt mit dem Postauto weiter. Doch stoppten sie bald erneut, diesmal unplanmäßig, mitten auf der Fahrpiste, mitten in der Wüste. Der Motor versagte seinen Dienst. Der Fahrer klappte das Führerhaus hoch, sodass er an den Motor des Lkws herankam.

Mehr als eine Stunde verging, aber es gelang ihm nicht, den Schaden zu beheben. Es kamen andere Fahrzeuge vorbei. Deren Fahrer stiegen kurz aus, bestaunten das liegen gebliebene Postauto, schauten in den Motorraum, zuckten dann mit den Schultern und fuhren weiter. Leider in die Gegenrichtung, daher boten sie sich nicht als Umsteigemöglichkeit an.

Das Warten wurde lang, heiß und ungewiss.

Die erste Nacht verbrachten einige Fahrgäste auf der Ladefläche, andere schliefen, wie Marie und Jens, mit ihren Filzmatten direkt auf dem Wüstenboden.

Der Fahrer meinte, man habe ein Ersatzteil bestellt, das komme aus Echin Gol. *Vielleicht*, fügte er noch hinzu.

Marie und Jens übten sich in Gleichmut. Morgens kochten sie auf einem Spirituskocher dampfenden Tee, als es wärmer wurde, legten sie sich mit den anderen in den Schatten, den das Postauto warf und dösten vor sich hin.

Als die Sonne hoch am Himmel stand, krochen sie und die anderen Passagiere direkt unter den Lkw, wo es den einzigen Schatten weit und breit gab. Bis zum Horizont erstreckte sich eine weite und ebene Wüstensteppe. Der mongolische Fahrer verbreitete Optimismus: Er habe genug Trinkwasser geladen, versicherte er nebenbei.

Nur für die beiden Agamen war es zu heiß geworden. Als einer fast reglos in der durchlöcherten Plastikdose lag, schenkte Marie lieber beiden ihre Freiheit zurück. Arlecchino und Pantalone verschwanden rasch zwischen den Steinen und trockenen Pflanzen, nur ihre alte Tarnfarbe passte noch nicht zu ihrer neuen Umgebung.

Am zweiten Tag hielt ein Lkw, der aus der Oase kam, und die Wartenden erfreuten sich an seinen Melonen und Tomaten. Der Fahrer teilte auch Wasser mit ihnen und gab über Funk Bescheid, dass hier immer noch Hilfe nötig sei.

Erst am dritten Tag ging es weiter, als ein Lkw eintraf, der ihr Fahrzeug abschleppte.

Auf den letzten Kilometern vor der Oase machten sie noch einmal Halt bei Kamelzüchtern. Die lebten an einer kleinen Wasserstelle, um die einige spärliche Sträucher und Gräser wuchsen. Lange Streifen von Kamelfleisch hingen zum Trocknen im Wind. Marie und Jens bekamen mit dem Fleisch gefüllte Teigtaschen angeboten. Sie schmeckten würziger als die mit Hammelfleisch gefüllten, die sie vorher öfter gegessen hatten.

DIE OASE ECHIN GOL war ein wunderbarer Ort. Etwa zehn Familien lebten dort vom Anbau von Obst und Gemüse in den Gärten rund um eine große und ständig sprudelnde Quelle.

Eine Frau bot ihnen eine Schale mit Wassermelone und Rhabarber an, dazu gab es Tomaten. Nach der Zeit in der Steppe und einer Ernährung, die fast nur aus Fleisch, Nudeln, Brot und Milcherzeugnissen bestanden hatte, war dies eine willkommene Abwechslung. Jens und Marie aßen sich satt. Rhabarber hatte Marie in der Wüste Gobi nicht erwartet, er erinnerte sie an ihren Lieblingskuchen zu Hause.

Die Wasserstelle der Oase lockte viele wilde Tiere an, die sie ausgiebig beobachteten. Jens, der hier sein Fernglas ständig umhängen hatte, entdeckte seltene Falken.

Sie nutzten die Gelegenheit, um einige Kleidungsstücke zu waschen, die sie zum Trocknen auf Sträucher legten.

In der Abenddämmerung gingen sie zusammen ein Wadi mit steilen Ufern entlang. Sie staunten über die vielen grünen Pflanzen in der rötlichen Erde des ausgetrockneten Flusstals, durch das schon lange kein Wasser mehr geflossen war. Als sie zurückgingen, kamen ihnen einige Yaks entgegen, Jens wunderte sich, was sie an den Hörnern hängen hatten. Es waren ihre gewaschenen Kleidungsstücke. Vorsichtig näherten sie sich den Tieren und pflückten die Kleidung wieder von den Hörnern ab.

EIN FLUGZEUG, das voll beladen war mit Tomaten aus den Gärten der Oase, bot sich als nächste Möglichkeit zum Weiterkommen an. Es gab einen freien Sitz, den sie sich teilen sollten. Doch als sie einsteigen wollten, kam die dicke Frau des Parteisekretärs der Oase an und schimpfte lauthals, weil sie auch an Bord wollte. Marie und Jens protestierten, da ihnen der Platz schon zugesagt worden war.

Doch am Ende stieg die Dame zu den Tomaten und die beiden nahmen einen Lkw-Sammeltransporter, und so ging es mit singenden Mongolen über die Wüstenpiste zur nächsten möglichen Startbahn.

Einen Tag später saßen sie dann an Bord eines Doppeldeckers zusammen mit einem mongolischen Bauern und seiner Ziege, unter ihnen lag die riesige Weite der Gobi. Ein Seitenfenster der Maschine war zersprungen und schloss nicht mehr richtig, aber der sonnengegerbte Bauer lachte, als Marie ihn darauf hinwies. Er zeigte während des kurzen Fluges immerzu mit ausgestrecktem Arm auf Berge und nannte ihre Namen und freute sich wie ein Kind.

Marie und Jens wechselten noch mehrmals zwischen Flugzeug und Lkw, bis sie zurück in der Hauptstadt waren. Aus der Luft sahen sie beim Anflug auf Ulan Bator die zusammengepferchten Jurtensiedlungen am Stadtrand, ähnlich wie in Shinejinst.

Was für ein Unterschied zu den frei in der Landschaft verstreuten Zelten der Nomaden, sagte Jens zu Marie.

Nachdem sie gelandet waren, schauten sie in der Baracke nach Mischa, doch der war mit seiner AN2 unterwegs.

BRAUNGEBRANNT und staubverdreckt stiegen Marie und Jens in der Wohnung von Galsan Tschinag in die Badewanne. Marie fragte sich nach dem Bad vor dem Spiegel, ob sie den Dreck wirklich abgewaschen hatte, denn ihre Haut war immer noch dunkelbraun.

Später saßen sie mit ihm am Tisch. Der Schriftsteller gestand ihnen, dass er es, als sie vor zwei Monaten bei ihm ankamen, kaum für möglich gehalten hatte, was ihnen gelungen war.

Ihr habt die Mongolei für mich größer gemacht. Ich habe euch für leichtsinnig gehalten, wollte euch das aber auch nicht vorher sagen, um euch nicht davon abzuhalten. Meine Befürchtungen haben sich nun in Luft aufgelöst. Es sind doch immer wieder Dinge möglich, die einem zuerst unmöglich erscheinen.

Jens antwortete:

Es ist ein großes Glück, wenn du Menschen findest, die so denken wie du selbst.

ULAN BATOR hatte sich verändert, die großen Plätze waren menschenleer. Es war heiß, weit über dreißig Grad, die Stadt wirkte verlassen. Auch Galsan hatte mit seiner

Frau und den Kindern während des Sommers größtenteils in seiner Jurte gelebt. Sie befand sich weit außerhalb der Stadt. Hierher kam er nur, wenn er etwas Unaufschiebbares arbeiten musste.

Sie sprachen mit ihm noch einmal über die Zerstörung der buddhistischen Klöster durch die Kommunisten, denn sie wollten zum Kloster Gandan, das man als besondere Attraktion als Einziges der Klöster halbwegs verschont hatte. Dort waren nur einige der dazugehörigen Tempel demoliert oder als Stall für die Pferde russischer Offiziere benutzt worden.

Galsan erzählte:

Wir können im ganzen Land unsere Religion nicht mehr frei ausüben. Gandan dient als Feigenblatt. Weil die Gebäude hergerichtet sind und Touristen vorgeführt werden, wird eine Religionsfreiheit vorgetäuscht, die in Wahrheit schon lange nicht mehr existiert.

Der Klosterbetrieb mit seinen Zeremonien stehe unter strenger Kontrolle der regierenden Mongolischen Revolutionären Volkspartei. Die Hälfte der Mönche seien sicher Angehörige der Geheimpolizei.

Das schreckte die beiden nicht ab. Jens und Marie hatten viel über die weitläufige Anlage auf einem Hügel am Rande der Stadt gelesen und wollten sie unbedingt besuchen.

Sie schliefen noch eine Nacht auf ihren Matten auf dem Fußboden seines Wohnzimmers. Am nächsten Morgen fuhr Galsan zu seiner Familie hinaus aufs Land. Marie und Jens ließen ihr Gepäck in einem Kellerraum zurück und gingen zum Bus, der sie zum Kloster brachte.

Von weitem schon sahen sie den riesigen pagodenartigen Eingang zum Gelände. In den Innenhöfen flatterten scharenweise Tauben zwischen den ockergelben Gebäuden, die einst mit goldenen Dachziegeln gedeckt waren. Überall gab es überdachte Holzregale mit Gebetsmühlen. Marie und Jens sahen, wie die Menschen immer wieder zu ihnen hingingen und sie mit einem ratschenden Ton zu drehen begannen. Im Wind flatterten bunte Gebetsfahnen und Seidenschals, Räucherstäbchen würzten die Luft.

In den Gebäuden bestaunten sie vergoldete Buddhafiguren und Drachenköpfe, riesige Bronzestatuen, eine Bibliothek mit jahrhundertealten Büchern, die Sammlung fundamentaler buddhistischer Lehren. Überall waren Bilder, Teppiche und Stickereien zu sehen, die von mongolischen, tibetischen und indischen Mönchen kunstvoll gearbeitet worden waren. In einem der Tempel aus Lehm und Ziegel hatte einst ein Dalai Lama gewohnt.

Jens hatte Wechselobjektive für seine Kamera mitgenommen und fotografierte das Treiben der Mönche, er war fasziniert von den Farben ihrer Kleidung, von ihren Gesichtern. Sie waren freundlich und lächelten ihn an.

Als sie immer tiefer auf das Gelände vorgedrungen waren, bemerkten sie, dass es nur einen Ausgang gab. Die gesamte Anlage war von einer Mauer umgeben. Sie mussten den gleichen Weg wieder zurücklaufen. Noch bevor sie den Hauptausgang erreichten, passierte es.

Gleich vier Kontrolleure fingen sie ab. Sie führten sie zur Seite und fragten nach ihren Dokumenten. Einige Mönche stellten sich in einem Ring um sie und lächelten nun gar nicht mehr.

Marie bekam Herzklopfen. Jens reichte ihnen seinen Sozialversicherungsausweis, und Marie gab ihnen ihren Studentenausweis. Die Dokumente stimmten die Kontrolleure sichtlich zufrieden. Sie verlangten allerdings, dass sie zur Milizstation mitkommen müssten, dort bekämen sie ihre Ausweise zurück, wenn alles in Ordnung sei.

Wir kommen gleich dorthin nach, schlug Jens ihnen vor. Das Kloster schließe doch bald, und er habe noch nicht den größten Buddha fotografiert.

Die Kontrolleure ließen sich darauf ein und zogen sich zurück, denn sie konnten sich wohl nicht vorstellen, dass die Ausländer ohne ihre Ausweise weglaufen würden.

Als eine größere Besuchergruppe die Situation am Eingang unübersichtlich machte, entwischten Jens und Marie aus der Klosteranlage. An der Straße vor dem Tor wollte gerade ein Bus abfahren. Jens klopfte heftig an dessen Seitenwand, der Fahrer stoppte noch einmal, und sie durften noch zusteigen. Die Fahrt ging ins Stadtzentrum. Auf dem Revolutionsplatz mit dem Süchbaatar-Denkmal stiegen sie aus und sahen sich um, ob ihnen jemand gefolgt war. Als sie sich sicher waren, dass sie unbehelligt bleiben würden, wich langsam die Spannung aus ihnen.

Kapitel 14 **Die verbotene Reise**

Marie? Gib mir mal bitte deine Hand.

Jens nahm ihre Hand und legte sie auf sein Bein. Marie spürte, dass etwas Flaches unter dem dicken Stoff seiner Hose eingenäht war.

Das sind ein paar Dollar. Ein Geschenk von Anke, falls wir auf der Reise in Not geraten.

Marie sah ihn fragend an.

Für unsere Visa nach China?

Jens hielt immer noch Maries Hand.

Ja, wir probieren es jetzt.

Sie saßen auf einer Bank im Schatten eines Baumes und blickten auf den fast menschenleeren Süchbaatar-Platz. Um sie herum lagen das Rathaus von Ulan Bator, das Kulturhaus der Stadt, die Staatsoper und einige Restaurants und Geschäfte. Die chinesische Botschaft war nicht weit entfernt.

Viele Westtouristen, die mit der Transsibirischen Eisenbahn bis hierher fahren, beantragen ihr Visum erst hier. Ich denke, keiner der chinesischen Beamten wird zum Telefonhörer greifen, in der DDR anrufen und fragen: Da sind zwei Ost-Berliner, darf ich denen ein Visum für China erteilen?

Marie lachte, weil Jens den Beamten nachmachte.

Ganz sicher ist das aber nicht?

Jens stand auf.

Zweimal in der Woche fährt ein Zug nach China. Morgen geht der nächste. Wir könnten drinsitzen.

SIE SUCHTEN die Straße, in der die chinesische Botschaft lag. Vor dem Gebäude blieben sie einen Moment stehen. Der Platz vor dem stattlichen Haus war mit einem Springbrunnen geschmückt.

Als sie schließlich vor dem zuständigen Beamten saßen, versuchten beide, ihre Anspannung zu überspielen. Jens schaute souverän drein, Marie lächelte. Sie hatten Formulare ausgefüllt und ihre Reisepässe abgegeben, Jens hielt demonstrativ Dollarscheine in seiner Hand.

Der chinesische Beamte, der eine schlichte, graue Mao-Jacke trug, sah sie prüfend an.

Sie blickten ihm selbstbewusst in die Augen.

Die Kontrolle der ausgefüllten Formulare zog sich hin.

Dann schlug der Beamte einen Stempel mehrmals lautstark auf die vor ihm liegenden Papiere.

Jens legte fünfzig Dollar auf den Tisch und bekam dafür Pässe und Visa ausgehändigt.

Als sie wieder auf der Straße standen, waren sie wie benommen. Ihnen war gelungen, was eigentlich unmöglich war. Sie fielen sich in die Arme.

Es war so einfach, unsere Reise kann weitergehen!, triumphierte Jens.

Wie weit?, fragte Marie.

Jens runzelte die Stirn.

Jetzt brauchen wir nur noch die Fahrkarten nach China. Lass uns unser Gepäck holen und dann auf zum Bahnhof!

Vor den Schaltern standen lange Schlangen.

Die Beamtin zuckte mit den Schultern. Für den Zug am nächsten Tag erhielten sie keine Tickets mehr.

Das Kontingent ist voll. Aber versuchen Sie es noch einmal zwölf Stunden bevor der Zug fährt! Dann gibt es vielleicht eine neue Lage.

Sie verbrachten die Nacht am Bahnhof. Am nächsten Tag standen sie wieder am Schalter.

Wir haben keine neue Meldung bekommen, der Zug hat Verspätung. Kommen sie wieder, zwei Stunden bevor der Zug abfährt!

Sie warteten in einem Restaurant in der Nähe und tranken Milchtee. Auf den Bahnsteigen sahen sie Angehörige der Miliz auf und ab gehen, manchmal kontrollierten sie jemanden.

Marie war nervös, und auch Jens blickte sich immer wieder um. Vielleicht hatte sich inzwischen herumgesprochen, dass die beiden im Gandan-Kloster kontrollierten Ausländer einfach abgehauen waren? Die Wartezeit wurde ihnen unerträglich lang. Zwei Stunden vor der Abfahrt gab es immer noch keine Neuigkeit.

Kommen Sie wieder, wenn der Zug da ist!

Der Zug rollte ein, aber er war voll belegt, sie durften nicht zusteigen.

Jens wollte nicht tatenlos weitere Tage in Ulan Bator verbringen. *Marie, es gibt eine andere Möglichkeit. Wir trennen uns jetzt. In einer Stunde fährt ein Zug Richtung Russland. Ich fahre damit noch einmal zurück und versuche, an der ersten russischen Bahnstation hinter der Grenze eine Fahrkarte zu kaufen. Dort ist die Chance, eine Fahrkarte zu kriegen, größer, denn da steigen die meisten Leute zu, deswegen ist der Zug hier immer schon voll besetzt. Außerdem kann ich dann unsere letzten Rubel benutzen und alleine, ohne Gepäck, falle ich nicht so auf.*

Marie zögerte etwas, nickte dann aber zustimmend.

Gut. Solange du weg bist, gehe ich aus der Stadt raus, hoch in Richtung Berge, und verstecke mich dort im Wald.

Marie würde einige Zeit allein ausharren müssen.

Der nächste Zug fährt morgen, wenn es mir gelingt, vorher eine Fahrkarte zu bekommen, dann sitze ich da schon wieder drin. Komm einfach zum Bahnhof und halte Ausschau bei jedem Zug, der kommt. Spätestens nach einer Woche komme ich auf jeden Fall zurück, mit oder ohne Fahrkarte nach China.

Sie verließen den Bahnhof. Jeder von ihnen nahm nur leichtes Gepäck mit, das Zelt und alles andere hatten sie bei der Gepäckaufbewahrung zurückgelassen.

An einer der Bushaltestellen vor dem Gebäude setzten sie sich auf eine Bank. Jens wollte nur so viel Geld wie unbedingt nötig über die Grenze mitnehmen. Er zählte alle Scheine durch, die sie noch hatten, und teilte sie auf. Er steckte achthundert Ost-Mark für Marie in einen Umschlag und dann in ihren Rucksack.

SIE UMARMTEN SICH zum Abschied. Jens ging zum Zug, und Marie setzte sich in einen Bus, der aus der Stadt hinausfuhr. Der Wagen war voller Menschen, einige Fahrgäste waren betrunken, sie rempelten andere an und verbreiteten eine angespannte Stimmung.

Marie war in Gedanken versunken. War es das, was sie wollte? Ihr Kopf sagte: Na klar! Aber ihr Bauch tat weh. Es kam ihr plötzlich alles so überstürzt vor, das war nicht ihr Plan gewesen. Aber China war natürlich verlockend. Und die brenzlige Situation am Gandan-Kloster hatte ihnen die Kraft genommen, weiter in der Mongolei umherzureisen. Jens wollte nicht das Risiko eingehen, nach Hause geschickt zu werden: Sie selbst hatte ja noch gut einen

Monat Zeit, um trotzdem pünktlich zum Studium zurück zu sein.

Marie war froh, als sie an der Endstation aus dem Bus aussteigen konnte, von dort aus ging sie zu Fuß weiter. Ihre Schritte wurden immer größer, je länger sie lief, und ihr Atmen immer flacher. Als sie einen dichten Wald erreicht hatte, suchte sie sich einen Platz zum Übernachten. Weit und breit war schon lange niemand mehr zu sehen gewesen. Im Wald fühlte sie sich wohl, sie liebte es, im Freien zu schlafen. Die Dämmerung hatte eingesetzt, es wurde kühl. Sie rollte ihre Matte unter einer Lärche aus, deren Zweige bis tief über den Boden hingen. Es roch nach erdigem Waldboden und würzigem Nadelholz.

Als sie in den Rucksack griff, fand sie das Geld nicht mehr, das ihr Jens gegeben hatte. Fieberhaft durchsuchte sie wieder und wieder alle Taschen des Rucksacks, aber es blieb dabei, das Geld war verschwunden. Marie schrie vor Wut laut auf. Jemand im Bus musste es gestohlen haben. Wie sollten sie nun durch China kommen?

Ihr Herz schlug heftig, ihr Magen krampfte sich zusammen. Dann beruhigte sie sich wieder. Zum Glück hatte sie den Pass, die anderen Ausweise und Visa sowie etwas Geld in ihrem Brustbeutel. Und der war da.

Marie erinnerte sich an die Schwierigkeiten, die sie auf dieser Reise schon überwunden hatte. Sie würden es auch so nach China schaffen. Sie kroch in den Schlafsack und dachte:

Früher hätte ich an dieser Stelle aufgegeben und wäre nach Hause zurückgefahren.

Sie lag an einem leichten Abhang unter den Bäumen, durch die lichten Zweige sah sie in den sternenklaren Himmel. Bald überfiel sie die Müdigkeit.

JENS KAM ERST am nächsten Morgen in der russischen Grenzstadt Nauschki an. Er ging gleich zum Fahrkartenschalter, doch es hieß, der Zug habe Verspätung.

Kommen Sie in sechs Stunden wieder!

Jens schlenderte durch den Ort. In einem der wenigen Schaufenster erblickte er Hochzeitsfotos. Vielleicht gab es hier auch Filme, er brauchte noch welche. Der Fotograf hatte zwar keine, gab ihm aber einen Tipp.

Oben in der Kaserne, da verkaufen sie Filme!

Jens war das nicht geheuer, beobachtete daher aus der Ferne erst einmal das Kasernentor. Offenbar gingen auch etliche Zivilisten ein und aus. Festen Schrittes näherte er sich daraufhin dem Wachhabenden, nickte ihm kurz zu und ging ohne Zögern weiter. Schnell fand er das *Magasin*. Hier gab es alles, von Wurst über Angelzubehör bis zu Kleidung. Im Regal hinter der Verkäuferin sah er einen großen Packen ORWO-Diafilme liegen. Filme, die es in der DDR selten gab, in der letzten russischen Stadt vor der mongolischen Grenze! Jens fragte, wie viele er kaufen könne. Die Verkäuferin antwortete: *Alle!* Jens sagte: *Dann nehme ich alle*. Die Emulsion war ihm egal. Er kaufte hundert Diafilme und dazu zwanzig Schwarz-Weiß-Filme und lief gut gelaunt zurück zum Bahnhof.

Es gab wieder keine Fahrkarten.

Kommen Sie morgen wieder!

So suchte auch er sich einen Platz zum Übernachten im Wald. Als er am Berghang umherlief, sah Jens, dass hinter der Kaserne Kampfflugzeuge standen. Aber er konnte keine Start- und Landebahn entdecken. Die Maschinen starteten und landeten offenbar senkrecht und verschwanden im Nichts. Jens entdeckte gut getarnte, halb in den Felsen gebaute Flugzeughangars.

Er hatte völlig vergessen, dass der Grenzort auf seiner Liste von Orten stand, die für Ausländer verboten waren.

Ihn beschlich das Gefühl, dass er hier, so nahe der Militärbasis am Rande der russischen Grenzstadt in eine dumme Lage geraten war. Er hatte schließlich jede Menge Filme im Rucksack und wollte nicht als Spion verhaftet werden.

Jens zog sich tiefer in den Wald zurück und verbrachte eine unruhige Nacht, in der er immer wieder wach wurde, sich umsah und ins Dunkle horchte.

UM KEINE KONTROLLE zu riskieren, schlich er morgens vorsichtig zum Bahnhof, kurz bevor der nächste Zug eintraf. Er trug die Kleider, die ihm einst Bergsteiger aus Moskau empfohlen hatten, die er auf seiner Tour durch den Kaukasus kennengelernt hatte. Sie waren mit ihm in einen Laden gegangen und hatten ihm eine grau-grüne Hose mit passender Jacke gekauft.

Damit läufst du rum wie jeder Russe auf dem Land!

Seinen kleinen Beutel hatte er mit dem gleichen groben, grau-grünen Stoff selbst zusammengenäht.

Er fiel niemandem in Nauschki auf.

Erst nach einer weiteren Nacht im Wald klappte es. Er bekam die nötigen Fahr- und Platzkarten und durfte in den Zug steigen.

Als der Zug in den Bahnhof von Ulan Bator einfuhr, schaute Jens aus dem Fenster nach Marie. Er sah sie nicht.

Marie allerdings entdeckte ihn sofort. Sie fielen sich in die Arme und eilten zur Gepäckaufbewahrung. Der Zug würde für eine Weile in Ulan Bator halten.

Marie hatte an jedem Tag des Wartens den Wald verlassen, war zum Bahnhof gegangen und hatte die Gebühren für das Gepäck immer wieder nachgezahlt. Jens war beeindruckt.

Ihn schockierte das Verschwinden des Reisegeldes, doch würde sich das sicher irgendwie ausgleichen lassen, ein paar Dollar und Rubel besaß er ja noch. Schlimmstenfalls müssten sie vielleicht einige ihrer Sachen verkaufen.

Sie hatten noch Zeit, bis der Zug abfuhr. Im Restaurant fanden sie Platz an einem Tisch, an dem zwei junge Leute aus der Schweiz saßen, Urs und Christian. Sie gehörten zu einer Gruppe, die China besucht hatte, und waren nun auf der Rückreise.

Sie kamen ins Gespräch, und Urs schenkte Jens seinen Reiseführer für China und zeigte ihm eine Liste am Ende des Buches mit den wichtigsten Redewendungen und Fragen auf Englisch und Chinesisch. Diese Seiten hätten sie den Chinesen hingehalten, mit den Fingern auf die Sätze gezeigt und sich damit gut durchschlagen können.

Weit herumgekommen seien sie allerdings nicht, erzählten die Schweizer. In China waren nur wenige Städte für ausländische Besucher geöffnet. Um von einem dieser Orte zum nächsten zu gelangen, rieten sie Marie und Jens, sollten sie am besten das Flugzeug benutzen.

Zum Abschied legten die Schweizer zusammen und schenkten den beiden ihre restlichen chinesischen Münzen und Geldscheine. Jens notierte sich ihre Adressen.

MARIE UND JENS hatten »hard seat«-Tickets gekauft, für die billigste Klasse in chinesischen Zügen, und saßen in einem voll besetzten Großraumwagen der Transmongolischen Eisenbahn.

Kinder lärmten, mongolische Männer rauchten, chinesische Frauen redeten mit ihren hohen Stimmen laut durcheinander bis tief in die Nacht.

Es war schon weit nach Mitternacht, als der Schaffner die Pässe aller Reisenden einsammelte. Dann verlangsamte sich die Fahrt, die Bremsen quietschten. Mit einem Ruck kam der Zug zum Stehen.

Im Waggon herrschte Stille, einige Fenster wurden geöffnet, von draußen schrillten aus blechernen Lautsprechern chinesische Revolutionslieder. Sie waren an der Grenzstation angekommen.

China!

Der flache Betonbau lag völlig einsam in der Steppe. Überall an dem Gebäude leuchteten bunte Glühbirnen in die Nacht. Die Lampen am Rand des Daches blinkten unentwegt.

Wie beim Weihnachtsmarkt am Alexanderplatz, sagte Marie.

Sämtliche Passagiere wurden aufgefordert auszusteigen, der Zug wurde für etwa zwei Stunden abgeschlossen, denn nun wurde für das chinesische Schienennetz die Spurweite wieder gewechselt, zurück vom russischen zum europäisch-nordamerikanischen Maß, das auch hier üblich war.

Chinesische Grenzbeamte in blauer Uniform standen in Gruppen auf dem Bahnsteig. An einem Schalter konnte man Geld wechseln, Jens tauschte seine letzten Dollar und Rubel. In einem Warteraum wurden Getränke verkauft, sogar Cola war im Angebot.

Marie und Jens unterhielten sich mit zwei Reisenden aus Dänemark, die mit ihren beiden Kindern unterwegs waren. Von China aus wollten sie nach Japan weiter. Sie hatten noch ein halbes Jahr frei. Jens schrieb sich ihre Namen und die Anschrift in Kopenhagen auf.

Ein West-Berliner Lehrer hatte beim Einsammeln der Papiere durch den Schaffner ihre Reisepässe gesehen und darüber gestaunt. Er wisse Bescheid, meinte er zu ihnen.

Worüber?, wollte Jens wissen.

Ihr seid hier doch nicht als Staatsgäste, oder?

Marie sah ihn frech an.

Und du? Bestimmt als Agent des BND, oder?

Sie lachten alle drei. Dann wurden die Passagiere aufgefordert, wieder einzusteigen, sie erhielten vom Waggonschaffner ihre Pässe zurück, der blinkende Bahnhof verschwand in der Finsternis, und die Fahrt ging weiter, in den Morgen hinein.

Jens beugte sich zu Marie. Seine Augen strahlten.

Wir haben es bis nach China geschafft!

Marie sah aus dem Fenster, aber der Blick lohnte sich nicht. Außer Telegrafenmasten neben den Gleisen war da immer noch nichts als die leere, steinige Steppe.

IN HOHHOT, der nächsten größeren Stadt, stiegen sie aus. Hohhot war die Hauptstadt der Inneren Mongolei, die nur noch wenig mit der von ihnen bereisten Mongolei zu tun hatte. In Wahrheit handelte es sich mittlerweile um eine chinesische Provinz. Die kommunistischen Machthaber in Peking hatten Millionen von Chinesen hier angesiedelt, die Mongolen waren zu einer Minderheit im eigenen Land geworden.

Die meisten Touristen, die mit der Transsibirischen Eisenbahn kamen, fuhren weiter bis Peking. Nach Hohhot verirrte sich kaum jemand. Am Bahnhof sahen sie fast nur Chinesen. Neugierig gingen Marie und Jens zu Fuß durch die

Stadt. Sie stießen auf einen der zahlreichen buddhistischen Tempel, den jahrhundertealten Fünf-Pagoden-Tempel.

Was die Zentralregierung in Peking der Stadt im fernen Nordwesten des Landes angetan hatte, erschreckte die beiden. Hohhot lag in einem langgestreckten Tal. Vom Zentrum aus sahen sie die schwarzen Rauchwolken des Kraftwerks und der Fabriken am Stadtrand, die bis über die Wohnhäuser wehten.

In einer Straße waren gerade mehrere Lastwagen mit dicken, grünen Melonen entladen worden, die auf dem Boden zu Pyramiden aufgetürmt und zum Verkauf angeboten wurden. Daneben lag ein riesiger Berg Zwiebeln und ein Haufen dunkler Kartoffeln.

Kartoffeln hatten sie in China nicht erwartet.

Als sie in eine Gasse einbogen, sahen sie vor jedem Hauseingang einen aus Ziegelsteinen gemauerten Ofen. In die kleinen Häuser, in denen Großfamilien zusammenwohnten, passte kein Ofen, die Leute kochten im Freien.

Marie dachte an die Weite der mongolischen Steppe. Hier in China lebten die Menschen eng beieinander, es gab in dem großen Land zu wenig Platz für die vielen Menschen, zu wenig fruchtbares Land, um sie zu ernähren. Deshalb hatte die Regierung die Einkindpolitik eingeführt, die sie mit drakonischen Maßnahmen durchsetzte. Paare, so alt wie Jens und Marie, durften nur ein Kind bekommen, wenn die *Danwei*, ihre Arbeitseinheit, ihren Antrag genehmigte. Eltern, die nach dem einen Kind noch ein weiteres in die Welt setzten, wurden bestraft. Das reichte vom Streichen des Kindergeldes bis zum Verlust der Wohnung.

Jens und Marie schauten neugierig in die Häuser, in manchen stand ein Fernseher, in dem zu ihrem Erstaunen Zeichentrickfilme als Abendunterhaltung liefen.

Marie freute sich, als sie etwas anderes entdeckte. Vor den Häusern hingen zusammengerollte Bambusblätter. Darin gefangen lebten Grillen, deren Zirpen in unterschiedlichen Tonlagen durch das gerollte Blatt wie von einem Grammofontrichter enorm verstärkt wurde. Sobald Jens und Marie sich die lebendige Musikquelle aus der Nähe anschauen wollten, verstummten die Grillen, fingen aber sofort wieder an, wenn sie sich entfernten. Der Gesang verfolgte sie in jeder Gasse, in die sie einbogen.

Nützlicher für die Bewohner des Viertels waren die Hühner, die jeweils mit einer Schnur am Bein vor den Häusern festgebunden waren. Ihre Eier gehörten zu jeder Mahlzeit. Ein älterer Chinese rührte auf dem offenen Feuer in einem großen Topf. Als er die beiden Ausländer sah, fischte er eine gefüllte Teigtasche aus der Brühe, bot sie ihnen an und freute sich, als sie die *Jiaozi* probierten.

Wohin sie auch kamen, drängten sich die Menschen um sie. Sie waren neugierig und freundlich, aber Marie und Jens verunsicherte der Aufruhr, den sie verursachten. Sie wollten so rasch wie möglich raus aus der Stadt und aufs Land. Per Anhalter, das würde in China kaum funktionieren. Sie waren auf Bahn und Busse angewiesen.

Für ein paar chinesische Yen mieteten sie sich in einer Herberge, die nicht für Ausländer gedacht war, gemeinsam ein Bett. Der junge Chinese am Empfang gab ihnen ein großes, hellblau besticktes Handtuch, das zugleich als Decke dienen sollte. Ihr Schlafsaal hatte Platz für zwölf Personen.

Schlafen konnten sie allerdings kaum.

Ihr Bett war eine schmale, harte Pritsche, auf der nur eine Bastmatte lag. An der Wand surrte laut ein Ventilator, und im Laufe des Abends wurden alle Betten belegt.

Marie lag lange wach und dachte über ihren ersten Tag in China nach. Es war stickig und düster im Schlafsaal, hart und spartanisch, unruhig. Wie anders fühlte sich das Leben in China an als das der Nomaden in der Mongolei!

Am Morgen wurden sie aufgefordert, schnell zu gehen. Das Personal hatte Ärger bekommen, weil es die beiden Ausländer hatte übernachten lassen.

SIE BESPRACHEN die möglichen Reiserouten mit Bahn und Bus, aber Jens hatte eine bessere Idee. Er fand heraus, welcher Zug sie bis zur Schiffsanlegestelle am Jangtsekiang bringen würde. Sie wollten so weit wie möglich auf dem Fluss Richtung Wuhan reisen, dann über Land bis nach Schanghai, von dort nach Peking.

Sie kauften die billigsten Fahrkarten nach Chongqing. Die Fahrt sollte einen Tag dauern. Sie nahmen auf einer der Holzbänke des Waggons Platz. Doch als Marie aufstand, zur Toilette ging und kurze Zeit später zurückkehrte, hatte sich inzwischen ein Mann auf ihren Platz gesetzt. Jens protestierte erfolglos. Der Mann reagierte nicht, kaute seelenruhig seinen Tabak, zog die Nase hoch und spukte auf den Boden.

Sie konnten den Kampf um die Sitze auch bei anderen beobachten. Niemand in den billigen Klassen hatte einen sicheren Platz. Schon beim Einsteigen wurde heftig gedrängelt und geschubst. Wer aufstand, verlor seinen Sitzplatz.

Marie hätte sich gern auf den Boden gesetzt. Doch der war von den Mitreisenden vollgerotzt worden.

Die Menschen um sie herum sahen arm aus, ihre Kleidung war abgenutzt. Der einzige Luxus auf der Zugfahrt bestand darin, dass in regelmäßigen Abständen die Schaffnerin mit einer großen Kanne kochend heißen Wassers durch den Waggon ging und die Teegläser oder Tassen der Passagiere auffüllte. Marie beobachtete, wie die Leute immer wieder Wasser auf dieselben Teeblätter gossen, etliche konnten sich nicht einmal Tee leisten und tranken einfach heißes Wasser. Wenn die alten Frauen und Männer lachten, sah sie in lückenhafte Gebisse.

Marie fühlte sich nicht wohl. Jens versuchte, sie aufzumuntern, am Morgen würden sie ja Chongqing erreichen, er bot ihr seinen Platz an, doch sie schüttelte den Kopf. Irgendwann überwand sie sich und hockte sich in einer Ecke des Abteils, in die noch nicht gespuckt worden war, auf den Boden. Jens gab seinen Platz auf und setzte sich dicht neben sie. Sie lehnten sich die ganze Nacht an ihre Rucksäcke und fielen in einen schaukelnden, unruhigen Halbschlaf.

AM NÄCHSTEN MORGEN wurden sie mit chinesischer Musik geweckt. Dann wuschen sich alle. Die feuchten Handtücher hängte man auf eine Stange über den Fenstern. Nach kurzer Zeit kam das Zugpersonal und zog sie auf eine Höhe zurecht. Zum Frühstück gab es Instantnudeln.

Chongqing empfing sie mit einer anstrengenden, feuchten Wärme, das Gedränge war noch größer als in Hohhot. Jens fotografierte Trauben von klingelnden Fahrradfahrern in den Straßen. Marie hockte sich neben einen vielleicht zweijährigen Jungen, der am Straßenrand saß. Er hatte eine Feder im Mund und saugte daran. Die Feder war sein Ersatz für einen Schnuller.

Die Häuser in den kleineren Gassen waren aus Stein, aber meist unverputzt, die Dächer immer wieder geflickt.

Auf manchen Häusern lagen nur Plastikplanen. An den Enden baumelten dicke Ziegelsteine an Schnüren, um die Plane glatt zu halten.

Wo es einmal Putz gegeben hatte, war er abgefallen. Auf den Stufen vor den Eingängen saßen meist mehrere Menschen, überall lehnten Fahrräder an den Hauswänden. Offenbar planlos verlegte Stromleitungen zogen sich in Höhe der Dächer durch die ganze Stadt. An manchen Stellen erinnerten sie an eng geknüpfte Spinnweben, fand Marie. Jens fotografierte.

DAS NÄCHSTE SCHIFF fuhr am Abend. Es gab Fahrscheine für fünf Preisklassen. Jens kaufte für umgerechnet zwölf Ost-Mark zwei Vierte-Klasse-Tickets von Chongqing bis Janjing, mit denen sie fast eine Woche den Fluss entlangfahren konnten. Übernachtung an Bord inklusive, Unterbrechungen der Fahrt so oft sie wollten.

Über einen langen Steg drängten Menschen auf das Schiff. Auf ihrem Vierte-Klasse-Deck ohne Fenster gab es zum Schlafen nur eng stehende Holzgestelle, Stockbetten mit dünnen Reismatten, je zwei übereinander. Marie schaute sich zum Vergleich in der fünften Klasse um und sah dort selbst schwangere Mütter mit ihren Kindern auf dem nackten Holzboden sitzen.

Die wenigen Europäer und die wohlhabenderen Chinesen hatten erste oder zweite Klasse gebucht, die Decks lagen oben, von dort hatte man eine schöne Aussicht, Kellner boten Getränke und Essen an. Tagsüber hielten sich Marie und Jens dort oben auf, das ging ohne Probleme, denn keiner der Chinesen konnte sich vorstellen, dass ein Ausländer tief unten im Schiffsbauch mitfuhr. So sahen sie China von seiner Hauptschlagader aus. Der Jangtsekiang ist nach dem Nil und dem Amazonas der drittlängste Fluss der Welt, 6400 Kilometer zieht er sich vom Hochland in Tibet ostwärts durch China, las Marie im Reiseführer, den ihnen der Schweizer geschenkt hatte.

Das Wasser, das ihr Schiff durchpflügte, war tiefbraun, und es schwamm allerlei Müll und Treibgut darin. Am Ufer lagen Holzdschunken mit runden Bambusdächern, und für schwere Transporte gab es Flöße, die mithilfe aufgeblasener Schweinehäute im Wasser stabilisiert wurden.

Sie kamen an kleineren und größeren Ansiedlungen vorbei. Je nach Größe der Orte, in denen sie vor Anker gingen, fuhr ihr Schiff manchmal erst nach Stunden weiter. Zeit genug für Erkundungsgänge.

Die genaue Aufenthaltsdauer war für Jens und Marie jedoch nicht in Erfahrung zu bringen. Es gab zwar ein Schild, auf der die Abfahrtszeit stand – doch sie konnten es nicht lesen. Englisch oder Russisch sprach hier keiner, es war nahezu aussichtslos, danach zu fragen. Bevor das Schiff ablegte, ließ es ein Hupsignal ertönen – ein erstes, um alle an Bord zu rufen, ein zweites unmittelbar vor dem Ablegen. Es war ratsam, sich nicht allzu weit zu entfernen. Anfangs trauten sich beide kaum, das Schiff aus den Augen zu lassen. Danach wurden sie mutiger.

Bei einem dieser Ausflüge gerieten sie in den Schichtwechsel einer Fabrik. Plötzlich war die Straße vor ihnen voller Menschen. Es war kein Durchkommen. Das erste Signal ertönte. Marie griff nach Jens' Arm.

Das Schiff fährt weg! Unser ganzes Gepäck ist an Bord!

Sie suchten nach einer Lücke in der Kette von Fahrrädern, die ihnen den Rückweg zum Schiff versperrte. Da ertönte das zweite Signal. Marie stolperte, Jens hielt sie fest. Endlich ließ der Druck der Menge nach, sie erreich-

ten den Kai. Das Schiff war bereits ein großes Stück von
der Kaimauer entfernt. Marie riss sich los und rannte hinterher.

Halt! Wir müssen noch mit! Halt!

Sie winkte und rief. Vergeblich.

Wir haben nichts mehr, nichts!

Wir haben doch unser Geld dabei, sagte Jens, *unsere
Pässe und die Kamera.*

Marie und Jens überlegten, wie sie das Schiff einholen
könnten. Sie rannten los, suchten die Kais ab nach einem
der kleinen Passagierboote, die sie auf dem Fluss gesehen
hatten. Schließlich hatten sie Glück. Ein Stück flussabwärts
stand eines dieser Boote abfahrbereit. Sie bezahlten für die
Fahrt und gingen an Bord. Nach zwei Stunden sahen sie,
noch weit vor sich, ihr Schiff. Eine Stunde später hatten sie
es überholt. Vom Deck ihres Bootes aus sahen sie hinüber.

Hoffentlich ist unser Gepäck noch da, meinte Marie.

Sie verließen bei der nächsten Gelegenheit das Boot
und warteten auf ihr Schiff. Ob an dieser Stelle überhaupt
ein Halt vorgesehen war, wussten sie nicht, so waren sie
sehr erleichtert, als es tatsächlich anlegte. Während die
Passagiere von Bord strömten, zwängten sich Marie und
Jens in umgekehrter Richtung durch die Menge die Gang-
way hinauf. Sie liefen gleich unter Deck, bis in die vierte
Klasse, wo sie ihre Rucksäcke unversehrt vorfanden.

Danach waren sie etwas vorsichtiger mit ihren Streifzügen an Land, doch völlig aufgeben wollten sie sie nicht. Zu
spannend war es, was sie dort sahen. In einem der größeren Orte entdeckten sie zierliche alte Pagoden, die direkt
neben billig errichteten Mietskasernen stehen geblieben
waren. An einer langen Ziegelmauer stießen sie auf einen
Friseur, der sein Handwerk im Freien ausübte. Seine weni-

gen Werkzeuge hingen an der Mauer, seine Kunden saßen auf einer Kiste, darin ließ der Mann nach getaner Arbeit seinen kompletten »Laden« verschwinden. Die Männer seifte er mit Wasser aus einer Thermoskanne ein und rasierte sie gekonnt mit seiner scharfen Klinge.

Am nächsten Tag gingen sie durch die Gassen eines anderen Ortes, in denen die zur Straße hin gelegenen Räume der Häuser wegen der großen Hitze völlig offen waren. Sie wurden als Werkstätten genutzt, in der Deckenmitte drehte sich ein Ventilator und an den Wänden hingen bunte Revolutionsplakate.

In einer dieser Werkstätten arbeitete man zu sechst an Nähmaschinen, die mit Füßen angetrieben wurden. Im Haus daneben färbten Frauen Stoffe, sie hatten Zinkwannen mit bunten Flüssigkeiten gefüllt, die einen unangenehmen süßlichen Geruch verströmten.

Ein paar Schritte weiter die Gasse hinunter sahen sie einen Lebensmittelladen, dessen Regal vor allem mit Konserven gefüllt war. Auf der Theke standen Glasballons mit Nudeln, Reis und Getreide. Ein etwa zwölfjähriger Junge, der allein anwesend war, lag in einem Stuhl zwischen Kartons und döste.

Auf den Straßen balancierten Träger auf ihren Schultern Lasten in Körben, die sie vorne und hinten an lange, wippende Bambusstangen hängten. Esel zogen hoch beladene Karren hinter sich her, Marie und Jens folgten ihnen, bis sie auf einem Marktplatz standen. Dort wurden auch Katzen, Hunde, lebende Schildkröten und andere Tiere, die in engen Käfigen verstaut waren, verkauft. Wer lebende Hühner erworben hatte, band ihre Füße zusammen, hängte das Federvieh mit dem Kopf nach unten an den Lenker seines Fahrrades und fuhr los.

Dieses Markttreiben zog sie nicht an.

Schöner fanden sie einen Platz, den sie in einem anderen Teil der Stadt entdeckten, mit Bambushain, Steingärten und blühenden Hibiskussträuchern, deren Blüten so groß waren, dass sie die Pflanze kaum wiedererkannten.

Im Park saßen junge Paare auf Bänken, verstohlen Händchen haltend. Hinter einem Goldfischteich entdeckte Marie segelnde Schmetterlinge, die sich von der Luft weit tragen ließen, ohne mit ihren Flügeln zu schlagen.

Sie lief ihnen hinterher.

IMMER WIEDER ging es zurück aufs Schiff. Von dort aus sahen Marie und Jens die in vielen Terrassen angelegten Tabak- und Reisfelder. *Die steilen Hügel sind ganz schön schwer zu bewirtschaften,* dachte Marie. Etwas anderes erschreckte sie sehr: dünne, hohe Bäume, die bis auf die Krone keine Äste mehr hatten. Die unteren Äste waren offensichtlich bereits zu Brennholz verarbeitet worden. Manche Hügel wirkten geradezu gespenstisch.

Ihnen fiel auf, dass überall gebaut wurde. Kräne drehten sich, und mehrstöckige Wohnhäuser wuchsen empor.

Am Flussufer direkt unterhalb der Siedlungen mündeten die Abwasserkanäle in den Strom. Neben den Rohren spielten Kinder mit luftgefüllten Gummischläuchen im Wasser, ein paar Meter weiter trieben Bauern ihre Rinder zum Fluss. Entlang der Uferstraße hausten Menschen in Holzverschlägen. Aus denen kamen alte, bucklige Menschen, wenn Boote mit Baumaterial entladen werden mussten. Einen Kran gab es dort nicht und kräftige junge Männer offenbar auch nicht.

Diese fremde Welt, von der sie vor der Reise keine Vorstellung gehabt hatte, faszinierte Marie und machte sie gleichzeitig traurig. Nach der Weite der Steppe, der Herzlichkeit und Gastfreundschaft der Nomaden empfand sie China als eine beengende und harte Gesellschaft, in der die Einzelnen keine große Rolle spielten und ständig um ihren Platz kämpfen mussten.

Wenn Marie mit Jens abends auf dem Schiff unter Deck ging und mit mehr als einem Dutzend anderen Menschen zusammenlag, begann sie sich nach Hause zu sehnen.

Nachdem sie den Jangtsekiang verlassen hatten, bewegten sie sich wieder auf dem Landweg. Sie brauchten ihr Geld für Bus- und Eisenbahn und versuchten, es an anderer Stelle einzusparen. Statt zu zweit in einem Einzelbett in den Schlafsälen der einfachen Herbergen übernachteten sie, wenn sie keiner verscheuchte, auf den Dächern von Hotels.

AN EINEM ABEND saßen sie auf einem Hoteldach in Schanghai und sahen dem Sonnenuntergang zu. Sie waren den ganzen Tag durch das Zentrum der Handelsstadt mit ihren alten Holzhäusern und verwinkelten Gassen gelaufen. Sie waren die lange Uferpromenade Schanghais, »Bund« genannt, mit europäisch anmutenden Bankgebäuden, Restaurants und Hotels entlanggebummelt. Dort hatten sie zum ersten Mal probiert, mit Stäbchen zu essen. Geröstete Erdnüsse und andere Gerichte wie scharfe Nudeln, würzigen Tofu, Huhn mit Sesam aus kleinen Schälchen. Es roch nach Sesamöl, Chili und Knoblauch. Nach einigem Zögern hatten sie sich getraut, auch zu den kleinen Imbissständen im Freien zu gehen.

Sie hatten den Gruppen in den Parks zugeschaut, die in der feuchten Hitze mit immer gleichen, weichen Bewegungen zur Musik aus einem Kassettenrekorder Gymnastik machten.

Alte Männer mit weißen Handschuhen drehten, einige Schritte davon entfernt auf einer Steinmauer sitzend, unermüdlich zwei glänzende Stahlkugeln in ihren Händen. Ein Spiel, aber auch eine Übung gegen das Alter in den Knochen und Gelenken. Die Männer schafften es, die beiden Kugeln stundenlang in ihren Händen kreisen zu lassen, ohne dass sie sich berührten.

Schließlich waren sie zum Hafen hinuntergegangen und hatten den Schiffen hinterhergeschaut, wie sie am Horizont verschwanden. Sie begannen sich auszumalen, wohin ihre nächste Reise gehen könnte.

Ich wollte ja immer nach Afrika, sagte Jens. Schon als Kind. Alle haben mich ausgelacht, nur meine Oma nicht. Sie meinte: Wenn der Junge das will, dann schafft er das auch. Wie sieht es aus, Marie – kommst du mit?

Marie lächelte und sagte nichts. Sie betrachtete lange die kälter werdenden Farben des Himmels. Dann wandte sie sich Jens zu.

Wenn ich mitkomme, komme ich auch mit nach Afrika. Darauf kannst du dich verlassen.

Von ihrem Nachtlager auf dem Hoteldach aus konnten Marie und Jens nun weit über die Häuser der Stadt sehen. Eine friedliche Abendstimmung. Die Schornsteine auf den umliegenden Dächern erinnerten Marie ein wenig an ihren Lieblingsplatz zu Hause, doch hier heizte niemand mit Braunkohle, es roch nach Speisen mit Gewürzen, die ihr fremd waren.

Während Jens auf dem hinteren Teil des Daches Fotos machte, räumte Marie ein bisschen auf. Das Notizbuch von Jens lag auf seinem Schlafsack. Als sie es in seinen Rucksack legen wollte, fiel der Stift raus, der zwischen zwei Seiten eingeklemmt war. Sie suchte die letzte beschriebene Seite, um den Stift wieder ins Buch zu legen. Jens hatte sich auf drei Seiten akribisch die Adressen von Leuten notiert, die sie unterwegs getroffen hatten, und dahinter ein Kreuz gesetzt.

Urs und Christian aus der Schweiz, Anne und Dieter aus West-Berlin, Tom aus Kanada, selbst von dem dänischen Ehepaar aus Kopenhagen hatte er sich die Adressen notiert.

Was sie da sah, beunruhigte sie. Es machte ihr endgültig klar, dass sich Jens, nun da sie in China waren, darauf vorbereitete, in den Westen zu gehen. Marie spürte, dass es an der Zeit war, miteinander zu sprechen. Und das konnte nicht bis morgen warten. Jens war noch mit seiner Kamera beschäftigt. Sie ging zu ihm, berührte ihn vorsichtig am Arm.

Wenn du sagst, es gibt keinen Grund mehr für dich, nach Hause zurückzukehren, heißt das, dass du dir in Peking einen westdeutschen Pass holst?

Jens blickte in die Ferne und nickte.

Und dass du mit diesem Pass in den Westen willst?

Jens schüttelte den Kopf.

Nicht sofort.

Du willst es also auf jeden Fall tun, flüsterte Marie. *Sind wir also auf der Flucht?*

Jens wandte sich ihr zu.

Wir sind doch schon geflohen. Vor einem Leben unter Aufsicht. Ich will nicht mehr zurück. Komm mit mir, Marie!

Sie schauten über die Dächer, wie sie es zu Hause oft getan hatten. Zu Hause – für wen galt das noch?

Ich will es auf jeden Fall versuchen, sagte Jens schließlich. *Wir haben die Pässe bekommen, das Visum für China, und jetzt sind wir hier. Auf einem Dach in Schanghai! Es ist, als hätte jemand eine Tür geöffnet!*

Ja, das ist wunderbar, meinte Marie. *Ich weiß nur nicht so genau, ob sie auch meine ist. Du weißt doch, ich will zu Ende studieren.*

Er sah sie an. *Ist es nur das?*

Jens, was nützt mir die Reisefreiheit im Westen, wenn ich dann nicht mehr zu meiner Familie fahren kann?

Marie, glaubst du wirklich, dass sich unser Land je zum Besseren ändert?

Marie zögerte kurz, bevor sie antwortete.

Wir fahren doch nicht in die Hölle zurück. Ich will mein Studium beenden, um das ich mich so bemüht habe. Was dann passiert, weiß ich nicht. Ich wollte mit dir diese Reise machen, und sie ist so schön. Ich will mich nicht von dir trennen. Aber ich kann mir auch nicht vorstellen, alles hinter mir zu lassen und einfach davonzugehen.

Jens gab nicht auf.

Aber diese einmalige Chance, mit unseren Pässen, die kriegen wir nie wieder!

Ja, vielleicht. Aber welche Chance hat meine jüngere Schwester denn noch, ihr Studium fortzusetzen, wenn ich abgehauen bin? Kann mein Vater dann noch bei der DEFA bleiben? Es geht doch nicht nur um mich, Jens. Unsere Leben gehören nicht uns allein.

Jens starrte wieder in die Ferne.

Was ist denn mit meinem Leben, seit sie mich aus der Uni geschmissen und mir dann auch noch meine Vorträge verboten haben? Marie, du weißt, ich habe keine Geschwister, meine Eltern haben mich freigegeben, ihnen kann auch nichts mehr passieren.

Jens, ich versteh das. Ich habe befürchtet, dass du die Gelegenheit nutzen willst. Aber ich habe auch gehofft, dass du deine Meinung doch noch änderst.

Und ich habe gehofft, dass DU am Ende der Reise mit mir gehst.

Sie mussten beide lachen, obwohl ihnen danach nicht zumute war. Marie erhob sich, nahm Jens bei der Hand und ging mit ihm ein paar Schritte bis zur Kante des Daches. Sie standen nebeneinander und blickten über die Stadt.

Lass uns mehr von China erleben, sagte Marie. *Noch ist es nicht so weit. Noch müssen wir uns nicht endgültig entscheiden. Diese Etappe des Weges werden wir auf jeden Fall noch zusammen zurücklegen. Du hast dir gewünscht, mit mir durch die Steppe zu reiten, ich will mit dir auf der Chinesischen Mauer stehen. Dann sehen wir weiter.*

In der Nacht fand Marie keinen Schlaf. Sie war traurig, dachte: *Wenn wir Mongolen wären und uns trennen müssten, nachdem wir gemeinsam durch die Steppe geritten sind, würden wir sagen: Du musst deinen Weg gehen, ich meinen.*

In diesem Moment schlug Jens seine Augen auf. Nach einer Weile sagte er:

Ich hätte nie geglaubt, dass ich mal einer Frau begegne, mit der ich Abenteuer so gut teilen kann.

Marie lächelte. Es war eine helle und heiße Nacht. Aus den Straßen der Stadt drangen fremde Geräusche bis zu ihnen hoch. Offenbar fanden viele andere auch keine Ruhe.

Ich halte auch noch mehr durch. Du hast an unserem ersten Abend gesagt, wenn man einmal etwas geschafft hat, dann kann man das immer wieder. Du hast so viel für mich getan, aber diese Reise mit all dem, was passiert ist, hat mich auch stärker und mutiger werden lassen. Ich war in Ulan Bator alleine im Wald. Ich könnte alleine zurückfahren, ich würde das schaffen. Aber wenn du gehst und ich nicht, dann gibt es uns nicht mehr.

Ich kann nicht zurück, Marie. Keine Arbeit, keine Vorträge, keine Reisen ... das geht nicht, ich würde in Berlin an deiner Seite sein, aber verkümmern. Ich bin wütend über ein Land, das Menschen in so eine Situation bringt, in der wir jetzt sind.

Jens nahm sie in den Arm.

Ich hatte wirklich sehr gehofft, dass du mitkommst. Aber ich sehe langsam ein, dass jeder wohl seinen eigenen Weg gehen muss. Was wir auf unserer Reise erlebt haben, ist bald nur noch Erinnerung, aber die wird uns immer verbinden. Triff bitte deine eigene Entscheidung, unabhängig von mir.

In Maries Traurigkeit mischte sich das angenehme Gefühl, dass Jens sie nicht unter Druck setzte. Für ihn war es besser, zu gehen, das begriff sie. Sie würde ihre Entscheidung selbständig treffen. Eine größere Freiheit konnte es nicht geben. Und dennoch wollte sie sich nicht sofort entscheiden, sondern noch einige Tage mit Jens verbringen und die gemeinsame Zeit genießen.

ALS SIE im Pekinger Hauptbahnhof aus dem Zug steigen, ist es heiß und sie kommen in den drängelnden Menschenmassen kaum voran. Die meisten Menschen um sie herum tragen graue, blaue oder blassgrüne Arbeitsanzüge. Alle bewegen sich trotz der feuchten Hitze schnell durch die Stadt, zu den wenigen Langsamen gehören einige sehr alte Frauen, die verkrüppelte Lotusfüße haben und sich am Stock die Straßen entlangschleppen.

In den breiten Alleen fahren Hunderte von Fahrradfahrern, die ständig ihre Klingeln benutzen, um sich Platz zu verschaffen. An den Kreuzungen geht es chaotisch zu, die Polizisten, die auf hohen Türmen stehen und ständig pfeifen, versuchen, das Chaos zu bändigen.

Nicht selten passiert es, dass zu viele Fahrradfahrer zu dicht beieinanderstehen, der erste verliert dann das Gleichgewicht und in einer Kettenreaktion kippt einer nach dem anderen um.

Marie und Jens laufen an Plakatwänden vorbei, auf denen in Großaufnahme schwere Verkehrsunfälle gezeigt werden, ein halber Kopf schaut unter einem Lastwagenreifen hervor, ein Radfahrer ist kaum mehr als Mensch zu erkennen. Viele Passanten bleiben davor stehen. Marie sieht in ihre Gesichter und wundert sich, dass sie keine Reaktion erkennen kann.

In den Bussen thronen Schaffner auf erhöhten Sitzen, sie haben alles gut im Blick. Bei ihnen kaufen sie sich für wenig Geld Fahrkarten und lassen die Stadt stundenlang an sich vorbeiziehen.

ANDERNTAGS beobachten sie eine Gruppe Japaner, die vor dem Hotel, auf dessen Dach sie übernachtet haben, gerade in einen Bus einsteigen. Sie fragen, ob ihr Ziel die Chinesische Mauer sei und ob Marie und er vielleicht mitfahren könnten. Die Japaner willigen ein.

Als sie an der Mauer ankommen, herrscht ein großer Andrang von Touristen aus aller Welt. Marie versucht sich vorzustellen, wie es einst auf diesem Bauwerk zugegangen ist, wie das Leben an dieser Grenzanlage wohl einst ausgesehen haben mochte.

Ist es nicht widersinnig, dass die Menschen anscheinend immer schon gedacht haben, dass Mauern sie vor Unheil schützen könnten? Ob unsere Mauer daheim auch einmal so sinnlos sein wird, wie diese?

Jens setzt sein Fernglas ab.

So wie diese hier wird sie bestimmt nicht stehen bleiben.

Sie gehen bei sengender Sonne auf der Mauer entlang, immer weiter, bis niemand sonst mehr in ihrer Nähe ist. Den restaurierten Teil haben sie längst hinter sich gelassen. Es wird wilder, die große Mauer liegt jetzt so unter ihnen, wie sie jahrhundertelang gelegen hat.

Es ist still, ein heißer Wind weht über die Steine. Sie kommen an eine Stelle, an der es nicht weitergeht, ein eingefallener Turm versperrt den Weg.

Dort entdecken sie einen Chinesen, der im Schatten sitzt. In einem kleinen Käfig, der neben ihm steht, hält er eine Nachtigall gefangen. Als sie näher treten, sehen sie, dass der alte Mann tief schläft.

Marie betrachtet den kleinen, stummen Vogel und zieht dann Jens mit beiden Armen an sich heran und küsst ihn innig.

Am frühen Morgen des nächsten Tages, nach einer Reise von 10 806 Kilometern, stehen sie in Peking vor der Botschaft der Bundesrepublik Deutschland. Das Gebäude liegt auf der anderen Straßenseite, nur wenige Schritte trennen sie noch vom Eingang. Doch scheint die Botschaft genauso unerreichbar wie die Ständige Vertretung Westdeutschlands daheim, in Ost-Berlin. Überwachungskameras, Polizeiposten, zivile Sicherheitsbeamte, die das Gebäude im Blick behalten und unerwünschte Personen abschrecken.

Auf der anderen Straßenseite gäbe es die Pässe zur Ausreise in den Westen. Bis hierher haben es Marie und Jens geschafft. Jetzt müssen beide für sich entscheiden, wohin ihre Reise weitergeht, ob sie ihr Land für immer verlassen wollen.

Gehen oder bleiben, wie sehr haben sie daheim die Debatten gehasst, in denen andere ihnen vorschreiben wollten, was richtig und was falsch ist. Jetzt will keiner der beiden dem anderen vorschreiben, welchen Weg sie oder er nimmt.

Sie gehen noch nicht über die Straße, sondern laufen weiter durch das Zentrum der Stadt, überqueren den gewaltigen »Platz des Himmlischen Friedens«, der vor dem imposanten ochsenblutroten alten Kaiserpalast liegt. Über dem Eingang zum Palast blickt Mao Zedong, wie ein neuer Kaiser, aus einem gewaltigen Porträt über die Köpfe seines Volkes hinweg. Marie und Jens halten sich an der Hand, sie reden nicht viel.

Im Schatten der Bäume eines Parks sehen sie Frauen beim Thai-Chi. Zwei alte Männer bewegen sich auf dem vertrockneten Rasen beim Schattenboxen langsam, wie in Zeitlupe.

Am Bahnhof reihen sie sich in eine lange, lärmende Schlange vor dem Fahrkartenschalter ein. Sie schaffen es, unter den vielen Tausend Chinesen einen zu finden, der Englisch spricht und bereit ist, für Marie ein Zugticket bis in die Mongolei zu kaufen.

Der Zug fährt erst am nächsten Tag. Sie verbringen noch eine Nacht auf dem Dach des Hotels. Als er in den nächtlichen Himmel schaut, hat Jens eine Idee. Im Rucksack hat er noch zwei Postkarten vom Baikalsee, die kommen ihm nun gelegen. Marie soll sie auf einem russischen Bahnhof mit der Post aufgeben. Eine adressiert er an Marie in der Rykestraße, die andere an seine Eltern in Leipzig.

Jens schreibt auf beiden Karten etwa gleichlautend, er sei noch in der Sowjetunion, allerdings sei er krank, er habe sich unterwegs eine Gelbsucht eingefangen, die er erst auskurieren müsse. Niemand solle sich bitte deswegen Sorgen um ihn machen. Eine russische Familie in der Taiga habe ihn aufgenommen, bei ihnen sei er in guten Händen. Wann er gesund genug für die lange Rückreise sei, könne er noch nicht sagen.

Den Text auf den Karten soll jeder lesen können.

Jens will mindestens zwei Wochen warten, bevor er in die Botschaft geht und sich den westdeutschen Pass holt.

So kannst du unbesorgt zurück in die Rykestraße gehen und wirst dort nicht schon von der Stasi erwartet. Denn wahrscheinlich erfahren sie durch ihre Informanten in westdeutschen Behörden sofort, dass ich hier in der Botschaft war und nicht mehr nach Hause zurückkehre. Bevor die Leute mir hier einen Pass ausstellen, müssen sie Erkundigungen einziehen, und das bleibt bei der Stasi sicher nicht unbemerkt. Aber vielleicht fallen sie ja auf die Postkarten rein und lassen dir damit etwas Zeit. So wie ich sie einschätze, fangen sie die Post ab. Gehst du zu meinen Eltern und erzählst ihnen alles? Am besten beim Spazierengehen im Park?

Marie nickte. *Natürlich, das mache ich gern.*

AM NÄCHSTEN TAG brechen sie zum Bahnhof auf. Sie schweigen. Sie haben alles besprochen.

Es ist Mittag und unerträglich heiß. Beinahe kommen sie zu spät.

Es wimmelt von Menschen, und sie müssen sich durch die Menge drängen, um den Bahnsteig zu erreichen. Der Zug steht noch im Bahnhof, aber die Schranke vor dem Bahnsteig wird schon geschlossen.

Jens nimmt Marie noch schnell in den Arm, flüstert ihr etwas ins Ohr und küsst sie nur kurz, um nicht zu viel Aufsehen zu erregen.

Marie geht, dreht sich immer wieder um, dann verschwindet sie im Gewühl hinter den Sperren.

Jens bleibt noch eine Weile im Bahnhof stehen, dann macht er sich auf den Weg zurück in die Stadt.

Monatelang sind sie zu zweit unterwegs gewesen. Diesmal ist es keine Trennung für ein paar Tage. Er spürt eine Leere an seiner Seite, die ihm mit jedem Schritt, den er weiter durch die Menschenmassen in den Straßen geht, deutlicher wird.

MARIES ZUG hat Peking längst verlassen. Sie sitzt in ihrem Abteil am Fenster und schaut zu, wie sich die Dämmerung über das Land legt. In den Kurven, die nur langsam durchfahren werden, kann sie von ihrem Platz aus sehen, wie lang der ganze Zug ist.

So wie die Schranke am Bahnhof von Peking geht nun eine Grenze nach der anderen hinter ihr zu. Von China zur Mongolei, von der Mongolei nach Russland. Jedes Mal hat sie nur einen Gedanken: *Hier komme ich nie wieder hin.*

Der Abschied von der Mongolei fällt ihr besonders schwer.

Kurz vor der russischen Grenze erblickt sie noch einmal weiße Punkte, aus denen Rauch aufsteigt, und wünscht sich zu den Menschen hin, die in den Jurten sitzen, aus ihren Schalen Tee trinken und dem Herdgeist etwas davon abgeben.

Ihre Fahrkarte reicht bis Irkutsk. Dort gibt sie die Postkarten von Jens auf. Ihr nächstes Ziel ist Moskau. Sie bekommt zufällig mit, dass ein Zug der Transsibirischen Eisenbahn, der bis auf das Personal vollkommen leer ist, von Irkutsk bis Moskau fährt. Die Eisenbahner nehmen sie ohne Fahrkarte mit. In dem Geisterzug ist sie der einzige Fahrgast. Tag und Nacht fährt sie durch die Taiga und die endlosen Birkenwälder.

In Moskau wechselt sie den Zug ohne längeren Aufenthalt. In der polnischen Hauptstadt Warschau geht sie zur Botschaft der DDR und erzählt den Botschaftsangestellten, ihr Ausweis sei gestohlen worden. Sie benötige einen Ersatzausweis. Den Pass erwähnt sie nicht, denn der Einreisestempel für die verbotene Reise nach China hätte sie verraten. Sie hat den Pass verbrannt, dabei hätte sie ihn gerne aufgehoben, er hatte noch so viele leere Seiten. Auf Andenken aus China hatte sie aus demselben Grund ebenfalls verzichtet. Sie hätte so gerne solche silbrig glänzenden Kugeln mitgenommen, wie sie die alten Männer hatten, die damit unablässig in ihrer Hand spielten.

Der Zug passiert an der Oder die deutsche Grenze, aus dem Fenster betrachtet sie die Wiesen und Kiefernwälder. Ein fremder, vertrauter Anblick. Marie blickt in die Gesichter der anderen Menschen im Abteil und weiß, sie trägt nun ein großes Geheimnis in sich. Der Gedanke daran und wie lange es eins bleiben wird, ist ihr unheimlich.

TAUSENDE KILOMETER entfernt sitzt Jens in Peking in einem schattigen Park unter einem Baum. Seine Tasche auf den Knien, hat er begonnen, auf feinem chinesischem Papier einen Brief zu schreiben.

Sieben Tage sind vergangen, seitdem ich Dich zum letzten Mal umarmt habe, meine liebe Marie.

Ich halte es kaum noch aus, Du fehlst mir so sehr. So oft und so viel wie seit unserem Abschied habe ich wohl noch nicht geweint. Hätte ich diese Trennung nie zulassen sollen? War es ein Zeichen des Himmels, dass Du den Zug fast verpasst hättest? Was wäre passiert, wären wir nur zwei Minuten zu spät gewesen? Wärst Du für immer bei mir geblieben? Ich würde es mir so sehr wünschen…

AM SELBEN TAG kommt Marie nach vier Monaten wieder zurück in die Rykestraße, in die verlassene Wohnung. Sie legt sich in das Bett, zieht die Decke über sich und schläft bis in den Abend.

Als sie wach wird, geht sie in die Küche, macht etwas Wasser heiß, nimmt einen Tee nach dem anderen aus der *BaKo*-Kiste, doch sie stellt alle Teesorten wieder zurück ins Regal und setzt sich an den Schreibtisch.

Ihr Gedanke, zu ihren Eltern zu fahren, sie in den Arm zu nehmen und von ihren Erlebnissen zu erzählen, ist verflogen.

Alles hier zu Hause fühlt sich merkwürdig an, wie in einem Traum. Sie denkt an Jens, der immer noch in China ist, doch sie kann den Gedanken nicht festhalten.

Sie sieht sich um, ihr Blick bleibt an der Weltkarte hängen, am Bett, am Spiegel.

Es ist spät geworden. Sie verlässt die Wohnung und steigt die Treppen hinauf, klettert durch die Luke aufs Dach, setzt sich auf ihren Platz mit Blick auf den alten Wasserturm. Einer der Schornsteine ist schon ganz zusammengefallen. Sie nimmt einen Block in die Hand und schreibt.

Es ist kurz vor Mitternacht, die liebste Zeit für mich. Mein lieber, ganz lieber Jens!

In mir ist es jetzt wohlig, und ich sitze mit Tränen in den Augen, die aber nicht wehtun, auf unserem Dach. Neben mir drei Kerzen, ihr Licht wärmt mich und beruhigt mich, sie helfen meinen Augen, denn es ist ja schon finster.

Ich habe Stefan Zweigs Erinnerungen über die »Welt von Gestern« noch einmal in die Hand genommen, wie damals, nach unserer ersten Nacht. Es lag neben Deinem Bett, in dem Du schliefst. Er hat recht. In den langen Tagen, den langen Nächten der Reise habe ich im Umgang mit dieser anderen Art von Menschen mehr gelernt von den Kräften und Spannungen, die unsere Welt bewegen, als aus hundert Büchern. Die Distanz von der Heimat verändert das innere Maß. Manches, das mich früher über Gebühr beschäftigt hat, beginnt sich mit meiner Rückkehr klein anzufühlen, und unser Land, ja Europa, sehe ich längst nicht mehr als die ewige Achse unserer Erde.

Vorhin saß ich an Deinem Schreibtisch, drehte mich um und sehe Dich im Bett. Mit dem Arm stützt du Deinen Kopf, und um uns ist die Ruhe, die wir so sehr lieben gelernt haben. Eine Ruhe, die Kraft und Vertrauen gibt und Kribbeln im Bauch.

Ich liebe Dich und kann es kaum aushalten.

Über dem Bett hängt immer noch Dein Zettel an der Wand, weißt Du noch? Ich habe ihn gelesen, da steht:

Wende Dein Gesicht der Sonne zu, so fallen die Schatten hinter Dich.

Epilog

Nachdem sie sich am Bahnhof in Peking getrennt hatten, verbrachte Jens noch einige Tage in der Stadt. Wie geplant ging er nicht sofort zur westdeutschen Botschaft, um sich dort einen Pass ausstellen zu lassen. Noch nicht. Bevor er diesen letzten Schritt tat, wollte er Marie genug Zeit lassen, um sicher nach Berlin zurückzukehren.

Jens machte stattdessen einen Ausflug Richtung Süden, zum Li-Fluss und nach Yangshuo, um die berühmten Kegelberge zu sehen. Er nutzte die Zeit und fotografierte das Leben am Fluss. Dörfer, Bambushaine und Kormoranfischer. Dazu ließ er sich auf einer kleinen Dschunke mitnehmen.

Ein paar Tage später reiste er zurück nach Peking und wagte sich schließlich in die Botschaft. Die Mitarbeiter waren verblüfft, freundlich und fragten neugierig, wie er das geschafft habe. Von Ost-Berlin nach Peking? Jens erzählte ihnen ein wenig. Nur einen Tag später hielt er den grünen westdeutschen Pass in seinen Händen. Man bot ihm an, mit dem Flugzeug direkt nach Deutschland zu fliegen. Für die Flugkosten könne er problemlos einen Kredit erhalten. Und er könne doch auch gleich den Flug am nächsten Tag nehmen.

Er wollte allerdings nicht, dass wieder jemand anderes bestimmte, wann er wohin reisen sollte, dankte für das Angebot und lehnte es ab. Er schmiedete einen neuen Plan.

Jens hatte zweihundert Dollar von einem Lehrer aus Deutschland geschenkt bekommen, den er im Süden am Li-Fluss kennengelernt hatte. Der Mann stammte aus Rothenburg ob der Tauber und machte ganz allein eine Bildungsreise durch China. Jens traf ihn beim Abendessen in einem einfachen Hotel. Sie verstanden sich gut, liehen sich am nächsten Tag gemeinsam Fahrräder aus und unternahmen zusammen Ausflüge. Der Lehrer aus dem Westen Deutschlands konnte es kaum fassen, dass er mitten in China einen jungen Studenten aus Prenzlauer Berg in Ost-Berlin traf, der es bis hierher auf eigene Faust geschafft hatte. Beim Verabschieden steckte er Jens spontan das Geld zu. Er verdiene genug, meinte der Lehrer, *du kannst in eine dumme Situation geraten, in einen Notfall, wer weiß, wozu es dann gut ist. Und wenn du es nicht brauchst, besuchst du mich irgendwann einmal und gibst es mir zurück!*

Jens hatte so etwas nicht erwartet und freute sich über die Hilfe. Das Geld gab ihm ein Stück Unabhängigkeit, und so wollte er sich nun von Peking aus mit dem neuen Pass in der Tasche auf eigene Faust durchschlagen. Er verabschiedete sich von den westdeutschen Beamten, nahm den Reiseführer zur Hand, den er von den Schweizern in Ulan Bator geschenkt bekommen hatte, und machte sich auf den Weg Richtung Hongkong.

Nach einigen Zwischenstopps auf seiner Reise mit Bus und Bahn erreichte er die Grenzstation. Der Beamte aus Hongkong, vor dem er nun stand, blätterte in seinem Pass alle Seiten durch. Von vorn bis hinten, von hinten bis vorn, jede Seite. Nirgendwo war ein Stempel enthalten. Nirgendwo. Er guckte Jens an, und Jens starrte ihn an. Der Grenzbeamte blickte wieder in den Pass und begann erneut darin zu blättern. Dann hielt er inne und fragte: *Is it a new one?* Jens antwortete nur: *Yes!* Er wollte nicht mehr sagen, damit er sein Gegenüber nicht auf weitere Fragen brachte. Jens dachte: *Diese letzte Kontrolle wird doch wohl zu schaffen sein?*

Dann fragte ihn der Beamte, ob er das Geld für das Visum zur Einreise nach Hongkong habe. Jens legte prompt ein paar Dollarnoten auf den Tisch. Der Mann nahm seinen großen Stempel und drückte ihn auf eine leere Seite des Reisepasses.

Jens atmete erleichtert durch. In Hongkong war er im Westen angelangt. Der erste Abend in der Metropole, so erzählte er später, war für ihn ein schwerer Kulturschock. Die Lichter, die Menschen, die Leuchtreklamen, die Geschäfte. Er übernachtete in einem der *Student Hostels*, ein Tipp aus seinem Reiseführer. In der Herberge trafen sich junge Leute aus aller Welt. Eine bessere Informations- und Kontaktbörse konnte es für ihn nicht geben. Jens erfuhr, dass die Flüge, die von Hongkong nach Deutschland gingen, recht teuer waren, dafür reichte sein Geld nicht. Also nahm er kleine Jobs an, von denen er über eine Pinnwand im Hostel erfuhr.

So heuerte er zum Beispiel bei einer chinesischen Filmproduktion als Statist an. Er musste einen Hügel hochrennen, es wurde geschossen, und er musste wie die anderen Kleindarsteller möglichst dramatisch umfallen. An anderen Tagen half er beim Deutschunterricht aus und übte mit lernwilligen Chinesinnen Konversation.

Nach ein paar Wochen hatte er schon einiges verdient. Eines Abends sah er auf dem Heimweg vom Set eines Karatefilms in einem Schaufenster ein günstiges Flugangebot. Das Ticket nach Amsterdam sollte nur zweihundert Dollar kosten. Am nächsten Morgen ging er dorthin, zahlte für das Ticket und erhielt eine Quittung. Dann hieß es: *Der Flugschein wird noch ausgestellt, kommen Sie bitte morgen zum Abholen.*

Als er das Ticket entgegennehmen wollte, sollte sein Flug plötzlich vierhundert Dollar kosten. Sein Lamentieren half nicht. Bei der Rechtsberatung im westdeutschen Konsulat klärte man ihn auf. Er müsse zahlen, was verlangt werde. Das normale Rechtsverständnis helfe hier in der Stadt nicht immer weiter. Jens wurde eindringlich gewarnt, er solle sich keine Schecks geben lassen, die seien meist ungedeckt, keine großen Scheine, die seien meist gefälscht.

Der Mitarbeiter des Konsulats lud ihn zum Essen ein und klärte Jens noch weiter über Sitten und Unsitten in der britischen Kronkolonie auf. Jens begriff, dass sein Geld verloren war. Er kehrte zurück ins Hostel. An seiner Zimmertür hing ein Zettel. Er solle sich bei Susan melden.

Susan war eine Hongkong-Chinesin, die in einem der kleineren Hochhäuser wohnte, es hatte lediglich sechzehn Stockwerke. Auf jeder Etage gab es ein Zimmer, die gemeinsame Küche befand sich auf der Dachterrasse. Dort trafen sich oft junge Leute aus aller Welt. Doch Susan war nicht da. Jens wartete alleine auf der Dachterrasse. Nach einigen Stunden kam sie und freute sich: *Hallo Jens!* Sie habe da vielleicht was für ihn.

Sie arbeitete als Dokumentenüberbringerin beim Paketdienst TNT und war schon öfter zwischen London und Hongkong hin- und hergeflogen. Ein Flug Richtung London sei noch offen, dafür habe sie aber keine Zeit. Ob er übernehmen könne, er wolle doch nach Europa? Der Flug sei kostenlos, und es gebe obendrein hundert Pfund als Bezahlung für den Botendienst. Jens sagte sofort zu und sie machten sich auf den Weg zum TNT-Büro. Dort hielt man den deutschen Studenten für einen geeigneten Ersatz, nur benötigten sie jetzt gerade jemanden, der für sie nach Saudi-Arabien fliege. Am Ende ging es für Jens nach Bahrain und erst ein paar Tage später weiter nach London.

Er beschloss, direkt weiter Richtung Deutschland zu reisen, denn er hatte sich überlegt, dass er die teure Stadt von nun an ja jederzeit später einmal anschauen könne. Er fragte sich in London durch bis zum Beginn einer Ausfallstraße und stellte sich als Tramper an den Straßenrand. Ein Lkw-Fahrer nahm ihn mit, weit aus der Stadt hinaus. Der Mann fragte über Funk, ob einer seiner Kollegen nach Dover fahre und dem Studenten helfen könne. An einer Raststätte außerhalb Londons stieg Jens um. Der nächste Lkw-Fahrer, ein Engländer, entpuppte sich als Bergsteiger. *Was? Im Kaukasus und im Altai warst du? In der Mongolei und in China? Und kommst aus dem Osten?* Da der Fernfahrer noch viel Zeit bis zur Abfahrt der Fähre hatte, ließ er sich davon erzählen. Er verließ die Autobahn und zeigte Jens auf den Landstraßen Südenglands malerische kleine Ortschaften.

Nach der Überquerung des Ärmelkanals endete die Fahrt mit einer Stadtbesichtigung in Antwerpen. Dann nahm ihn ein belgischer Lkw weiter bis Bonn mit. Dort klingelte er auf gut Glück bei der Adresse einer Freundin von Anke – sie war auch eine Studentin, die er bei den Ost-West-Treffen in der Ost-Berliner Studentengemeinde kennengelernt hatte.

Zufällig stand gerade ein solches Treffen in Ost-Berlin an, und Jens organisierte, dass einer der Mitreisenden bei Marie und seinen Eltern in Leipzig vorbeiging, um ihnen von Jens' geglückter Ankunft im Westen zu berichten.

Jens selbst machte sich zum Flughafen Hannover auf. Aus Furcht, verhaftet zu werden, wagte er es nicht – wie auch alle anderen Geflüchteten –, die Transitstrecke durch die DDR nach West-Berlin mit dem Auto oder Zug zu benutzen.

An einem Wintertag im Dezember 1987 landete er mit dem Flugzeug in Berlin, fast ein halbes Jahr nach dem spätabendlichen Aufbruch in Prenzlauer Berg. Er ging zur Berliner Mauer und schaute von einer der provisorisch aus Holz errichteten Plattformen hinüber in den Ostteil der Stadt, wo er bis vor kurzem noch mit Marie zusammengewohnt hatte. Es roch zum ersten Mal seit langem wieder vertraut – nach schwefliger Braunkohle. Der Wasserturm, die Rykestraße waren nah, doch für ihn nicht zu sehen.

MARIE HATTE gleich nach ihrer Rückkehr ihr Studium an der Kunsthochschule ohne Probleme fortsetzen können. Sie erzählte nicht, wo sie gewesen war. Nur ihrer Freundin Conny und den Eltern berichtete sie ein wenig, vom langen Abschied, von ihrer Trauer, von dem anderen Leben, das sie kennengelernt hatte und das nun für immer in unerreichbarer Ferne schien.

Sie wusste nicht, was ihr nach der verbotenen Reise in Ost-Berlin passieren würde. Die Ungewissheit verwandelte sich in Angst, wenn sie nachts alleine in der Rykestraße aufwachte, wenn die Eingangstür unten im Haus klappte, Schritte zu hören waren, aber niemand irgendwo klingelte oder seine Wohnungstür aufschloss.

Tatsächlich war die Stasi aktiv geblieben, da die für Jens zuständigen Offiziere nicht genau wussten, wo er sich aufhielt, ob er womöglich geflohen war. Obwohl die Stasi bei der Urania Druck gemacht hatte, damit er dort keine Diavorträge mehr halten konnte, gab es einen längst ausgemachten Termin über *Die Fauna und Flora des Donaudeltas*. Um zu sehen, ob Jens *aus der Mongolischen Volksrepublik zurückgekehrt ist,* ergriff ein Stasi-Offizier laut Protokoll *die Maßnahme einer Beschaffung einer Eintrittskarte.* Sein Beobachtungsergebnis: *Ein Mitarbeiter des Urania-Vortragszentrums teilte mit, dass die Veranstaltung wegen Erkrankung des Referenten ausfällt. Eingehender befragt, äußerte der Mitarbeiter, dass die Freundin angerufen und mitgeteilt habe, dass er sich in der Sowjetunion im Krankenhaus befindet und nicht transportfähig ist.*

Am Tag vor Weihnachten 1987 vereinbarten die Berliner und die Leipziger Stasi-Bezirksverwaltung, dem Verbleib von Jens weiter nachzugehen. Denn die Überprüfung, ob er tatsächlich irgendwo in Russland im Krankenhaus sei, hatte sich als schwierig erwiesen. Darum wollte man, so die nächste *Maßnahme,* seine Eltern im neuen Jahr *nach dem Aufenthaltsort ihres Sohnes befragen.*

Doch die Mitarbeiter konnten nichts in Erfahrung bringen, weil sie die beiden nicht antrafen. Offensichtlich etwas entnervt aufgrund fehlender Erkenntnisse, kamen sie Ende Januar 1988 kurzerhand in die Rykestraße 5 und durchsuchten die Wohnung. Sie hofften, das Adressbuch von Jens zu finden, doch sie fanden auch hier nichts, was sie weitergebracht hätte. So beschlossen sie, Marie zu vernehmen, die am Tag der Durchsuchung zufällig nicht in Berlin war.

Erst Anfang März wurde sie ausführlich befragt. In der Zwischenzeit hatte sie in Budapest ein kurzes heimliches Treffen mit Jens. Das war der Stasi entgangen.

Sie streiften für ein paar Tage durch Budapest, sahen sich die Stadt an und genossen die Nähe, die sie so lange vermisst hatten. Jens erzählte von seinem neuen Leben und seinen Plänen im Westen. Beide waren glücklich, sich wiederzusehen, Marie spürte auf der Rückreise aber ein seltsames Gefühl, wenn sie an die Zukunft dachte.

Ein weiterer Versuch, sich in Prag zu treffen, scheiterte an der Grenze. Marie durfte das Land nicht mehr verlassen, sie unterlag einer Ausreisesperre.

Auf die Fragen der Stasi-Offiziere bei ihrer Vernehmung antwortete sie ausweichend. Sie erzählte ihnen, dass sie sich mit Jens gestritten habe, so sehr, dass sie alleine zurückgefahren sei und daher nichts mehr über seinen Verbleib erzählen könne. Die beiden Herren boten ihr an, in ihrem Auftrag mit Jens im Westen Kontakt aufzunehmen, *um ihn zurückzuführen.* Marie gab vor, ihre Verbindung zu Jens sei *ein abgeschlossener Lebensabschnitt.* Weder er noch sie glaubten daran, dass man straffrei in die DDR zurückkehren könne. So endete das Gespräch.

Insgesamt wurde deutlich, dass die Freundin kein großes Interesse daran hat, schrieben die Vernehmer frustriert ins Protokoll, *das Ministerium für Staatssicherheit zu unterstützen. Sie war bestrebt, nur auf Fragen zu antworten und nichts von sich aus zu erzählen.*

Ein zweites Verhör folgte, doch es blieb für die Stasi ebenso unerquicklich. Marie blieb dabei, dass sie nicht wisse, wo Jens abgeblieben sei. Aufmerksam bemerkten die Offiziere diesmal im Protokoll, dass sie bei Äußerungen über das Zusammenleben mit Jens trotz der angeblichen *Unstimmigkeiten auf der Reise noch eine starke emotionale Bindung* zeige. Auch die Vernehmung von Conny, der Freundin Maries, im Juni 1988 brachte die Stasi nicht weiter.

Einen Monat später standen ein letztes Mal zwei Stasi-Herren vor Maries Wohnungstür. Sie hatten Kontakt zum russischen KGB und der wiederum zur Staatssicherheit der Mongolei aufgenommen, um endlich herauszubekommen, wann die beiden in Ulan Bator waren und welchen Zug Marie auf dem Rückweg genommen hatte. Eine ganze Stasi-Abteilung konzentrierte sich seit Monaten auf die Frage, wie die beiden es schaffen konnten, unbemerkt alle Grenzen zu passieren.

Die Herren triumphierten nun mit ihrem Faktenwissen: Sie wüssten genau, dass die junge Kunststudentin in China gewesen sei. *Na und*, antwortete Marie, sie sei ja schließlich wieder zurückgekommen. Die beiden Offiziere wussten darauf nicht so recht zu antworten, hielten ihr aber vor, dann habe sie doch noch den *erschlichenen Reisepass*, mit dem sie womöglich immer noch das Land illegal verlassen könnte. Marie erzählte ihnen, dass sie ihn verbrannt habe. Die Offiziere nahmen ihr ein noch nicht benutztes Visum für Ungarn ab, um einen erneuten Versuch, Jens zu treffen, zu unterbinden. Als grotesk korrekt empfand Marie es, dass ihr einer der Herren die im Reisebüro bereits bezahlten fünfzehn Mark für das Visum aus seiner eigenen Geldbörse erstattete und dafür sogar noch eine ordentliche Quittung ausstellte.

Intern vermerkte die Stasi, dass sie leider keine Handhabe sehe, Maries Exmatrikulation zu erreichen. Allerdings könnte man ihr den Personalausweis entziehen und durch einen PM12-Ausweis ersetzen, mit dem sie die DDR dann in keine Richtung mehr verlassen könne. Doch dies geschah nicht mehr. Marie beendete im Herbst 1988 das Studium – und die Stasi ihre Vernehmungen. Die Offiziere schlossen die Akte Ende 1988 ab.

Kaum ein Jahr später fiel die Mauer. Marie und Jens trafen sich nur noch wenige Male. Einmal besuchten sie in West-Berlin gemeinsam eine Mongolei-Ausstellung. Danach trennten sich ihre Wege. Beide hatten andere Partner gefunden, beide verließen Berlin und zogen mit ihren Familien in die Natur. Ihr Kontakt verlor sich.

FÜNFUNDZWANZIG JAHRE später. Jens lebt in seinem Haus im Spreewald, sein Grundstück ist von Bäumen und Wasserläufen umgeben. Wenn er im Garten sitzt, kann er Vögel beobachten. Er liebt es noch immer, ihre Stimmen zu imitieren, sie anzulocken, ihr Gefieder zu beschreiben.

Die Natur ist seine große Leidenschaft, so wie damals, als er in Ost-Berlin Biologie studierte. Heute schreibt Jens als selbständiger Biologe Gutachten über Naturschutzprojekte. Marie hat er seit zwanzig Jahren nicht mehr gesehen, die Erinnerungen an ihre verbotene Reise aber, zusammen mit seinen Fotos aus jener Zeit, gehütet wie einen Schatz. Es waren auch seine Kinder, die nun wissen wollten, was damals geschah. *Wenn du etwas willst, probier es mit aller Kraft*, sagt er ihnen. *An jeder Weggabelung musst du dich neu entscheiden, ob links oder rechts, ist im Nachhinein egal – solange du nur glaubst, dass du das Ziel erreichst.*

Und Marie? Sie sitzt in ihrem alten Dorfhaus, es liegt von Weiden und Wiesen umgeben im Fläming, einer einsamen Landschaft im südlichen Brandenburg. Die Liebe zur Natur hat sie sich, wie Jens, bewahrt. Sie hält Schafe und betreibt eine Filzwerkstatt.

Es war wie eine Expedition, meint sie im Rückblick. Besonders fasziniert hatte sie das Leben in der Jurte, die Ruhe, der Gleichklang ihrer mongolischen Gastgeber. *Ich hätte noch ewig lange bleiben können*, sagt sie heute.

An einem Herbsttag treffen sie sich zum ersten Mal nach zwei Jahrzehnten im Spreewaldhaus von Jens wieder. Jens hat immer noch seinen Abenteurerblick, nur der Bart ist abrasiert. Marie lacht so unbekümmert wie einst in Ost-Berliner Studententagen. Sie sind etwas aufgeregt.

Alte Fotos liegen auf dem Küchentisch, schnell kommt das Gespräch auf die Mongolen und deren Jurten, auf Zugvögel und auf ihre verbotene Reise.

Nach solchen Erfahrungen kommt man mit allem klar, sagt Marie, *ich würde es sofort wieder tun.*

Dank

Die Geschichte der »Verbotenen Reise« wäre beinahe nicht erzählt worden. Es war ein Zufall, dass ich am Rande eines Gesprächs vage davon hörte.

Als Jens und ich uns zum ersten Mal in seinem Haus trafen, erzählte er mehr als fünf Stunden lang. Seine Kinder hörten gebannt zu.

Schnell war klar, dass er die verbotene Reise mit seiner damaligen Freundin gemacht hatte, die er aus den Augen verloren hatte. Er wusste nicht mehr, wo sie lebte.

Doch Marie war bald gefunden. Sie erinnerte sich gern an alles. Während meiner Gespräche mit ihr ging sie immer wieder mal auf den Dachboden, um nach Fotos, Briefen, ihren alten Zeichnungen, dem verschollenem Tagebuch oder anderen Dokumenten zu suchen.

Die Erinnerungen brachten bei beiden etwas in Bewegung. Mal besuchte ich Jens, mal Marie, jeder erzählte immer wieder Neues, unabhängig voneinander, ohne zu wissen, was der andere schon erzählt hatte.

Jens suchte und fand in seinem Schuppen und Kellern den sorgsam gehüteten Schatz: dreitausend unveröffentlichte Farbdias, meist in der Mongolei und China aufgenommen. Landschaften, Städte, Märkte, Menschen – kaum ein anderer dürfte im China der achtziger Jahre derart viele Fotos im Format 6x6 gemacht haben.

Bei einem der Treffen im Spreewald improvisierte Jens mit seinem alten Projektor in der Wohnküche der Familie eine Diaschau. Seine älteste Tochter blieb bis tief in die Nacht dabei.

In den Tüten, Schachteln und Kästen gab es allerdings kaum Bilder von Jens gemeinsam mit Marie. Die beiden fanden sich damals einfach nicht so wichtig und hatten sich selbst kaum fotografiert.

Beide waren damit einverstanden, dass ich nach Akten über sie bei der Stasi-Unterlagenbehörde suchte. Immerhin hatten Jens und Marie ihre Stasi-Akten bis dahin nicht einmal selbst eingesehen.

Die Geschichte von Marie und Jens hat mich persönlich besonders interessiert, weil ich durch meine Zeit als West-Korrespondent in der DDR Anfang der achtziger Jahre die Rykestraße und die Gegend um den alten Wasserturm, wo Marie und Jens damals gewohnt hatten, selbst gut kannte. Dort hatte auch ich jahrelang meine Freunde und Bekannten aus der Ost-Berliner Jugendszene in ihren Wohnungen getroffen: Stefan, Mike, Harald, Jule, Ev...

DIESES BUCH basiert vor allem auf stundenlangen Interviews und Gesprächen mit Jens und Marie, mit ihren Eltern und Freunden. Aber auch auf den Briefen, Fotos, Notizen und angefangenen Tagebuchseiten, die Marie in den Kisten und Schachteln auf ihrem Dachboden fand. Dafür, vor allem auch für die Überlassung der Fotos, danke ich beiden sehr herzlich.

Das Buch ist eine Nacherzählung ihrer Geschichte, kein Protokoll. Verändert wurde vor allem der Zeitraum, in dem alles geschah. Einige Ereignisse von 1985 und die Reisen von Jens und Marie in die Mongolei 1986 und 1987 wurden im Buch zu einem kürzeren Zeitraum zusammengefasst, als ein Geschehen vom Winter bis zum Herbst 1987.

Für die Genauigkeit in vielen Details jedoch erwiesen sich die Unterlagen der Stasi als hilfreich. In den Akten fanden sich beispielsweise das Protokoll und die Stellungnahmen der Mitglieder des Disziplinarausschusses an der Humboldt-Universität, Sektion Biologie, zur Zwangsexmatrikulation von Jens im Wortlaut. Diese Dokumente ermöglichten eine weitgehende Rekonstruktion der Ereignisse vor dem Aufbruch in die Mongolei.

Es gibt nur sehr wenige andere DDR-Bürger, die dasselbe versucht haben wie Marie und Jens. Kathrin K. und Katrin S., sie lebten damals in Halle, danke ich für die Schilderung der Flucht mit ihrer Freundesgruppe. Sie gelangten im Juli 1987 in elf Tagen per Zug von Warschau über den russischen Grenzübergang Sabaikolsk direkt nach Peking und von dort aus in den Westen.

Dem Schriftsteller Galsan Tschinag, der noch heute in Ulan Bator lebt, danke ich für ein langes, aufschlussreiches Gespräch, er konnte sich bestens an Marie und Jens und ihre Zeit in der Mongolei erinnern. Für Unterstützung, Inspiration und Durchsicht des Manuskriptes danke ich besonders Barbara und Katarina Henkys, Lea Kneist, Wiebke Hollersen und Barbara Naumann. Ferner Gisela Hovestadt, Frank Grünert, Margit Miosga, Frank Ebert, Ev Labsch, Friederike Seim, Martina Nix, Uta Rößner, Moni Preischl, Franziska Lindner, Ulrike Michels sowie Sabine Spilles, Lars-Olav Beier, Nicole Gerhards und Marco Mehlitz.

Berlin, im Januar 2014